Michael Oakeshott

Zuversicht und Skepsis
Zwei Prinzipien neuzeitlicher Politik

Mit einem Vorwort von Wilhelm Hennis

Herausgegeben von Timothy Fuller

Aus dem Englischen von Christiana Goldmann

Alexander Fest Verlag

Inhalt

Vorwort von Wilhelm Hennis 7

Einleitung 15

1. KAPITEL
Mehrdeutigkeit dingfest gemacht 51

2. KAPITEL
Die Wechselfälle der Zuversicht 93

3. KAPITEL
Die Wechselfälle der Skepsis 133

4. KAPITEL
Die Nemesis von Zuversicht und Skepsis 171

Schluß 217

Nachwort von Timothy Fuller 247

Vorwort

In den fünfziger Jahren wurde der politischen Philosophie der Totenschein ausgestellt. Die Welträtsel schienen gelöst, der Rest schien durch tüchtige, dem Muster der Naturwissenschaft (Science) nachempfundene »Forschung« bald einer Lösung zuführbar zu sein. Eine Flut von fix ausgedachten »approaches« bestimmte die aufgeplusterte Szenerie der Sozialwissenschaft. Ihr Auftrag war pragmatisch: »Beiträge« zu leisten zur Lösung von Problemen. Was in der Natur, sprich Technik, möglich sei, das müsse auch in der Sozialtechnik »machbar« sein. Die populäre Philosophie der »zwei Kulturen« und ihre Behauptung, daß die Beherrschung des Sozialen der Naturbeherrschung immer nur nachhinke, bot entsprechende Hintergrundmusik.

So blühte in den Jahrzehnten nach dem Ende des Zweiten Weltkrieges ein Rationalismus stark ideologischer Prägung. Die Machbarkeit von allem und jedem schien so gut wie bewiesen und intellektuell unantastbar, ein Glaube, dem die Verwechslung und Verquickung der menschlichen Fähigkeit zur »Herstellung« oder »Bewerkstelligung« und den sehr viel begrenzteren Fähigkeiten des Menschen zur Führung eines vernünftigen Lebens, sei es als einzelnem, sei es in Gemeinschaft, in vielerlei Form zugrunde liegt. Wo immer der politischen Philosophie damals das Lebensrecht bestritten wurde, war daher im Grunde die praktische Philosophie gemeint, die nicht über die Herstellung von diesem und jenem, sondern über die rechte Lebensführung nachdenkt.

Abschaffen ließ sich die Sache natürlich dann doch nicht. Trotz allen Gegenwindes kam es in den Nachkriegsjahrzehnten nicht nur zu einer »Rehabilitierung« der praktischen Philosophie als akademischer Disziplin, sondern auch – nicht zuletzt in unmittelbarer Reaktion auf die Kruditäten des sozialwissenschaftlichen Positivismus – zu einem Aufschwung ernsthafter politischer Philosophie. Bertrand de Jouvenel repräsentierte sie in Frankreich; Leo Strauss und Hannah Arendt hatten großen Einfluß auf die jüngere amerikanische Akademikergeneration. Und in Michael Oakeshott, um den es hier geht, respektierte die angelsächsische Welt einen ebenso eigenwilligen wie kraftvollen politischen Denker, dessen Stimme man bewußt ignorieren, keinesfalls aber überhören konnte.

Geboren 1901, führte Oakeshott das eher beschauliche Leben eines Cambridge-Don. Sein gelehrtes philosophisches Werk *Experience and its Modes* von 1933 – zu übersetzen als »Die Arten der Erfahrung« – wurde gerühmt, aber kaum gelesen. Obwohl im Anspruch durchaus Gadamers *Wahrheit und Methode* vergleichbar, ist es bis heute nahezu unentdeckt geblieben – nur »Eingeweihte« kennen das einzige durchgeschriebene Buch, das es von Oakeshott, einem Meister des Essays, bislang gab.

Im unbeschwerten Vorkriegsjahr 1936 überraschte der junge Dozent für Philosophie dann gemeinsam mit seinem Freund Guy Griffith, einem Altphilologen, das britische Publikum mit einem kleinen Bändchen unter dem Titel *A Guide to the Classics*. Ein Führer wozu – zu den Klassikern der Philosophie? Nein, weit gefehlt. Es handelte sich um einen Führer zu den großen englischen Pferderennen, den »Classics« eben, wie der Untertitel *How to Pick the Derby-Winner* unmißverständlich deutlich machte. Wer möchte im Land der Wettnarren nicht auf das richtige Pferd setzen? Kann man das lernen? Gibt es vielleicht sogar ein »System«, ein todsicheres womöglich? Oakeshott sieht es so: Um beim Derby eine Chance zu haben, muß man etwas von Pferden verstehen, das heißt, man muß ihren Stammbaum kennen, das Gestüt, in dem sie aufgezogen wurden, die Kompetenz der Züchter, den bisherigen Erfolg des Stalles. Dergleichen nutzt mehr als jedes ausgeklügelte System. Was das auf den Bereich des menschlichen Zusammenlebens übertragen heißen sollte, war klar: »The message was«, so Oakeshott später, »that enlightened common sense is better than any system.« Wer in seinem Land in der Politik mitreden will, der muß zunächst Kenntnisse über Politik besitzen, über ihre Geschichte und die besonderen Umstände, unter denen sich ihre Institutionen entwickelt haben. Von hier, vom Derby-Band, führt eine gerade Linie zu der argumentativen Stoßrichtung von Oakeshotts späteren Büchern.

Aus dem witzigen jungen Mann, der über die intellektuellen Grundlagen des Pferderennens räsonierte, sollte einer der wirklich bedeutenden politischen Denker dieses Jahrhunderts werden, ein wahrhaft kluger, weiser Denker, hochgelehrt, ein Hobbes-Spezialist allererster Güte, ein kundiger Führer durch die verwirrende Welt der neuzeitlichen Politik. 1951 erfolgte Oakeshotts Berufung auf den nicht zuletzt durch den einflußreichen Vorgänger Harold Laski äußerst renommierten politologischen Lehrstuhl an der London School of Economics. Kurz darauf wurde Oakeshott durch seine Antrittsvorlesung über »Politische Erziehung« und die heftige Debatte, die sie entfachte, einer breiteren Öffentlichkeit bekannt, und schon damals meinten nicht wenige Stimmen, der englische Konservativismus habe seinen neuen Burke gefunden. Mit der 1962 erschienenen Aufsatzsammlung *Rationalism in Politics* avancierte er dann endgültig zur führenden, wenn auch nicht unumstrittenen Figur unter den politischen Intellektuellen Englands.

Auch sein Spätwerk *On Human Conduct* von 1975 erregte Aufsehen. Hier findet sich das berühmte Kapitel »Über den Charakter des modernen europäischen Staates«, das bis zu einem gewissen Grad ebenjene Fragen anschneidet, die auch in *Zuversicht und Skepsis* verhandelt werden. Es ist der Versuch, die institutionellen Folgen der beiden Denk- und Erlebnisweisen des Regierens und Regiertwerdens für den modernen Staat »idealtypisch« herauszuarbeiten. Das wichtigste Charakteristikum des modernen Staates ist seine Souveränität, seine Letztinstanzlichkeit in allen Fragen des Rechts, sagt Oakeshott und sucht nun deutlich zu machen, daß unterhalb dieser generellen Bestimmung, die den modernen Staat von allen mittelalter-

lichen Strukturen abhebt, zwei Ordnungsvorstellungen –
für die er die Benennung »Societas« und »Universitas« einführt – um die Vorherrschaft streiten: Unter einer »Societas« versteht er ein sich ganz mit der Sicherung und dem
Ausbau der rechtlichen Ordnung begnügendes Gemeinwesen, das als solches keinen anderen Zweck hat, als ein
»bürgerliches« Leben zu ermöglichen. Im Rahmen der
rechtlichen Ordnung gehen die Menschen ihren je eigenen
Zwecken nach. Die Bürger eines solchen Gemeinwesens
können eng miteinander verbunden sein, in Respekt und
Liebe für die »Eigentümlichkeit« ihrer Ordnung. Oakeshott hat es schwer, historische Belege für diesen Typ beizubringen. Zweifellos trifft er den Idealtyp der freiheitlich-rechtsstaatlichen bürgerlichen Gesellschaft, aber selbst da,
wo dergleichen sich entfalten konnte, war man zugleich
immer auf Elemente der »Universitas« angewiesen.

»Universitas« ist nun nichts anderes als Max Webers
»zweckrationale Anstalt«, der disziplinierte, sich Zwecke
(konfessionelle, militärische, ökonomische etc.) setzende
Leistungsstaat unserer Tage, der seine ideologische Rechtfertigung in der Philosophie des Rationalismus von Bacon
bis hin zum Sozialismus gefunden hat und heute allenfalls
noch die Erinnerung an einen ganz anderen Typ freiheitlichen Gemeinwesens in sich zuläßt. Oakeshott wollte hier
die Erinnerung an diesen anderen Typ wachhalten, an
seine Wiederherstellung glaubte er sicher nicht.

Die angelsächsische Welt verehrt in Oakeshott, wie gesagt,
einen der ganz großen politischen Denker und Ideenhistoriker des zum Abschluß gekommenen Jahrhunderts. Viele

schätzen in besonderem Maße seine geistige Durchdringungskraft, vergleichbar der eines Jacob Burckhardt für das 19. Jahrhundert oder der Montaignes für die ganze »Moderne«. Gerne stuft man ihn als »Konservativen« ein. Aber ist diese übliche Charakterisierung Oakeshotts wirklich treffend? Nach 1945 teilte sich das Lager der Intellektuellen in Liberale vieler Schattierungen und in Konservative. Die Zuordnung zum jeweiligen Lager haben in Deutschland die »Liberalen« als in ihren Kompetenzbereich fallend übernommen: Einige Nachsicht räumt man dabei noch den sogenannten Wertkonservativen ein, der Konservative als solcher hingegen gilt als ein Feind des »Fortschritts«, für den jeder gute Liberale stets bedingungslos kämpft. Der liberale Intellektuelle muß sich immer für etwas »einsetzen«: für Demokratie, für Menschenrechte, für die »Zukunft« – die doch auch ohne ihn kommt, nur allzuoft anders, als er es sich dachte.

Kein Platz in diesem Schema bleibt für den Beobachter, man darf wohl auch sagen: für den um Erkenntnis bemühten Gelehrten im Bereich der menschlichen Dinge. Die »Lager«-Kategorien helfen wenig, deren Lauf zu verstehen, sie weisen lediglich den Platz an, an dem man sich »engagieren« soll: »Engagiert« zu sein ist die höchste Bürgertugend, für die im übrigen viele Preise vergeben werden. Oakeshott hat meines Wissens nie einen solchen Preis bekommen. Und tatsächlich hat er sich nie für irgend etwas anderes engagiert als für seine Berufsaufgabe, die er darin sah, mit möglichst freiem Blick die Menschen und ihr Tun zu beobachten, zu schildern, wie sie ihr Zusammenleben – Thema der Soziologie und Politikwissenschaft ist einzig das Zusammenleben der Menschen – gestalten, welche Einrichtungen (»Institutionen«) sie dafür ersinnen und wie sie mit den Traditionen und Gebräuchen, in die sie hineinwachsen, umgehen.

Ein so gewaltiges Thema verlangt nach Eingrenzung und möglichst klaren Begriffen, mit denen das, was als fragwürdig erfaßt wird, eben »begriffen« werden kann. Andere Worte als die, mit denen wir alle uns über die gemeinsamen Angelegenheiten zu verständigen suchen, stehen auch dem Politikwissenschaftler nicht zur Verfügung – aber ein jedes dieser Worte ist vieldeutig, tendenziös, schillernd und mißverständlich. Was meinen die Menschen nicht alles, wenn sie von Freiheit, Gerechtigkeit, Demokratie, »Ordnung« oder »Lebensqualität« sprechen?

Solche Eingrenzungen hat Oakeshott auch in *Zuversicht und Skepsis* angestrebt, mit dessen Übersetzung sein Werk nun endlich auch deutschen Lesern nahegebracht wird. Es ist eine Einführung in das politische Treiben der letzten fünf Jahrhunderte. Was sie nicht bietet, ist eine Geschichte der neuzeitlichen Staatstheorie, der Verfassungen oder der politischen »Ideen«. Der Leser muß auf der Hut sein: Einen Schnellkurs darf er nicht erwarten.

Das Manuskript dieses Buches, verfaßt in den frühen fünfziger Jahren, fand sich im Nachlaß des 1990 verstorbenen Oakeshott. Niemand hatte von seiner Existenz etwas gewußt, und fast möchte man es als glückhaften Umstand ansehen, daß es erst vierzig Jahre nach seiner Niederschrift ans Licht gekommen ist. Jetzt nämlich wird deutlich, aus welchem Fundus Oakeshott geschöpft hat: Alle seine späteren Veröffentlichungen lesen sich wie Spezialabhandlungen, Präzisierungen zu der hier formulierten These, die im übrigen didaktischer Natur ist, nicht Geschichtsschreibung im üblichen Sinn, sondern eine Art Verständnishilfe, die Bereitstellung eines überaus genauen analytischen Instrumentariums. So wird der Gegenstand der Politikwissenschaft auf seinen Kern reduziert: die immer gegebene Tatsächlichkeit des Regierens und Regiertwerdens. Dabei läßt Oakeshott alles Juridische beiseite; die Staats- und Regierungsformen als solche produzieren nicht das erwünschte Gute. Die leitenden Fragen lauten vielmehr: Wie erfahren, wie erleben die Regierenden und Regierten die Möglichkeiten, die der berauschende Zuwachs an menschlicher Macht – gewonnen durch Wissenschaft und Technik, Organisation und Disziplin – eröffnet hat? Mit Zuversicht, die Welt und den Menschen immer vollkommener zu machen? Oder mit Skepsis, mit Furcht vor Übereilung und anmaßender Hybris?

Solche Punkte sind es, die Michael Oakeshott in dem hier vorliegenden Band umkreist, der wie jedes Werk von ihm ein geistiges Vergnügen schenkt, wie es nur ganz große Wissenschaft vermag – für mich das schönste Einführungsbuch zum Verständnis der neuzeitlichen Politik.

Freiburg, im Juni 2000
Wilhelm Hennis

Einleitung

I.

Wer weder als Philosoph noch als Historiker und mit nur durchschnittlichen ökonomischen Kenntnissen über Politik spricht, muß etwas zu seiner Entschuldigung anführen können. Der Philosoph entdeckt auf diesem Feld vielleicht eine Vielzahl von Problemen, zu denen wir gerne seine Überlegungen hören würden. Der Historiker kann uns darüber aufklären, wie jene Veränderungen, die wir als die politische Erfahrung einer Gesellschaft bezeichnen, zustande gekommen sind. Der Geschäftsmann mag manch erhellende Information oder Bemerkung beizusteuern haben. Von ihnen allen erwarten wir, daß sie aus ihrer jeweiligen Perspektive etwas Entscheidendes zu sagen haben und daß sie gemeinsam – ergänzt allenfalls durch die Beiträge weniger Spezialisten – das Thema erschöpfend behandeln. Doch ungezwungen, von keiner besonderen Warte aus zu sprechen scheint ebenso gefährlich wie nutzlos zu sein: gefährlich, weil es an fachlicher Disziplin fehlt, nutzlos, weil wir möglicherweise eine Ernte einfahren, mit der wir nichts anzufangen wissen. Dennoch möchte ich in ebendieser Art und Weise das Wort ergreifen. Und während ich das, was ich zu sagen habe, sich selbst rechtfertigen und sein eigenes Maß an Nützlichkeit suchen lasse, werde ich mich bemühen, einer absoluten Ungebundenheit zu entgehen, indem ich mir selbst willkürliche Grenzen setze.

Erstens werde ich mich nur mit neuzeitlicher Politik beschäftigen. Zweifellos haben einige Merkmale der neuzeitlichen Politik woanders ein Pendant, etwa in der Antike. Diese ist freilich nur ein schemenhaftes Gegenstück, und deshalb schlage ich vor, keine Vergleiche mit unserem politischen Verhalten und unserem Politikverständnis zu ziehen, die sich dann doch im Detail als unhaltbar erweisen würden. »Die neuzeitliche Geschichte«, so Lord Acton, »lehrt uns, wie die letzten vierhundert Jahre die mittelalterlichen Lebens- und Denkbedingungen verändert haben.« Und die neuzeitliche Politik umfaßt meiner Ansicht nach jene Gewohnheiten und Stile politischen Verhaltens und Denkens, die sich im 15. Jahrhundert herauszubilden begannen und in direkter Linie mit unseren gegenwärtigen Gewohnheiten und Stilen verbunden sind. Wir haben also einen verhältnismäßig langen, aber nicht zu langen Zeitraum zu betrachten. Allgemein gesagt krankt das zeitgenössische politische Denken daran, allzu weit in die Zukunft zu schauen, während es für die Vergangenheit nur einen überaus kurzen Blick übrig hat. Offenbar haben wir uns daran gewöhnt zu glauben, alles Wichtige in der gegenwärtigen Politik – ob wir es nun begrüßen oder beklagen – sei in der Französischen Revolution oder im Jahre 1832 oder 1640 entstanden. Dies ist eine bedauerliche Ge-

www.wohlthat.de

Wohlthat'sche Buchhandlung
Karl-Marx-Straße 80
12043 Berlin
Fon: 030/62727604
Fax: 030/62727789

WOHLTHAT'SCHE BUCHHANDLUNG

Berlin, (Tiergarten) 10787, Budapester Straße 44, Fon: 030/2623636; **Berlin** (Charlottenburg) 10627, Wilmersdorfer Straße 43, Fon: 030/3129195; **Berlin** (Friedrichshagen) 12587, Bölschestraße 79, Fon: 030/6418865; **Berlin** (Friedrichshain) 10247, Frankfurter Allee 71 (Plaza Passage), Fon: 030/41726545; **Berlin** (Hellersdorf) 12627, Fritz-Lang-Straße 2, Fon: 030/9989333; **Berlin** (Köpenick) 12555, Bahnhofstraße 33-38 (Forum Köpenick), Fon: 030/64328820; **Berlin** (Kreuzberg) 10967, Kottbusser Damm 2-3, Fon: 030/6915211; **Berlin** (Märkisches Viertel) 13439, Senftenberger Ring 3 A, Fon: 030/41937434; **Berlin** (Marzahn) 12681, Helene-Weigel-Platz 5, Fon: 030/5429281; **Berlin** (Mitte) 10178, Alexanderplatz 2, Fon: 030/2426854; **Berlin** (Mitte) 10178, Karl-Liebknecht-Straße 13, Fon: 030/23457000; **Berlin** (Moabit) 10551, Turmstraße 49, Fon: 030/3967484; **Berlin** (Neukölln) 12043, Karl-Marx-Straße 80, Fon: 030/62727604; **Berlin** (Pankow) 13187, Berliner Straße 10, Fon: 030/4867142; **Berlin** (Prenzlauer Berg) 10405, Prenzlauer Allee 190, Fon: 030/41714800; **Berlin** (Prenzlauer Berg) 10439, Schönhauser Allee 113, Fon: 030/44739573; **Berlin** (Schöneberg) 10827, Hauptstraße 145 (Kaiser-Wilhelm-Passage), Fon: 030/7820603; **Berlin** (Schöneberg) 10777, Maaßenstraße 2, Fon: 030/2154044; **Berlin** (Spandau) 13597, Breite Straße 25-29, Fon: 030/35304305; **Berlin** (Tegel) 13507, Gorkistraße 12-20 (Tegel-Center), Fon: 030/43402631; **Berlin** (Treptow) 12437, Baumschulenstraße 90/91, Fon: 030/53219788; **Berlin** (Wedding) 13353, Müllerstraße 138 D, Fon: 030/45029204; **Berlin** (Weissensee) 13088, Berliner Allee 59, Fon: 030/92094477; **Berlin** (Weissensee) 13088, Berliner Allee 76, Fon: 030/9253336; **Berlin** (Zehlendorf) 14169, Teltower Damm 17, Fon: 030/80581380; **Bochum** 44787, Kortumstraße 93, Fon: 0234/6406120; **Dresden** 01069, Prager Straße 7, Fon: 0351/4810190; **Duisburg** 47051, Düsseldorfer Straße 22, Fon: 0203/296260; **Essen** 45127, Kornmarkt 8, Fon: 0201/2426606; **Frankfurt/M.** 60311, Neue Kräme 14-16, Fon: 069/280064; **Gießen** 35390, Kreuzplatz 1, Fon: 0641/3012463; **Hagen** 58095, Elberfelder Straße 41, Fon: 0331/2040557; **Halle** 06108, Leipziger Straße 79, Fon: 0345/2002292; **Hamburg** (Rotherbaum) 20146, Grindelallee 42, Fon: 040/445446; **Hamburg** (Altona) 22765, Bahrenfelder Straße 119, Fon: 040/3907592; **Hamburg** (Barmbek) 22305, Fuhlsbüttler Straße 126, Fon: 040/60821704; **Hamburg** (Harburg) 21073, Lüneburger Straße 39 (Harburg Arcaden), Fon: 040/76757207; **Heidelberg** 69117, Hauptstraße 154, Fon: 06221/162702; **Hildesheim** 31134, Almstraße 20, Fon: 05121/286711; **Kiel** 24103, Holstenstraße 1-3/Ecke Alter Markt, Fon: 0431/2371969; **Leipzig** 04109, Petersstraße 36-44 (Petersbogen-Passage), Fon: 0341/2171839; **Mainz** 55116, Große Bleiche 8, Fon: 06131/222353; **Mainz** 55116, Lotharstraße 4, Fon: 06131/235386; **Mainz** 55116, Seppel-Glückert-Passage 10, Fon: 06131/27791 52; **Oldenburg** 26122, Achternstraße 32, Fon: 0441/12005; **Osnabrück** 49074, Krahnstraße 32, Fon: 0541/3356652; **Potsdam** 14467, Friedrich-Ebert-Straße 87, Fon: 0331/2709734; **Rostock** 18055, Kröpeliner Straße 86, Fon: 0381/4922818

wohnheit, denn wir schränken das Verständnis unseres politischen Handelns ein, wenn wir seinen Stammbaum beschneiden.

Zweitens werde ich mich, wie bereits deutlich geworden ist, mit der neuzeitlichen Politik Westeuropas und insbesondere Großbritanniens auseinandersetzen. In einer Zeit, in der sich wenn schon nicht der ursprüngliche Stil, so doch wenigstens die Manierismen unserer politischen Bestrebungen und Überzeugungen über den Globus ausgebreitet haben, ist es schwierig geworden, mehr als einen einzigen – wiewohl innerlich komplexen – politischen Charakter auszumachen: Politische Unternehmungen und Erwartungen, mögen sie im Detail auch zweifellos verschieden sein, sind dank eines gleichförmigeren, zum Habitus gewordenen politischen Denkstils allerorts enger miteinander verwandt als in früheren Zeiten. Warum sollte, was überall vorliegt, nicht an einem Ort ebensogut zu beobachten sein wie an einem anderen? Aber die Gleichförmigkeit des Charakters ist nur unvollkommen und in einigen Hinsichten auch täuschend; wo sie existiert, ist sie weniger ein einheimisches Gewächs als vielmehr das Produkt missionarischer Bemühungen. Deshalb dürfte es gewinnbringender sein, den Charakter dort zu untersuchen, wo er seinen Ursprung hat, als dort, wo er vermutlich nur bedingt heimisch ist.

Drittens werde ich mich nicht mit sämtlichen Gesichtspunkten unserer politischen Bestrebungen und Überzeugungen beschäftigen, sondern nur mit einem ihrer Aspekte: mit der Regierung, dem Regieren und dem Regiertwerden. Für die mittelalterliche Politik wäre eine solche Verengung des Blickfelds unsinnig, doch für die Gemeinwesen des neuzeitlichen Europa ist es kennzeichnend, daß sie sich in Herrschende und Beherrschte unterteilen lassen, wobei die Zahl der Herrschenden stets kleiner ist als die der Beherrschten. Das ist in der Tat für uns eines der entscheidenden Merkmale eines politischen Gemeinwesens, ganz unabhängig von irgendeiner in ihm geltenden Verfassung. Darüber hinaus gehört es, was immer sonst noch das Amt des Herrschenden auszeichnet, zu seinen Wesensbestimmungen, legitime Macht über den Beherrschten auszuüben. Selbstverständlich erschöpfen sich die Tätigkeiten der Angehörigen eines politischen Gemeinwesens nicht darin, daß die Regierung Macht ausübt und der Regierte sich ihr unterwirft, und es gibt noch andere Blickwinkel, aus denen eine solche Gesellschaft betrachtet werden kann. Doch es ist ein Merkmal aller politischen Gemeinwesen, und ebendieses Merkmal soll uns hier beschäftigen. Ich möchte mich mit den Tätigkeiten befassen, die das Regieren und das Regiertwerden begleiten, und mit den Gedanken, aus denen sich unser Verständnis dieser Tätigkeiten zusammensetzt.

Jene Gedanken drehen sich im allgemeinen um zwei verschiedene, aber miteinander verbundene Aspekte der Regierung, um die Fragen »Wer soll aufgrund welcher Legitimation regieren?« und »Was soll die Aufgabe einer Regierung sein, die in der von uns für richtig gehaltenen Weise zusammengesetzt und autorisiert ist?«. Ich möchte vor allem unsere Auffassungen über diese zweite Frage erörtern.

Die neuzeitliche Geschichte europäischer Politik hat

sich überwiegend auf die erste der beiden Fragen konzentriert; sie ist folglich als die Geschichte der Wandlungen präsentiert worden, die unsere praktischen und theoretischen Einstellungen zur Verfassung und legitimen Autorität der Regierung durchgemacht haben. Diese Geschichte ist uns so oft und mit solcher Beredsamkeit erzählt worden, daß wir fast überzeugt sind, es sei die ganze Geschichte. Hinter dieser Sicht der Dinge scheint die Annahme zu stehen, die Ziele der Regierung ließen sich unmittelbar aus ihrer Verfassung herleiten und die Klärung der einen Frage beantworte zugleich die andere. Doch schon ein wenig Beobachtung und Überlegung erweist, daß das ein Irrtum ist: Es läßt sich keine einfache und unmittelbare Beziehung zwischen Verfassung und Regierungszielen ausmachen. Vielleicht müssen wir eine solche Beziehung, wie sie sich von Zeit zu Zeit gezeigt hat, näher unter die Lupe nehmen; mein Hauptakzent wird jedoch auf dem anderen Aspekt der Geschichte der neuzeitlichen Regierung liegen, auf der Frage, was wir über die Machtausübung der Regierung denken und wie wir damit umgehen. Freilich soll diese Geschichte nicht im Stil eines Historikers erzählt, sondern vielmehr reflektiert und kommentiert werden.

Dies also sind die Grenzen unserer Untersuchung. Selbstverständlich haben Regierungen sich in der Neuzeit an Dinge und Projekte gewöhnt, die ihnen früher völlig ferngelegen hätten. Ebenso selbstverständlich ist es, daß unsere Vorstellungen davon, was neuzeitliche Regierungen tun oder unterlassen sollten, nicht einfach mit früheren Vorstellungen zusammenfallen. Die moderne Welt zeigt in beiderlei Hinsicht einen ganz eigenen Charakter. Ziel des

Buches ist es, diesen auszuloten. Obwohl meine Methode keiner besonderen Disziplin entliehen ist, gibt es einige präzise Fragen, die ich beantworten möchte: Wie hat sich die Tätigkeit des Regierens in der Neuzeit herausgebildet, und wie ist sie beschaffen? Wie ist diese Tätigkeit verstanden worden? Wie sind unsere Ideen über die angemessene Aufgabe der Regierung entstanden und beschaffen? Bei dem Versuch, eine Antwort auf diese Fragen zu geben, soll zudem die Verknüpfung zwischen ihnen deutlich werden.

Doch zunächst ist etwas über die oben erwähnte Unterscheidung zwischen der Tätigkeit des Regierens und dem Verständnis dieser Tätigkeit zu sagen, da sie weniger prinzipiell als vielmehr zu Untersuchungszwecken getroffen wurde. Eine Regierung kann sich um bestimmte Dinge bemühen; Heinrich VIII. mag die englischen Klöster auflösen oder ein Regierungskabinett im 20. Jahrhundert bestimmte Industriezweige vor ausländischer Konkurrenz schützen: aus einer gewissen Sicht sind das bloße Ereignisse – Auflösung und Protektion. Aus dieser Sicht ist alles, was wir darüber in Erfahrung bringen können, von der gleichen Art wie unser Wissen über Erdbeben oder Seuchen: Wir kennen ihren Verlauf und, wenn wir sehr beharrlich sind, einige jener Veränderungen und Verschiebungen, die sie mit verursacht haben. Doch die Ereignisse, mit denen wir es hier zu tun haben, sind nicht bloß Ereignisse, es sind menschliche Handlungen. Und dergleichen zu verstehen heißt zu wissen, wie sie zu interpretieren sind.

Mit »Interpretation« meine ich jedoch nicht, daß es etwas zu entdecken gilt, was außerhalb der Welt der Handlungen liegt, beispielsweise herauszufinden, was »im Kopf«

des Regenten vor sich ging, bevor er zur Tat schritt, oder welche »Motive« oder gar »Intentionen« ihn leiteten. Dies sind unnötig komplizierte und mißverständliche Versuche zu beschreiben, was wir tun, wenn wir eine Handlung erklären wollen. Das Charakteristische von Handlungen ist nicht, daß ihnen möglicherweise dunkle und deshalb ans Licht zu ziehende »Entscheidungen« oder »Absichten« vorausgehen, sondern daß sie sich nicht isoliert verstehen lassen. Zu wissen, wie man eine Handlung liest, zu wissen, was sie bedeutet, kurz, sie zu interpretieren, heißt, sie in ihrem Kontext zu betrachten, in einem Kontext, der sich ganz und gar aus anderen Handlungen zusammensetzt. Solange wir sie nicht auf diese Weise verstanden haben, kennen wir sie nicht. Beispielsweise läßt sich die Auflösung der Klöster als Mittel verstehen, die Einkünfte der Krone zu erhöhen, oder als Versuch, religiöse Irrtümer zu bekämpfen. Protektionistische Maßnahmen lassen sich als Mittel zur Steigerung des Wohlstands deuten oder als Versuch, das Land auf eine Aggression vorzubereiten, selbst wenn der Wohlstand darunter leidet. Beides wird, abhängig davon, ob man diese oder jene Deutung favorisiert, zu einer je anderen Handlung – nicht weil die sogenannte Intention verschieden ist, sondern weil sie zu einem je anderen Handlungskontext gehört. Daher ist es vernünftig, die Handlungen der Regierung davon zu unterscheiden, wie sie verstanden werden. Wir müssen keineswegs unter ihre Oberfläche dringen, um sie zu verstehen: Sie sind auf verschiedene Weise analysierbar, weil sie unterschiedlichen Kontexten zugehören können; treffen wir diese Unterscheidung nicht, laufen wir womöglich in die Irre. Andererseits geht es nicht um eine prinzipielle Unterscheidung, denn die Beschaffenheit einer Handlung, ihr Wesen, läßt sich nicht von der Handlung selbst trennen, und wir haben nicht zwei Dinge zu untersuchen – die Handlung und ihren Sinn –, sondern nur eines, die jeweilige Handlung in ihrem Kontext.

Wenn wir uns nun fragen, worin die angemessene Aufgabe der Regierung liegt, verbietet es sich, sofern die Frage überhaupt beantwortbar ist, bloße Ereignisse oder deren Resultate zu betrachten. Ereignisse geschehen einfach; man kann ihnen keine Angemessenheit zusprechen, und ihre Konsequenzen sind nie endgültig feststellbar, denn obwohl einige der von ihnen mit ausgelösten Veränderungen und Verschiebungen möglicherweise wahrnehmbar sind, gibt es keinen Grund dafür, warum diesen im Gegensatz zu anderen, die im dunkeln bleiben, eine größere, ja überhaupt eine Bedeutung zukommen sollte. Außerdem ist es unmöglich, den genauen Beitrag eines jeden Ereignisses zu den beobachteten Verschiebungen zu bestimmen.

Wir beschäftigen uns mit diesen Fragen, weil wir uns darüber klarwerden wollen, wie es um die Angemessenheit ausgeführter oder noch auszuführender Handlungen der Herrschenden bestellt ist. Da wir ein solches Urteil nicht fällen können, solange wir nicht wissen, was diese Handlungen auszeichnet, sind unsere Meinungen über die angemessene Aufgabe der Regierung Meinungen über die Angemessenheit von Handlungen, die auf bestimmte Weise gelesen oder interpretiert werden. Kurz gesagt: In der Frage der Angemessenheit haben wir es nicht mit isoliert betrachteten Handlungen zu tun – das heißt mit Handlungen, deren Sinn oder Charakter unbestimmt blieben –, sondern mit Handlungen innerhalb ihres Handlungskontextes.

Manchmal wird behauptet, unsere Vorstellungen und Meinungen über jene angemessene Aufgabe seien durch unsere Erfahrung und unser Verständnis der Regierung bereits festgelegt. Zweifellos steckt darin insofern ein Körnchen Wahrheit, als diese Vorstellungen und Meinungen dunkel unsere Ideen darüber spiegeln, welches menschliche Verhalten wir ganz allgemein für angemessen halten. Nur wird uns das, meiner Ansicht nach, nicht weit führen, denn diese Ideen haben nur eine sehr beschränkte Bedeutung für die in der Neuzeit kursierenden Vorstellungen über die richtige Aufgabe der Regierung. Die allgemeinen Ideen über menschliches Verhalten betreffen das Verhalten der einzelnen Individuen in ihrem Umgang miteinander, und wenn irgend etwas auf unser neuzeitliches Regierungsverständnis allgemein zutrifft, dann dies, daß wir im Gegensatz zum Mittelalter zwischen Amt und Person unterscheiden und damit nicht notwendigerweise glauben, das für eine Person Unangemessene sei auch für das Amt unangemessen. Niemand meint, daß die Beziehungen zwischen Regierung und Bürger in allen Stücken den Beziehungen zweier Bürger untereinander entsprechen. Die Gründe und die Entstehung dieser Unterscheidung können wir zu einem späteren Zeitpunkt erörtern. Da die Unterscheidung in der Neuzeit allgemein anerkannt ist, dürfen wir annehmen, daß unsere Vorstellungen und Meinungen darüber, was dem Regierungsamt angemessen ist, sich zusammensetzt aus unseren Überlegungen über die Möglichkeiten beim

Einsatz der Regierungsgewalt, unseren Beobachtungen des gegenwärtig von Regierungen Erreichten oder Angestrebten, gefiltert durch unsere diesbezüglichen Erwartungen, und aus unseren gängigen Meinungen über die angemessenen Ziele und Objekte menschlichen Handelns. Alle Unklarheiten, die nach dieser Darlegung des Zustandekommens unserer Ansichten über die angemessene Aufgabe einer Regierung noch verblieben sein mögen, werden sich hoffentlich im Laufe der Darstellung auflösen.

Da wir untersuchen wollen, wie wir die Tätigkeit der Regierung verstehen und was wir für deren angemessene Aufgabe halten, ist noch eine weitere Frage zu klären: Worauf müssen wir unseren Blick lenken, um den zu untersuchenden Gegenstand ins Visier zu bekommen? Meiner Ansicht nach gibt es hierfür drei geeignete Informationsquellen. Wir können hoffen, die neuzeitlichen Meinungen über diese Dinge herauszufinden, indem wir die vergangenen und gegenwärtigen Vorhaben oder Leistungen von Regierungen beobachten, indem wir darauf achten, wie wir für gewöhnlich über die Tätigkeit des Regierens reden, und indem wir die Schriften von Leuten zu Rate ziehen, die von Zeit zu Zeit ihre Gedanken hierüber mitgeteilt haben.

Diese drei Quellen – Praxis, Rede und theoretische Schriften – sind natürlich nicht voneinander isoliert zu sehen. Obwohl es übertrieben wäre zu sagen, die Rede folge immer auf die Praxis und die theoretischen Schriften wiederum entsprängen der Rede, ist doch die Praxis, wie hoffentlich deutlich werden wird, in einem wichtigen Sinne ursprünglich. Unter Praxis verstehe ich die Struktur politischer Tätigkeit in der Neuzeit. Diese Praxis mag sich in einer bestimmten Weise verfestigen, in der Dinge angegangen werden und die dann weitgehend vorgibt, was in Angriff genommen und getan wird. Bisweilen kann sie einen eher experimentellen Charakter annehmen, wenngleich nicht völlig unabhängig, sondern durch allgemeine Gewohnheiten und durch das Nachdenken über Veränderungen im Verhaltenshabitus bedingt. Gelegentlich mag sie sich auch in abstrakten Ideen äußern. Doch wie sie auch jeweils beschaffen sein mag, stets interpretieren und verstehen wir einzelne Handlungen mit Hilfe des Kontextes; und deren Sinn ergibt sich nicht diskursiv, sondern entspringt eher einer Struktur.

Bestimmte Redeformen mögen die Praxis erfolgreich verfestigen und ihre Bedeutung offensichtlicher machen; Schriften können ihr gelegentlich eine Schärfe und Bestimmtheit verleihen, die sie sonst nicht hätte. Während Praxis und Rede sich jedoch offen entfalten und permanent gegenseitig erhellen, sind die mir vorschwebenden Schriften gelegentliche Äußerungen, Unterbrechungen im Fluß von Rede und Praxis, die immer stark individuell geprägt bleiben. Sie sind Informationsquellen über das gegenwärtig herrschende Verständnis der Regierungstätigkeit, deshalb nicht zu verachten, wohl aber mit der gebotenen Vorsicht zu benutzen.

Seit langem haben wir gelernt, daß wir mittelalterlichen Autoren, die auf spekulative Weise über Politik schreiben, nicht trauen können, wenn wir in Erfahrung bringen wollen, wie die mittelalterliche Politik in Wahrheit aussah – und ein vergleichbarer Argwohn ist auch für die Neuzeit angebracht. So wie die großen Werke der christlichen Lehre dem christlichen Glauben eine Ordnung und Feinsinnigkeit verleihen, die weit über die Frömmigkeit etwa eines kalabrischen Bauern oder eines chinesischen Konvertiten, ja sogar über die der Masse der Gläubigen hinausgehen, und so wie ein Konkavspiegel in übertriebener Verdichtung die in einem Raum verstreuten Gegenstände zusammenbringt, so verleihen diese Stücke politischen Schrifttums unserem Verständnis der Regierungstätigkeit eine größere Kohärenz, was wir nie außer acht lassen sollten. Mit der gebotenen Behutsamkeit rezipiert, können sie jedoch oft ans Licht fördern, was andernfalls verborgen bliebe. Wenn diese Schriften beispielsweise Unsicherheit, Zögern und Mehrdeutigkeit offenbaren, dürfen wir darin Belege für eine noch krassere Disharmonie in dem weniger exakten Verständnis vermuten, das die alltägliche Rede und Tätigkeit bestimmt. Man kann daher behaupten, daß von diesen drei Informationsquellen über unser Regierungsverständnis – nämlich Praxis, Rede und theoretische Schriften – die erste die verläßlichste ist, die zweite die reichhaltigste und erhellendste und die dritte die am schwierigsten zu interpretierende.

II.

Unser Ausgangspunkt ist daher weder eine einfache und präzise Vorstellung von der Aufgabe der Regierung noch unser genau definierter Begriff jener Tätigkeiten, die der Regierung angemessen sind. Statt dessen gehen wir von einer fortgesetzten Tätigkeit (der Tätigkeit des Regierens) und einer gemachten Erfahrung (der Erfahrung, regiert zu werden) aus. Tätigkeit und Erfahrung fordern zur Rede heraus, und manchmal wird darüber unterschiedlich einsichtig und verständlich geschrieben.

Die Tätigkeit des Regierens im neuzeitlichen Europa ist nicht aus einem Guß oder homogen. Diese Eigenschaft kam ihr noch nie zu, und im Laufe der Zeit hat ihre Komplexität sogar zugenommen; sie hat sich, wie der Dichter des 16. Jahrhunderts sagt, von »der Milch vieler Ammen genährt«. Das vielfältige Erscheinungsbild unseres Regierungsstils spiegelt sich zwangsläufig in der Art und Weise, wie wir darüber reden, und natürlich auch in unseren Schwierigkeiten, es zu verstehen.

Vielleicht wäre eine Regierungstätigkeit vorstellbar, die auf ein einziges Ziel oder ein homogenes System von Zwecken gerichtet und gleichsam von unvermischtem Charakter ist. Die Geschichte mag sogar Gesellschaften mit »Regierungen in Reinform« kennen, obgleich auch sie schwerlich frei von Komplexität sein könnten. Die Politik der Gesellschaften, mit denen wir uns hier beschäftigen, ist aber gewiß nicht von dieser Art. Selbst die Politik des antiken Athen erweist sich als vielschichtig und differenziert, und spätestens seit dem Niedergang des Römischen Reiches kann keine europäische Gesellschaft mehr behaupten, andere als gemischte politische Institutionen besessen zu haben: An ihrer Wiege standen verschiedene Paten, und der Vielfalt ihres Ursprungs entspricht es, daß ihnen jede Einförmigkeit fehlt, was uns nicht in eine, sondern in viele Richtungen blicken läßt. Nicht allein die politischen Systeme Europas – wie man jene Ansammlungen von Institutionen, die das politische Verhalten eines Volkes prägen, bezeichnen könnte – sind komplex, auch sämtliche einzelnen Institutionen, die Teil jedes dieser Systeme sind, haben unterschiedliche Ahnen und sind gemischten Charakters.

Beispielsweise ist das, was wir die Institution des Königtums im mittelalterlichen England nennen – also die Art und Weise, in der Könige sich zu verhalten pflegten, und das Verhalten, das man von ihnen erwartete –, in der Tat eine Mischung aus angelsächsischem Königtum, feudaler Lehnsherrschaft, Christentum sowie später einem Schuß römischer Kaiserherrlichkeit nebst einem Dutzend weiterer Zutaten. Keiner der Bestandteile paßt genau zu einem der anderen, und alle sind in sich bereits komplex. Oder um ein weiteres Beispiel zu nennen: Die parlamentarischen Einrichtungen im neuzeitlichen Europa sind nicht nur unterschiedlich beschaffen; jede ist eine Kreuzung, deren Ahnentafel von vielfältigen Einflüssen zeugt und deren Wirken tagtäglich den Beweis ihres verschiedenartigen Ursprungs antritt. Dasselbe gilt natürlich auch für die europäischen Rechtssysteme: Keines ist »reinrassig«, alle sind gemischt. Mit einem Wort: Die Gewohnheiten und Institutionen, aus denen sich unsere Art und Weise des Regierens zusammensetzt, sind weder rationale Einheiten noch zufällige Ansammlungen, sondern historisch gewachsene Verbindungen.

Schon allein aus diesem (wenn aus keinem anderen, philosophischeren) Grund ist es gefährlich irreführend, auch nur eine einzige unserer politischen Institutionen für ein zu bestimmten Zwecken geschaffenes Werkzeug zu halten. Eine politische Institution kann ungeachtet ihrer verschiedenartigsten Wurzeln als für einen spezifischen und nützlichen Zweck geeignet betrachtet werden. Möglicherweise befähigt sie uns, etwas Wünschenswertes zu tun oder etwas zu verhindern. Doch bestenfalls in lockerer Redeweise kann man davon sprechen, diese Funktion sei der Zweck, dem sie diene: Ihr Zweck, wenn man überhaupt davon sprechen kann, ist ihre Stellung im ganzen System, und die Verschiebungen, die aus der Abschaffung irgendeiner wichtigen politischen Institution folgen würden, sind kaum einzugrenzen. Außerdem halte ich die Annahme, Institutionen seien zur Erfüllung dieses Zwecks geschaffen worden, für einen groben Irrtum. Tatsächlich ist keine politische Einrichtung von nennenswerter Bedeutung jemals zur Erfüllung eines Zweckes entworfen worden, noch wurde sie im engeren Sinne überhaupt entworfen. Wenn es um politische Institutionen geht, ist es ganz und gar unangemessen, von notwendig und hinreichend zu reden. Ihrem vielgestaltigen Ursprung und gemischten Charakter verdanken sie sowohl ihre vielseitige Einsetzbarkeit als auch ihre mannigfaltige Interpretierbarkeit.

Doch nicht allein die Gewohnheiten und Institutionen neuzeitlicher europäischer Staaten sind Kreuzungen verschiedenster Elemente; auch unsere Sprache, unser politisches Vokabular, mit dem wir uns über die Tätigkeit der Regierung unterhalten und klarwerden, ist hybrid. Wie alle modernen Sprachen ist sie ein Amalgam aus Wörtern, die aus unterschiedlichen Quellen stammen und von denen jedes einzelne eine vielschichtige Welt unterschiedlicher Bedeutungen repräsentiert. In unserem politischen Vokabular gibt es keine einfachen Ausdrücke und kaum ein Wort, das seinen Dienst nicht über viele Jahrhunderte hinweg in einer Vielzahl von Umständen getan hätte; jeder einzelne Umstand, jeder Kontext hat den Wörtern eine besondere Bedeutung beigemischt, die später nur schwer herauszufiltern ist. Selbst die wenigen erst kürzlich aufgetauchten Wörter und Ausdrücke haben einen so rasanten Bedeutungszuwachs erfahren, daß sie ihren älteren Geschwistern in nichts nachstehen: »Faschismus« ist ein nicht weniger schillernder Begriff als »Demokratie« oder auch »Regierung«. Wir verfügen nun einmal nicht über eine »wissenschaftliche« politische Sprache, in der jeder Ausdruck eine festgelegte, einfache und allgemein anerkannte Bedeutung besitzt; wir haben nur eine lebendige, volkstümliche Sprache, Spielball des Gebrauchs und der Umstände, in der jeder Ausdruck für eine Reihe von Interpretationen empfänglich ist, denen es weder an Stärke noch an Bedeutsamkeit fehlt.

Natürlich ist an all dem nichts Überraschendes. Die für unsere politischen Institutionen und unser Vokabular charakteristische Heterogenität ist auch für unsere Herkunft, unsere Religion und unsere Moral kennzeichnend. Sie alle stellen vielschichtige historische Kreuzungen dar, zusammengesetzt aus heterogenen, nicht immer zueinander passenden Elementen. Wir sind an den Umgang mit Komplexität gewöhnt und wissen, wie sie zu handhaben ist, so wie wir mit unseren modernen Sprachen zurechtzukommen oder das Beste aus einem wechselhaften Klima zu machen wissen. Sicher, es gibt Leute, die sich nach Einfachheit und Einförmigkeit sehnen, nach einem Meer ohne Gezeiten, nach Jahreszeiten ohne Schwankungen, so wie Tom Paine von Einfachheit in der Politik träumte und Doughty von Homogenität in der Sprache. Doch im alltäglichen Gebrauch hat eine Kreuzung bekanntlich einige Vorteile: Sie paßt sich den Umständen besser an, ist fruchtbarer als eine reinrassige Züchtung und braucht weniger Pflege.

Die Verbindungen, durch welche unsere politischen Gewohnheiten und unsere politische Sprache gebildet werden, sind durch die Spannungen und Kräfte, die sich zwischen ihren Teilen aufgebaut haben, vor dem Auseinanderbrechen geschützt. Sie sind eher zu inneren Bewegungen in der Lage als massive Strukturen, die leichter Schaden nehmen. Wo es an Einheit mangelt, wird zuweilen Harmonie erreicht. Für gewöhnlich entscheidet ein Kräftespiel darüber, was angestrebt wird, und nicht ein einzelner, zielstrebig verfolgter Impuls. Wenn die verschiedenen Möglichkeiten einer komplexen politischen Gewohnheit ausgelotet werden, mag eine Vielzahl unterschiedlicher politischer Handlungsstile entstehen – so wie ja auch die unterschiedlichen Möglichkeiten einer komplexen Sprache eine Vielzahl von Schreibstilen hervorbringen –, von denen jeder ein besonderes Ingredienz der Mischung ausschöpft; aber sie verhalten sich dennoch wohlwollend zueinander, insofern sie der Mischung in der Regel nicht feindlich gesinnt sind.

Nun befindet sich eine Regierungstätigkeit, die verschiedenste Erbschaften angetreten hat und einen komplexen Charakter aufweist, normalerweise in einem Zustand nahezu ununterbrochener innerer Bewegung – nicht indem sie von einem Extrem ins andere fällt, sondern indem sich die Akzente in diese oder jene Richtung verschieben. Sie ist nicht auf Anstöße von außen angewiesen und nicht von vornherein auf eine bestimmte Richtung festgelegt. Solche Akzentverschiebungen können unauffällig sein und erst im nachhinein wahrgenommen werden, sie können sich aber auch in größerem Maßstab vollziehen und bereits im Augenblick ihres Auftauchens die Aufmerksamkeit auf sich lenken. Ein möglicher Auslöser kann eine drastisch veränderte Situation sein (etwa ein Kriegseintritt oder ein unerwarteter Machtzuwachs der Regierung) oder das Auftreten eines neuen Tätigkeitsbereichs der Bürger (zum Beispiel das Aufkommen der Industrialisierung); Auslöser kann aber auch lediglich der Überdruß an den schon zu lange vorherrschenden Akzenten sein, der Wunsch, die Gewichte anders zu verteilen. Lamartines Diagnose *La France s'ennuie* war vielleicht laienhaft, entsprang aber dennoch einer scharfen Beobachtung. Wie dem auch sei, eine richtige Einsicht in die je konkrete Regierungsweise wird diese Bewegungen verständlich und nicht verwirrend erscheinen lassen: Sie zerstören die Struktur nicht. Selbst wenn der Bewegungsimpuls von außen kommt, wird man erkennen, daß jede Verschiebung etwas bereits Angelegtes ausschöpft und daß keine über das uns einigermaßen Vertraute hinausgeht.

Gleichwohl stecken in der heterogenen und vielschichtigen Tätigkeit des Regierens auch Extreme. Normalerweise werden sie von der inneren Bewegung nicht berührt; tatsächlich herrscht zwischen ihr und den Extremen eher Abstoßung als Anziehung. Letztlich sind es jedoch die äußeren Pole, die die Grenzen der charakteristischen Bewegung gewährleisten und die Identität des Regierungsstils definieren. Zudem mögen die Extreme nicht nur weit voneinander entfernt sein und damit einen großzügigen Manövrierraum schaffen; sie können einander sogar genau entgegengesetzt sein, so daß das eine alles (oder das meiste) untersagt, was das andere vorschreibt oder jedenfalls erlaubt. Das Vorliegen solch entgegengesetzter Extreme führt keineswegs zu einem Bruch im Regierungsstil – solange es vermittelnde Elemente der Mischung gibt, die selbst keine Extreme sind, wohl aber bis zu einem gewissen Grad am Charakter der Extremfälle teilhaben. Diese Beobachtung ist durchaus verbreitet: Das Wesen der Menschen ist außerordentlich vielfältig, aber die äußersten Enden – der Heilige und der Ruchlose beispielsweise – sind uns menschlich verständlich, weil der Raum zwischen ihnen, ohne klaffende Lücken, durch Charaktere ausgefüllt ist, die wir unschwer als menschlich erkennen können.

Indes können sich Umstände ergeben, durch welche die Regierungstätigkeit entschieden und über einen längeren Zeitraum in die Arme eines der beiden ihr zugänglichen Extreme getrieben wird. Eine ungehemmte Bewegung in die eine Richtung entspringt selten einer Absicht, zumindest nicht in erster Linie. Häufiger ist sie das Ergebnis einer Unachtsamkeit: Wir vergessen, daß wir alle Ofenklappen geöffnet haben, damit das Feuer fröhlicher brennt, und übersehen in unserer Freude an der Wärme, daß die Kohlenschütte leer ist und schon Flammen aus dem Kamin schlagen. Doch solange uns kein handgreifliches Unglück heimsucht, mögen wir es uns an einem Extrem einrichten und uns sogar darin verlieben: Nachdem wir eher zufällig

33

dorthin gelangt sind, verlängern wir bewußt unseren Aufenthalt. Die Erfahrung zieht uns in ihren Bann, ihre Möglichkeiten nicht zu erkunden scheint unvernünftig. Aber im Laufe der Zeit vermählt sich unser Verständnis der Regierungstätigkeit mit unserer diesbezüglichen Praxis, unsere Erwartungen fügen sich unseren Erfahrungen ein, und unsere Meinungen passen sich unserer Situation an. Denn das Leben in einem Extrem ist nicht ohne Tücken: Vielleicht gelingt es uns, nicht zu Gefangenen des besonderen Extrems zu werden, in dem wir es uns bequem gemacht haben, doch wir verlieren sehr schnell das Vermögen, etwas anderes denn ein Extrem zu erkennen. So wie jene, die rund um den Erdball dem Hochsommer hinterherjagen, über ihrer Flucht vor dem Winter leicht vergessen, daß sie so auch die Übergangszeiten hinter sich lassen, verstehen die, die sich einem politischen Extrem angeschlossen haben, nur noch die Politik der Extreme. Wenn wir in einem der Extreme politischer Tätigkeit heimisch geworden sind und den Kontakt zur mittleren Region verloren haben, büßen wir nicht nur die Fähigkeit ein, etwas anderes außer einem Extrem zu verstehen, wir verwechseln allmählich auch die Extreme selbst. Die bislang getrennt gehaltenen Pole fließen ineinander; die Sprache verwandelt sich in einen schlüpfrigen Boden und wird doppeldeutig, so wie ein sonnenhungriger Engländer davon spricht, auf den Bermudas zu *überwintern*.

Das ist der allgemeine Charakter dessen, was ich die Mehrdeutigkeit genannt habe, die sich des politischen Handlungsstils bemächtigen kann. Sie soll Gegenstand der Untersuchung sein. Doch können wir bereits jetzt etwas über die Bedingungen ihres Auftretens sagen. Nur eine heterogene und komplexe politische Tätigkeit kann mehrdeutig werden. Dies geschieht dann, wenn wir aufhören, den vielfältigen Charakter eines solchen politischen Stils auszuloten, wenn wir uns – sei es zufällig oder bewußt – in einem Extrem ansiedeln und nur noch Extreme erkennen. Weiter habe ich darauf hingewiesen, daß das, was ich als die neuzeitliche Politik bezeichnet habe – nämlich Tätigkeit und Begriff der Regierung in den letzten fünfhundert Jahren –, heterogen und komplex und daher zwangsläufig anfällig für Mehrdeutigkeit ist. Der nächste Schritt muß nun darin bestehen, die Belege daraufhin zu prüfen, ob *prima facie* Grund zu der Annahme besteht, daß dies Potential entsprechende Konsequenzen gehabt hat.

III.

Mehrdeutigkeit im eigentlichen Sinn ist eine Vermengung von Bedeutungen, etwas für alle Sprachen Charakteristisches. Ihr Pendant im Bereich des Verhaltens ist die Ambivalenz, ein Schwanken zwischen zwei entgegengesetzten Modi und Richtungen der Tätigkeit. Häufig ist die Mehrdeutigkeit der Rede eine Folge ambivalenten Verhaltens: Pendelt unser Handeln zwischen widersprüchlichen Zielen hin und her, liegt es nahe, sich in äquivoke Rede zu flüchten. Gleichwohl scheint es mir überzogen, die Ambivalenz als notwendigen Vorläufer der Mehrdeutigkeit zu begreifen, und fraglos ist sie nicht deren Ursache. Der Gebrauch eines mehrdeutigen Vokabulars mag gelegentlich das Verhalten überformen, es mag einer schon lauernden Ambivalenz Tür und Tor öffnen, eine noch nicht ausgebildete Ambivalenz nähren oder sogar ein ambivalentes Verhalten hervorlocken, indem es selbst widersprüchliche Unternehmungen hervorruft. Doch es ist nicht unsere Aufgabe, die Frage der Priorität zu klären: Auf die eine oder andere Weise arbeiten Ambivalenz und Mehrdeutigkeit einander zu, keines von beiden gedeiht gut ohne das andere, und wir können beide nur zusammen betrachten. Es ist uns jedoch zunächst um das Verständnis der Regierungstätigkeit zu tun, das sich in der Art, wie wir darüber reden, offenbart; es geht uns in erster Linie um Mehrdeutigkeit: »Gewiß, die Welt ist voll Mehrdeutigkeit: / Diese morsche Welt so voller Falschheit.«

Komplexität ist anfällig gegenüber Mehrdeutigkeit, und Einfachheit ist überall etwas Aufgezwungenes, das seinen Zweck erfüllt, aber jenseits seines eigentlichen Referenzbereiches bedeutungslos ist. Manchmal können wir den Ursprung der Mehrdeutigkeit in einer Komplexität erkennen: Die Kluft zwischen »Leidenschaft« und »Vernunft« in der menschlichen Natur trägt schon lange den Stempel anerkannter Mehrdeutigkeit in der beschwerlichen *conditio humana*. Wie ich glaube, verdanken wir so manche Mehrdeutigkeit unserer moralischen und religiösen – vielleicht auch unserer politischen – Überzeugungen dem Christentum, einer Religion, die zwar schon seit geraumer Zeit kein Eindringling in eine herrschende Lebensweise mehr ist, die sich jedoch unsere Zivilisation nie vollständig angeeignet hat. Wenn die selbst schon komplexen und in mehr als eine Richtung weisenden Spuren des Christentums sich unübersehbar in das Erscheinungsbild unserer Welt eingegraben haben, so gibt es doch auch Zeugnisse anderer und älterer Glaubensrichtungen und Sitten, und ihr Zusammentreffen kann leicht zu Verwirrung führen. Aber welche Verbindungen sich zwischen den in den verschiedenen Tätigkeitsbereichen vorherrschenden Mehrdeutigkeiten auch immer aufdecken lassen – uns geht es vor allem um die Politik. Das offensichtlichste Merkmal unseres gegenwärtigen politischen Vokabulars ist vermutlich seine Mehrdeutigkeit. Es wäre schwierig, auch nur ein einziges Wort zu finden, das nicht doppelsinnig, oder einen einzigen Begriff, der nicht zweischneidig wäre.

Die bemerkenswertesten aller in unserem politischen Wortschatz enthaltenen Äquivokationen stellen wohl die Wörter »Krieg« und »Frieden« dar. So wie sie heute verwendet werden, bezeichnen sie geradezu vollkommen sich selbst und ihr jeweiliges Gegenteil. Die Mehrdeutigkeit von »Freiheit« ist schon lange bekannt, nun aber haben sich ihr noch »frei« (bezogen auf eine von der Regierung bereitgestellte Leistung) und »Befreiung« beigesellt – letzteres beinhaltet »freilassen« als auch »unterdrücken« oder »vernichten«. »Rechte« sind notorisch zweideutig, und auf die Doppelsinnigkeit des Wortes »Demokratie« muß man nicht eigens aufmerksam machen. Wenn »rechts« und »links« nicht Parteien, sondern Einstellungen bezeichnen sollen, werden sie leicht austauschbar. Auch »fortschrittlich« und »reaktionär« neigen dazu, sich mit dem allgemeinen Virus zu infizieren. Die Mehrdeutigkeit von »Verrat« (wenn nicht als strikter Rechtsterminus verwendet) und »Verräter« spiegelt eine ambivalente Loyalität. »Sicherheit« und »Gerechtigkeit« bergen sowohl einen doppelten wie einen entgegengesetzten Sinn. Sogar ein so schlichtes Wort wie »Ordnung« bleibt nicht von Doppelzüngigkeit verschont, und das gegenwärtig der »Toleranz« anhaftende Dilemma entspringt weitgehend der Mehrdeutigkeit des Wortes.

Daß wir uns dieser mißlichen Lage durchaus bewußt sind, beweisen die dagegen getroffenen Vorkehrungen. Die gängige Strategie besteht darin, die Mehrdeutigkeit durch eine nähere Bestimmung des Substantivs zu vermeiden. Wir wissen, daß »Freiheit« mehrdeutig ist, und deshalb unterscheiden wir beispielsweise zwischen »politischer« und »ökonomischer« Freiheit, oder wir sprechen von der »neuen« Freiheit, so wie Luther im 16. Jahrhundert von der Freiheit »eines Christenmenschen« sprach. »Gerechtigkeit« und »Sicherheit« versehen wir gelegentlich mit dem Adjektiv »sozial«, und wenn wir »Frieden« meinen, setzen wir das Wort »kalt« vor »Krieg«; wir unterscheiden zwischen »westlicher« und »östlicher«, zwischen »politischer« und »ökonomischer« Demokratie. All das zeugt von Besorgnis. Letztlich aber ist diese Strategie nur eine Ausflucht, die uns wenig Erleichterung verschafft und unser Verständnis in keiner Weise fördert. Huey Long schien mit seiner Bemerkung, der »Faschismus« könne unter anderem Namen in Amerika sehr wohl Fuß fassen, der Mehrdeutigkeit einen Schlag zu versetzen, und er demonstrierte die Modernität seines politischen Vokabulars, als er für diesen Namen »Demokratie« vorschlug. Das ist eine höchst ironische Situation. Die mächtigsten Götter im alten Griechenland hatten alle mehrere Namen, die von der Verschiedenheit ihrer Kräfte zeugten; denn die Götter hatten viele Gesichter. Unsere politischen Gottheiten tragen demgegenüber nur einen einzigen Namen, aber darunter verbirgt sich ein nicht weniger vielgestaltiges und oft weitaus widersprüchlicheres Wesen.

Außerhalb des neuzeitlichen Europa – und jener Gebiete, die unsere Art zu sprechen übernommen haben und sich in einer ähnlich mißlichen Lage befinden – waren mehrdeutige politische Ausdrücke nicht unbekannt, doch für gewöhnlich entstammte die Verwirrung einem Zusammenprall zweier politischer Vokabulare, die jedes für sich wenig zu Äquivokationen neigten. So konnten die Römer den Athenern die Unabhängigkeit nehmen und ihnen gleichzeitig *libertas* schenken – eine leidige Situation. Für uns liegen die Dinge anders: Obgleich die Äquivokation eine Folge unseres vielschichtigen Erbes ist, gehört sie zum Wesen unseres eigenen politischen Vokabulars, das die ihm innewohnende Mehrdeutigkeit zugleich verbirgt und offenlegt.

Und mehr noch: Diese Mehrdeutigkeit ist keine neue Erscheinung. Autoren, die sich mit ihr beschäftigt haben – denn selbstverständlich bin ich nicht der erste –, haben sie häufig als Ergebnis zeitgenössischer Umstände dargestellt, wenn auch einige meinten, ihr Nährboden sei die Französische Revolution gewesen. Zweifellos ist die Äquivokation bei uns prächtig gediehen, und zeitgenössische Umstände, nicht zuletzt das Wuchern müßigen politischen Geredes, haben sicherlich das Ihre dazu beigetragen. Ebenso unbestreitbar war die Französische Revolution so etwas wie ein Meilenstein in ihrer Geschichte. Dennoch verkennen wir meiner Ansicht nach ihr wahres Wesen, wenn wir ihre Wurzeln nicht bereits im 16. Jahrhundert aufspüren, und wir werden sie auch so lange nicht verstehen, wie wir sie nicht im Kontext der gesamten neuzeitlichen Geschichte interpretieren. Wir dürfen nicht übersehen, daß die Französische Revolution, daß Liberalismus, Kapitalismus, Sozialismus, Romantik und Klassizismus, daß all diese Ereignisse, Prozesse und Bewegungen, die uns als Förderer der Mehrdeutigkeit präsentiert werden, weil sie alten Worten eine neue Bedeutung gaben, ihrerseits ambivalent sind: Keine einzige von diesen Bewegungen weist in nur eine Richtung, sie sind sämtlich komplex und in sich gespalten.

Außerdem wird man die Mehrdeutigkeit von einem bloßen und erst recht von einem künstlich herbeigeführten Verfall der Sprache unterscheiden müssen. Es wird nicht viele aufrichtige Verfasser politischer Abhandlungen geben, die nicht von Zeit zu Zeit bei der Beobachtung des beklagenswerten Umstands verweilen, daß der ihnen zur Verfügung stehende Wortschatz so zutiefst mehrdeutig ist, daß jedes Wort, sobald es aus ihrer Feder fließt, bereits auf subtile Weise mit Erwägungen verbunden ist, die sie gerne ausklammern würden: Substantive, die durch ihre allzu große Vielschichtigkeit und ihren wuchernden Bedeutungsreichtum jeden Wert verloren haben, und Adjektive (»liberal«, »sozial«), denen es ebenso ergangen ist. In solchen Augenblicken sind wir anfällig für die Sehnsucht nach vergangenen Zeiten, als dergleichen Verwicklungen noch unbekannt waren. Es ist aber eine Täuschung zu glauben, die Ausdrücke unseres politischen Vokabulars seien jemals »einfach« gewesen, hätten eine »ursprüngliche Bedeutung«, die verzerrt worden sei, oder gar zu meinen, wir müßten uns nur von dieser Sprachverderbnis befreien, um auch die Mehrdeutigkeit zu beseitigen. Ohne Zweifel ist unser politisches Vokabular verderbt, ist die ihm innewohnende Mehrdeutigkeit dazu benutzt worden, Verwirrung zu stiften und Skrupellosigkeit zu verschleiern. Und vielleicht ist auch die Heuchelei – der Tribut, den das Laster der Tugend zollt – der Anstoß zu mancher Äquivokation in unserer politischen Rede. Doch eine bewußt »doppeldeutige Rede« ist nur erfolgreich, weil sie sich auf eine echte und tiefsitzende Mehrdeutigkeit in unserem politischen Vokabular stützen kann; und die gegenwärtige Fertigkeit im »Zwiedenken« spiegelt eine absichtslose Ambivalenz in unserem Verhalten.

Wenn ich mich nicht irre, haben die Mehrdeutigkeiten, mit denen wir es zu tun haben, einen gemeinsamen Grund. Sie sind Sinnbilder einer tiefgehenden Gespaltenheit unseres Regierungsstils und unserer Auffassungen über die Tätigkeit der Regierung. Um sie zu verstehen, müssen wir die Extreme betrachten, zwischen denen unser politisches Handeln und unsere politischen Ideen ins Schwanken geraten sind. Diese Extreme sind auf unterschiedliche Weise umrissen worden, und zwei repräsentative Interpretationen verdienen eine nähere Betrachtung; beide sind nicht ohne eine gewisse Plausibilität, obgleich sie meiner Ansicht nach nicht bis zu den Wurzeln der Frage dringen.

Die beiden Pole, zwischen denen die Tätigkeit der Regierung in der Neuzeit hin- und herpendelt, die Extreme, zwischen denen sie sich aufreibt, hat man mit Anarchie und Kollektivismus gleichgesetzt:[1] mit dem Fehlen jeder Regierung und einer Regierungstätigkeit, die nicht durch Erwägungen über das Angemessene und Nützliche ihrer Vorhaben eingeschränkt ist. Die Plausibilität dieser Diagnose liegt darin, daß sie echte und absolute Extreme thematisiert. Sie liefert nicht nur in theoretischer Hinsicht eine vollständige Dichotomie, sie ist auch historisch begründet: Die »Anarchie« ist in der Neuzeit tatsächlich als Lehre über die Tätigkeit des Regierens formuliert worden. Der Mangel dieser Diagnose liegt jedoch darin, daß »Anarchie« keine theoretisch befriedigende Konzeption der Regierung sein kann, und darin, daß zwar viele Autoren ihr Mißtrauen gegen die Regierung geäußert haben und deren Tätigkeitsbereich einzuschränken wünschten, aber nur wenige Exzentriker die Abschaffung der Regierung für machbar oder erstrebenswert hielten. Kurz gesagt: Während eine »allumfassende« Regierung durchaus als ein theoretisches und historisches Extrem vorstellbar ist, ist »Regierungslosigkeit« weder in theoretischer noch in historischer Perspektive ihr Gegenteil. Unter Laissez-faire hat noch nie jemand – außer vielleicht die naivsten Kollektivisten – die Abschaffung der Regierung verstanden. Vielmehr ging es darum, bestimmte Bereiche aus den Befugnissen der Regierung herauszulösen, und nur in einer sehr wirren Denkweise könnte die »Anarchie« sich als eine Form des Regierens darstellen.

Auf die andere repräsentative Diagnose der Lage, deren Symptom die Mehrdeutigkeit unseres politischen Vokabu-

---

1 G. Lowes Dickinson, *A Modern Symposium*, [New York 1905,] S. 65.

lars ist, hat Sir James Stephen in einem Abschnitt hingewiesen, der »zwei verschiedene Ansichten« über die Beziehung zwischen Regierenden und Regierten thematisiert, Ansichten, die in der Neuzeit Seite an Seite stehen.[2] Der einen Ansicht zufolge wird »der Regierende als über den Bürgern stehend betrachtet« und daher, wenn er nicht völlig gegen Kritik immun ist, nur sehr zögerlich und äußerst respektvoll kritisiert. Nach der anderen Auffassung ist der Regierende »Vertreter und Diener« der Bürger, daher rechenschaftspflichtig und wenn nötig zu tadeln. Hier aber beziehen sich die Extreme, wie man schnell merkt, nicht so sehr auf die Tätigkeit des Regierens als vielmehr auf die Legitimität der Regierung. Unsere Sprache und Denkgewohnheiten sind in dieser Hinsicht vermutlich ebenso mehrdeutig wie in anderen Bereichen, und zweifellos schwanken sie zwischen Extremen, die hier zumindest scharfsinnig analysiert werden. Wie wir bereits festgestellt haben, besteht zwischen unseren Vorstellungen von der Legitimität der Regierung und unseren Vorstellungen über das Regieren eine (wenn auch indirekte) Verbindung. Doch uns geht es hier um die Tätigkeit der Regierung sowie um unsere Gedanken und Reden darüber, welche ihrer Unternehmungen wir für angemessen halten, und folglich müssen wir uns woanders nach den Extremen umsehen, zwischen denen sie schwankt.

Nach meinem Dafürhalten sind die Pole unserer Regierungstätigkeit, die sowohl theoretischen als auch histori-

---

[2] James Stephen, *History of Criminal Law in England*, [London 1883,] Bd. II, S. 299.

schen Extreme, deren Sinnbild die Mehrdeutigkeit unserer Rede ist, weder Anarchie und Kollektivismus, noch haben sie in erster Linie mit der Legitimität der Regierung zu tun. Vielmehr beinhalten sie zwei entgegengesetzte Politikstile, die ich Politik der Zuversicht [*politics of faith*] und Politik der Skepsis [*politics of scepticism*] nennen werde.

Meine Hauptaufgabe wird darin bestehen, diese Diagnose unserer politischen Situation abzuklopfen, ihre Bedeutung zu erörtern und daraus einige theoretische wie praktische Schlüsse zu ziehen. Doch ich möchte von Anfang an klarstellen, daß diese beiden Ausdrücke – Politik der Zuversicht und Politik der Skepsis – gleichzeitig die Pole einer Tätigkeit und die Pole unseres Verständnisses dieser Tätigkeit bezeichnen sollen, jene Extreme also, die zugleich die Ambivalenz unseres Regierungsverhaltens und die Mehrdeutigkeit unseres politischen Vokabulars verständlich machen. Meiner Meinung nach stehen beide ebenso für eine bestimmte Form, an Dinge heranzugehen, wie für eine Art und Weise, unser Handeln zu verstehen. Mehr noch, diese beiden Begriffe bezeichnen nicht allein theoretische Extreme im Verhalten und Verstehen, sondern auch historische Extreme: Sie markieren die Pole, zwischen denen unser Verhalten und Verstehen sich seit Beginn der Neuzeit tatsächlich bewegt hat. Infolgedessen darf man in ihnen weder einfache Lehrstücke über die Tätigkeit des Regierens noch feste Bedingungen für ebenjene Tätigkeit sehen: Ihre Geschichtlichkeit unterzieht sie einem ständigen Wandel; beide sind ebenso Prozeß wie Bedingung. Wir müssen damit rechnen, daß die Politik der Zuversicht und die Politik der Skepsis in vielfältigen Spielarten auftreten – läßt die Zeit oder ein anderer Anlaß sie mit einer ihrer charakteristischen Unternehmungen scheitern, machen sie sich an die nächste – und daß an ihnen die sich verändernden Bedingungen ablesbar sind, denen Europa während der letzten fünfhundert Jahre unterworfen war. Die Geschichtsschreibung befaßt sich mit der Vielfalt der Spielarten, die Analyse mit der Erhellung des Charakteristischen.

Darüber hinaus korrespondieren die Lehren, Verhaltensweisen und Unternehmungen, für welche diese beiden Begriffe stehen, in keiner Weise mit irgendeinem der eher kurzlebigen oder weniger ausgeprägten Unterschiede in Lehre und Praxis, die in der neuzeitlichen Politik zutage getreten sind. Sie entsprechen beispielsweise nicht den zwischen den gegenwärtigen oder früheren Parteien herrschenden Unterschieden, und sie entsprechen nicht rivalisierenden Weisen, über die Legitimität der Regierungen nachzudenken und zu sprechen. Ihre Bedeutung liegt meines Erachtens darin, daß sie als Kurzformeln dienen – nicht für die zufälligen oberflächlichen Differenzen, die uns vertraut sind und die wir nicht weiter ernst nehmen müssen, weil sie sich ständig einander annähern, sondern für die grundlegendsten Gegensätze in der modernen Politik. Und eben weil beide Extreme ihrer Gegensätzlichkeit zum Trotz die gleiche Sprache sprechen, ist diese Sprache so mehrdeutig geworden und unsere politische Tätigkeit »ein düstres Feld, / erfüllt von wirrem Kampf- und Fluchtgeschrei, / auf dem zwei unbekannte Heere nächtens aufeinandertreffen«.

IV.

Eines bleibt noch zu klären, bevor wir uns an die eigentliche Arbeit machen: Welchen Ertrag erwarten wir von dieser Untersuchung? Es ist weder töricht noch überflüssig, von Anfang an Klarheit über Art und Grenzen unserer Erwartungen zu gewinnen, denn nach einer bestimmten Antwort zu suchen ist eine Möglichkeit, unsere Fragen schärfer in den Blick zu bekommen, und das lohnt jede Mühe.

Unser Problem läßt sich kurz in folgende Frage fassen: Woran liegt es, daß die Praxis der modernen Politik von Ambivalenz und ihr Vokabular von Äquivokation geprägt ist? Bislang haben wir uns mit den allgemeinen Bedingungen von Ambivalenz und Äquivokation beschäftigt. Des weiteren habe ich die These aufgestellt, daß die politische Tätigkeit und das politische Verständnis in der Neuzeit durch die Pole dessen abgesteckt sei, was ich die Politik der Zuversicht und die Politik der Skepsis genannt habe. Diese Vermutung muß überprüft werden. Allerdings erwarte ich nicht, sie auf ein festes Fundament stellen oder ihre Wahrheit beweisen zu können. Ich möchte vielmehr zeigen, daß es sich um eine erhellende Annahme handelt, und dem Leser einiges von dem präsentieren, was sie erhellt. Ich behaupte nicht, dies sei die einzige These, die man vernünftigerweise aufstellen kann. Ich sage nur, daß sie einer Untersuchung wert ist. Diese These muß ich zunächst erläutern, denn wir sollten ganz deutlich vor Augen haben, was damit behauptet wird. Danach muß sie an ihre Aufgabe gesetzt werden. Hierbei werden wir einige der Drehungen und Wendungen untersuchen, denen das politische Denken in Europa während der letzten fünfhundert Jahre unterworfen war. Gleichwohl wird meine Darstellung nicht im engeren Sinn historisch ausgerichtet sein: Zwar wird sie den Wandel erforschen, ohne aber – und dies allein interessiert den Historiker – aufzudecken, wodurch er in Gang gesetzt wurde. Nebenbei mag die eine oder andere interessante Enthüllung abfallen, das zu erwartende Hauptergebnis wird indes eine Nahaufnahme einiger der verborgenen Schaltstellen unserer Politik sein, und es wird – wie ich glaube – mehr Sympathie für unsere politische Lage erwecken. Sollten wir auf unserem Weg feststellen, daß viele scheinbare Neuerungen unserer politischen Situation nur jüngere Versionen von früher schon herrschenden Zuständen sind, so können wir daraus nur schließen, daß etwas, das uns bereits so lange begleitet hat, sehr wahrscheinlich nicht plötzlich verschwindet oder leicht zu unterdrücken sein wird.

Die Politik bietet zu allen Zeiten ein wenig erfreuliches Schauspiel. Das Dunkel, die Verworrenheit, die Auswüchse, die Kompromisse, die unauslöschlichen Erscheinungen von Unredlichkeit, geheuchelter Ehrfurcht, Moralisieren und Unmoral, Korruption und Intrigen, Nachlässigkeit, Streitsucht, Eitelkeit, Selbsttäuschung und schließlich Vergeblichkeit beleidigen unsere Vernunft und unseren ästhetischen Sinn. Doch sofern es dem politischen Handeln gelingt, die willkürliche Gewalt in den menschlichen Angelegenheiten einzudämmen, spricht manches zu seinen Gunsten, und man mag sogar meinen, daß es seinen Preis wert ist. Meistens jedoch scheint die politische Tätigkeit viele der weniger erfreulichen Charakterzüge des Menschen zu fördern.

Am ehesten wird man Sympathie für die Politik entwickeln können, wenn man zum Parteigänger wird. Daran ist nichts Ehrenrühriges, im Gegenteil: Niemals Partei zu ergreifen setzt uns dem Vorwurf dünkelhafter Überlegenheitsgefühle aus. Eine andere, weniger starke, aber dafür schwerer zu erschütternde Sympathie entspringt dem Bündnis mit der Notwendigkeit und der Bejahung des Unvermeidlichen: eben die Art Sympathie, die Spinoza für das Universum empfand. Durch die hier vorgeschlagene Untersuchung können wir allenfalls eine solche Sympathie ausbilden. Selbstverständlich kennt die Politik keine echten Notwendigkeiten: In ihrer Welt existiert nichts, was nicht Folge menschlichen Handelns wäre, obgleich vieles nicht menschlicher Planung entstammt. Im Hinblick auf menschliches Handeln ist es unangemessen, von Notwendigkeit und Kausalität zu sprechen. Da wir uns jedoch mit denjenigen strategischen Bewegungen in unserer Politik beschäftigen, die, weil sie in sehr tiefe Schichten reichen, verhältnismäßig schwer zu ändern und im ganzen unmöglich zu beseitigen sind, gilt unser Interesse solchen Dingen, die keine Parteinahme von uns erfordern: Sich auf dieser Ebene den gängigen Entscheidungen zu entziehen ist durchaus ehrenwert und kein Zeichen von Überheblichkeit. Wir haben es also mit einer Ebene zu tun, auf der die »Dinge und Handlungen sind, was sie sind, und die Folgen haben werden, die sie haben werden«, und auf der es nur darauf ankommt, sich nicht täuschen zu lassen. Wenn wir die dauerhaften Elemente in der Struktur unserer Politik zu unterscheiden und zu akzeptieren lernen – nicht nach Maßgabe ihrer Annehmbarkeit (denn das wird unwichtig), sondern nach Maßgabe ihrer Unvermeidbarkeit –, werden wir ein bißchen weniger verwirrt sein und etwas mehr Verständnis auch für die unangenehme Seite der Politik gewinnen. Ein Ergebnis, das ich auf jeden Fall vermeiden will, ist die unfruchtbare Schlußfolgerung, eine tugendhafte Politik müsse nach Einfachheit streben und eine »mehrdeutige Mischung« verhindern, die Schlußfolgerung also, wir hätten uns die Auflösung von Ambivalenz und Mehrdeutigkeit in unserer Politik zum Ziel zu setzen oder zumindest ein Rezept aufzustellen, mit dem sie überwunden werden könnten.

1. KAPITEL

Mehrdeutigkeit dingfest gemacht

I.

Unser Ausgangspunkt ist die offensichtliche Mehrdeutigkeit unseres politischen Vokabulars, eine Mehrdeutigkeit, die Vor- und Nachteile hat. Ihre Vorzüge sind praktischer Art: Wie ein Schleier, der die Ränder weicher macht und die Unterschiede des von ihm zugleich Verhüllten wie Offenbarten mildert, so hat auch die Mehrdeutigkeit der Sprache dazu gedient, Spaltungen zu verbergen, die, in aller Schärfe sichtbar gemacht, Gewalt und Unheil herausfordern würden. Ihre Nachteile sind in der Hauptsache philosophischer Art: Die Mehrdeutigkeit macht es uns schwer, unsere politischen Ideen zu klären, und sie behindert jede tiefergehende politische Selbsterkenntnis. Außerdem ist die jedem unredlichen Politiker sich bietende Möglichkeit, mit ihrer Hilfe Verwirrung zu stiften, auch praktisch ein Nachteil, den man gegen ihren praktischen Nutzen abwägen muß.

Es liegt mir fern, das Verräterische der Sprache zu beklagen, die Mehrdeutigkeit aufzulösen oder mich ihrer auf andere Weise zu entledigen. Ich möchte sie vielmehr verstehen. Und dabei gehe ich von der näher zu prüfenden Annahme aus, daß unser politisches Vokabular mehrdeutig geworden ist, weil es beinahe fünf Jahrhunderte lang zwei Herren zu dienen hatte.

Diese beiden Herren habe ich die Politik der Zuversicht und die Politik der Skepsis genannt, Ausdrücke, die für die beiden Pole oder Extreme stehen, zwischen denen in der Neuzeit unsere Regierungstätigkeit und unsere Auffassung davon, was die angemessene Aufgabe der Regierung ist, hin- und herschwankten. Als Extreme sind sie Idealtypen: In dem von ihnen aufgespannten Raum haben die konkreten Tätigkeiten und Auffassungen meist weniger Platz eingenommen, als die Extreme zulassen würden. Doch insofern Tätigkeit und Auffassung dem einen oder anderen dieser idealtypischen Extreme zuneigen, kommen zwei historische Stile mit denselben Eigenschaften wie das jeweilige Extrem zum Vorschein, dem sie sich annähern, wenn auch durch die Unvollständigkeit der Annäherung modifiziert. Während der fünf Jahrhunderte neuzeitlicher Geschichte existierten diese beiden Stile politischer Tätigkeit Seite an Seite; sie standen einander nicht im Weg (abgesehen von jenen bemerkenswerten Gelegenheiten, bei denen einer von ihnen seinem theoretischen Extrem besonders nahe gekommen ist), und aufgrund der Mehrdeutigkeit unseres politischen Vokabulars wurden sie häufig nur unzureichend auseinandergehalten. Da es sich zudem um Stile politischer Tätigkeit und nicht um fixierte, unveränderliche Lehren handelt, sind beide nicht nur in verschiedenen Graden der Vollkommenheit, sondern auch in vielfältigen Spielarten aufgetreten. Unter der »Spielart« eines politischen Stils verstehe ich den Einsatz der Mittel, die ihm zur Verfügung stehen, um eine bestimmte politische Situation zu beeinflussen. Folglich wird man an jedem Ort und in jeder Epoche der neuzeitlichen Geschichte Europas nicht nur die momentane Intensität beider Politikstile aufspüren können (nämlich den Grad, in dem sie sich hier und jetzt ihrem entsprechenden idealtypischen Extrem nähern), sondern auch ihre jeweilige Spielart, also die Art und Weise, in der sie in einer konkreten politischen Situation eingesetzt werden. Eine Analogie zur Architektur macht deutlich, was ich damit meine: Bei der Tätigkeit des Bauens lassen sich gewisse Gesetzmäßigkeiten unterscheiden, und durch Abstraktion gewinnt man die idealen Prinzipien eines architektonischen Stils. Ein einzelnes Gebäude wird diesen idealen Stil wohl kaum je exakt verkörpern, doch es wird sich ihm mehr oder weniger annähern. Daneben aber bedingen die Gegebenheiten des Bauplatzes, die verfügbaren Materialien oder der Zweck des Gebäudes seine Bauweise. Daher können wir nicht nur feststellen, in welchem Grad es sich dem Idealtyp annähert, sondern auch, inwiefern die Stilprinzipien angewandt wurden, um einem besonderen Zweck zu dienen.

Im Fortgang werden wir uns mit einigen der neuzeitlichen Spielarten beider Stile beschäftigen – nicht um ihre Entstehung und Aufeinanderfolge im Detail zu untersuchen (das ist das Geschäft des Historikers), sondern um unser Wissen über die Stile selbst zu erweitern, indem wir ihr Verhalten in unterschiedlichen Situationen beobachten. Bevor wir uns aber in dieser Weise den historischen Geschicken der beiden politischen Stile zuwenden, sind wir gut beraten, uns zunächst ihre abstrakten Prinzipien so deutlich wie möglich vor Augen zu führen. Dabei sollten wir freilich nie vergessen, daß diese Prinzipien tatsächlich abstrakt sind, also auf einem Abstraktionsprozeß beruhen. Als Arbeitsmaterial steht uns zur Verfügung, was immer wir darüber herausfinden können, wie die Völker im neuzeitlichen Europa an das Geschäft des Regierens herangegangen sind, worin sie die angemessene Aufgabe der Regierung sahen und was sie darüber explizit geäußert haben. In der Reflexion darüber werden wir unterscheiden können, was ich die verschiedenen Stile politischer Tätigkeit genannt habe, und durch Extrapolation der in einem Stil sich abzeichnenden Tendenzen werden wir zu einem Bild des idealen Extrems gelangen, in dessen Richtung er weist.

II.

Als erstes werden wir die Politik der Zuversicht betrachten, und im Fortgang wird, wie ich hoffe, die Angemessenheit dieses von Paradoxien nicht ganz freien Ausdrucks deutlicher hervortreten.

In der Politik der Zuversicht soll die Tätigkeit des Regierens im Dienste der Vervollkommnung der Menschheit stehen. Es gibt die Lehre des kosmologischen Optimismus, der zufolge unsere Welt gar nicht besser sein könnte, als sie ist: Sie stützt sich jedoch nicht auf Beobachtung, sondern schließt die notwendige Vollkommenheit des Universums aus der Vollkommenheit seines Schöpfers. Eine andere Lehre besagt, die menschliche Vollkommenheit sei ein durch die Vorsehung garantiertes, vom menschlichen Verhalten unabhängiges Geschenk. Aber die für die Politik der Zuversicht charakteristische Vorstellung der menschlichen Vervollkommnungsfähigkeit leitet sich von keiner dieser Lehren her; sie steht beiden sogar feindlich gegenüber. In der Politik der Zuversicht wird die menschliche Vollkommenheit gerade deshalb angestrebt, weil sie nicht gegeben ist. Außerdem wird angenommen, daß wir für das Heil der Menschheit auf die göttliche Vorsehung weder angewiesen sind noch darauf warten sollten. Die Vollkommenheit des Menschen soll das Werk menschlicher Anstrengung sein, und die Zuversicht, daß die Unvollkommenheit verschwindet, entspringt dem Glauben an die menschliche Kraft, nicht dem Vertrauen auf die göttliche Vorsehung. Vielleicht dürfen wir noch zusätzlich Mut daraus schöpfen, daß unsere Anstrengungen den Segen, ja die Unterstützung der Vorsehung genießen, doch wir müssen begreifen, daß das Erreichen der Vollkommenheit einzig und allein von unseren unermüdlichen Anstrengungen abhängt und daß Vollkommenheit verwirklicht wird, wenn wir nur unablässig danach streben.

Diesem ersten Prinzip gesellen sich drei weitere zu. Vollkommenheit oder Heil ist im Diesseits zu erlangen: Der Mensch kann seine Erlösung in der Geschichte finden. Von daher ist es ebenso treffend wie vielsagend, diesen politischen Stil »pelagianisch« zu nennen. Darüber hinaus ist die Vollkommenheit des Menschen nicht nur diesseitig zu verstehen, sondern sie hängt auch von den menschlichen Lebensumständen ab, und so kann es zu Verwirrung kommen: Wenn die Natur des Menschen wenigstens zum Teil als unabhängig von den Umständen gedacht würde, dann wäre es angebracht, ihre Vervollkommnung von den Zielen der Politik der Zuversicht abzutrennen und damit die Ambitionen des Stils von Anfang an zu beschneiden. Dem ist im allgemeinen aber nicht so. Die Menschen sind, nach der Überzeugung der Anhänger dieses Stils, Produkte ihrer Lebensbedingungen,[1] und folglich wird ihre Vollkommenheit als durch die Lebensumstände bedingt begriffen. Letztlich ist dieser politische Stil nur wegen besagter Deutung, die es ihm ermöglicht, nach allem zu streben, was der Mensch nur begehren kann, von jedem anderen Stil zu unterscheiden. Und schließlich gilt die Regierung als der entscheidende Motor der auf Vollkommenheit abzielenden Verbesserung. Aus diesen Gründen soll die Tätigkeit des Regierens darin bestehen, das Handeln der Menschen zu überwachen und zu organisieren, um menschliche Vollkommenheit zu erlangen.

Nun klingen einige der skizzierten Ideen unüberhörbar modern, und sollten sie die Wurzeln der Politik der Zuversicht sein, schiene es übereilt, ihre Entstehung auf den Beginn der Neuzeit zu datieren. Gleichwohl dürfen sich diese Überzeugungen einer längeren Geschichte rühmen, als oftmals angenommen wird. Auch wenn ich sie in der kühnen und ausgereiften Sprache des 18. Jahrhunderts vorgestellt habe, erblickten sie sehr viel früher das Licht der Welt. Später werde ich mein Bestes tun, um den Ver-

---

[1] Locke lieferte natürlich als einer der ersten eine Begründung dieser Überzeugung.

dacht zu zerstreuen, ich würde einer meist für recht jung gehaltenen Erscheinung ein sehr viel längeres Leben andichten, aber vielleicht läßt sich dieser Verdacht schon jetzt entkräften, wenn wir zwei Dinge berücksichtigen: Zum einen ist die meiner Ansicht nach entscheidende Bedingung für die Entstehung der Politik der Zuversicht – nämlich ein erstaunlicher und berauschender Zuwachs menschlicher Macht – für den Beginn der Neuzeit kennzeichnend und nicht erst für die jüngere Geschichte. Zum anderen läßt sich »Vollkommenheit«, das Schlüsselwort dieses Stils, auf vielerlei Weisen interpretieren, von denen einige keineswegs modern sind. Die von dem Politikstil untrennbare Vorstellung eines künftigen besseren Zeitalters muß, so viel ist gewiß, auf eine innerweltliche Lage der menschlichen Verhältnisse abzielen, die von moralischer Tugend, religiösem Heil bis zu »Reichtum«, »Überfluß« oder »Wohlfahrt« reichen kann. Kurz gesagt: Einige Spielarten dieses politischen Stils sind nicht bloß den Umständen des 18. und 19. Jahrhunderts, sondern auch denen des 16. Jahrhunderts angemessen.

Diese grobe Skizze der Politik der Zuversicht sollte uns zweierlei verdeutlicht haben. Erstens ist die Tätigkeit des Regierens kein bloßes Hilfsmittel für das Streben nach der Verbesserung, die gleichbedeutend mit Vervollkommnung ist oder in Vollkommenheit gipfeln soll; sie ist die Seele und der Kopf des Ganzen. Würde die Lehre allein behaupten, die Aufgabe der Regierung bestehe darin, einen erkennbaren Beitrag zum Nutzen der Menschheit zu leisten, dann wäre die Politik der Zuversicht in nichts von irgendeiner anderen Lehre – außer vielleicht vom Anarchismus – zu unterscheiden. Wir müssen uns im klaren darüber sein, daß wir es hier mit einer Auffassung von der Tätigkeit des Regierens zu tun haben, die der Regierung aus bestimmten Gründen die Pflicht und die Macht zuschreibt, die Menschheit zu »retten«, obwohl innerhalb des Stils eine ganze Fülle unterschiedlicher Interpretationen einer solchen »Rettung« zu erwarten ist.

Der zweite Punkt betrifft die »Vollkommenheit«. Ich habe gesagt, die Vorstellung eines künftigen besseren Zeitalters sei von diesem Politikstil nicht zu trennen. Daher könnte man denken, ich hätte den Stil derart eng definiert, daß er nur einer Handvoll Exzentrikern zugeschrieben werden kann und im Gesamtbild der neuzeitlichen Politik weit in den Hintergrund gedrängt wird; ein politischer Stil, der sich um die Verbesserung der menschlichen Lage kümmert, sei uns allen vertraut, Vollkommenheit dagegen nur eine ungewöhnliche Ausschweifung. Diese Unterscheidung ist so aber nicht aufrechtzuerhalten. Mit der Politik der Zuversicht umreiße ich zweifellos das, was man allgemein eine utopische Politik nennt. Wer sich gegen diese Identifikation verwahrt, indem er nur ein Streben nach Verbesserung, nicht nach Vollkommenheit für sich reklamiert, wird meiner Meinung nach erkennen müssen, daß der eingeschlagene Fluchtweg zu eng ist, solange man weiterhin an einem bestimmten Begriff von Verbesserung festhält.

Lassen wir daher die aufdringlichen Millenaristen, die eine besondere Gruppe in den Reihen der Politik der Zuversicht bilden, beiseite, und betrachten wir die Weltverbesserer, die alle utopischen Ambitionen bestreiten. Das

Los der Menschheit ließe sich auf zwei Weisen verbessern. Wir können alle möglichen Formen von Veränderung planen, uns aneignen oder entwickeln, die sich als Veränderungen zum Besseren anbieten, wobei »besser« – sofern alles andere gleich bleibt – bedeutet, dieser oder jener Tätigkeit erfolgreicher nachzukommen oder uns der Welt, in der wir leben, mehr zu erfreuen. Hier folgt die Verbesserung der Umstände nicht einer Generallinie, und sollte die eine Verbesserung – was sehr leicht der Fall sein kann – mit einer anderen in Konflikt geraten, wird man ihre Ansprüche zeitweilig abwägen müssen. Weder die Verbesserungen selbst noch die Anpassungen zwischen ihnen deuten auf einen einzigen Weg hin oder legen ihn fest.

Die andere Möglichkeit, eine Verbesserung der menschlichen Lage anzustreben, besteht darin, zunächst über die Richtung zu entscheiden, in der das »Bessere« liegen soll, und diese dann einzuschlagen. Wie die Entscheidung gefällt wird, spielt hier keine Rolle. Ein detailliertes Wissen über das Beste wird dabei nicht vorausgesetzt, wohl aber eine Idee davon, denn die jeweilige Richtung wird ja nicht gewählt, weil sie im ganzen besser als irgendeine Alternative ist, sondern weil sie das Beste ist. Gerade diese Art und Weise, auf Verbesserung hinzuwirken, ist für die Politik der Zuversicht charakteristisch. Wie wir sehen werden, bestreiten viele Anhänger dieses politischen Stils, daß sie Jünger des Vollkommenheitsstrebens oder Utopisten sind. Sofern ihr Leugnen nicht auf bloßem Selbstbetrug beruht, hat es etwas zu bedeuten: Der Zustand, den sie herbeizuführen wünschen, ist nicht in allen Einzelheiten voraussagbar, und sie erwarten nicht, daß er fix und fertig vom

Himmel auf die Erde fällt. Das heißt allerdings nicht, daß sie unsicher sind, welche Richtung sie auf ihrer Suche nach Verbesserung einzuschlagen haben.

Kurz gesagt: Wer nur einen einzigen Weg postuliert, gleichgültig wie langsam er auf ihm fortzuschreiten gedenkt oder wie reich die Ernte ist, die er einzufahren hofft, der ist ein Jünger des Vollkommenheitsstrebens, nicht weil er von Anfang an genau weiß, wie sein Ziel aussehen wird, sondern weil er jeden anderen Weg ausgeschlossen hat und überzeugt ist, auf die Vollkommenheit zuzuschreiten. Dabei hat die Regierung ihre Aufgabe nicht allein deshalb zu erfüllen, weil sie über große Macht verfügt, sondern auch weil diese Macht auf eine einzige Richtung konzentriert werden muß.

Zu den charakteristischen Annahmen der Politik der Zuversicht gehört mithin, daß die menschliche Kraft hinreicht oder eines Tages hinreichen wird, um das Heil zu bewirken. Eine zweite Annahme besagt, das Wort »Vollkommenheit« samt seinen Synonymen bezeichne einen einzigen, umfassenden Zustand menschlicher Verhältnisse. Dieser Zustand mag nicht einfach zu bestimmen sein, und er läßt sich vielleicht nicht mit aller Präzision am Reißbrett entwerfen, doch immerhin können wir seine allgemeinen Grundzüge angeben: Er ist das Ziel jeglicher politischer Tätigkeit, zu dem es keine Alternative gibt. Folglich erfordert dieser Politikstil eine doppelte Zuversicht: Er muß davon überzeugt sein, daß die nötige Macht zur Verfügung steht oder erreichbar ist, und er muß glauben, daß wir wenigstens den Weg kennen, der zur Vollkommenheit führt, wenn wir schon nicht genau wissen, worin sie besteht.

Man mag darauf bauen, daß die Zuversicht, über die notwendige Macht zu verfügen, mit dem Streben nach Vollkommenheit zunehmen werde; die Zuversicht, daß wir den richtigen Weg eingeschlagen haben, mag sich auf verschiedene Weisen einstellen. Vielleicht bezieht sie ihre Gewißheit aus einer Vision, vielleicht ist sie ein Ergebnis von Forschung, Überlegung und Argumenten. In der Politik der Zuversicht lassen sich politische Entscheidungen und Unternehmungen als Reaktion auf eine enthusiastische Vorstellung *des* allgemeinen Wohls oder als Schlußfolgerung aus rationalen Argumenten verstehen, keinesfalls aber als ein zeitweiliger Notbehelf oder schlicht als Maßnahme, um die Dinge am Laufen zu halten. Nach diesem Politikverständnis werden daher die Regierungseinrichtungen nicht als Instrumente aufgefaßt, mit denen bestimmte Sachen erledigt oder Entscheidungen getroffen werden können, sondern als Mittel, um zur »Wahrheit« zu gelangen, den »Irrtum« auszuschließen und der »Wahrheit« zum Sieg zu verhelfen.

Die Politik der Zuversicht sieht im Regieren eine »schrankenlose« Tätigkeit; die Regierung ist für alles zuständig. Dies ist freilich nur eine andere Formulierung dafür, daß sie sich um das »Heil« oder die »Vollkommenheit« zu kümmern hat. Wenn wir es so formulieren, können wir die wichtige Unterscheidung zwischen »Absolutismus« und »uneingeschränkter Zuständigkeit« treffen. Die Lehre des Absolutismus im eigentlichen Sinne bezieht sich auf die Legitimität der Regierung. Ihr zufolge muß die Regierungsmacht nicht durch sich selbst legitimiert sein (denn obwohl das theoretisch denkbar wäre, existiert doch kein historisches Beispiel dafür), sondern so, daß die Ermächtigung, einmal erteilt, nicht oder nur sehr schwer wieder entzogen, modifiziert, übertragen oder sonstwie eingeschränkt werden kann. Möglicherweise impliziert sie auch die Konzentration der gesamten Regierungsmacht in den Händen einer Person oder einer Körperschaft. In gewisser Hinsicht sind alle Regierungen in diesem Sinn »absolut«. Zumindest scheint mir eine »Regierung«, der ihre Macht, sofort nachdem sie ihr verliehen worden ist, unter dem geringsten Vorwand oder sogar ohne jeden Grund wieder entzogen werden kann, oder eine, die gezwungen ist, ihre Verantwortlichkeit mit Personen oder Körperschaften zu teilen, die nicht gleichermaßen autorisiert wurden, in einem Maße eingeschränkt zu sein, in dem es die meisten neuzeitlichen Regierungen nie waren. Wie dem auch sei, das Ganze ist jedenfalls von einer Regierung mit »uneingeschränkter Zuständigkeit« himmelweit entfernt.

Die Forschung hat gezeigt, unter welchen Umständen die »souveräne« Regierung in der Neuzeit entstand, zu erklären bleibt aber noch, wie die »regulierungsfreudige« Regierung sich entwickelte, denn obwohl sie ungefähr zur gleichen Zeit auftauchten, sind sie in keiner Weise identisch. »Regulierungsfreudigkeit« oder »uneingeschränkte Zuständigkeit« haben nichts mit der Legitimität der Regierung zu tun, sie sagen etwas über die Tätigkeit und die Ziele des Regierens aus. Beispielsweise läßt sich zu Recht behaupten, Hobbes habe in der Regierung die Ausübung einer »absoluten« Autorität gesehen und sei der erste große Theoretiker der souveränen Regierung gewesen, doch nichts spricht dafür, daß er der Tätigkeit des Regierens eine uneingeschränkte Zuständigkeit zusprechen wollte; im Gegenteil: In seinen Schriften findet sich auch nicht die Spur des Gedankens, die Regierung solle die menschliche Verbesserung und Vollkommenheit befördern – für ihn ist der bloße Ausdruck »menschliche Vollkommenheit« widersinnig –, wohl aber enthalten sie einige sehr präzise und weitreichende Vorstellungen über die eingeschränkten, wenngleich sehr wichtigen Ziele der Regierungstätigkeit. Die Regierung ist von größter Bedeutung, doch ihr Tätigkeitsbereich sehr eng gefaßt.

In der Politik der Zuversicht wird nun die Regierungstätigkeit mit einer uneingeschränkten Zuständigkeit versehen, ohne deshalb notwendigerweise absolut zu sein. Anders gesagt: Ein wie auch immer gearteter »Kollektivismus« gehört wesentlich zur Politik der Zuversicht, doch zum Cäsarismus, der, wie so treffend gesagt wurde, das Römische Reich zu »einem fröhlichen Tummelplatz für exzentrisches Verhalten« gemacht hat, tendiert sie nicht mehr als alle anderen Regierungsformen. Die Politik der Zuversicht begreift das Regieren als eine grenzenlos ausufernde Tätigkeit, die alle Aktivitäten des Bürgers erfaßt, und dies stets – sofern sie ihrem Auftrag gerecht werden will – unter Aufbietung aller ihrer Kräfte. Eine der vielen Folgen, die sich daraus ergeben, sollten wir schon jetzt festhalten. Alle Wörter und Ausdrücke unseres politischen Vokabulars verfügen sowohl über eine engere als auch über eine weiter gefaßte Bedeutung – und natürlich über ein ganzes Bedeutungsspektrum innerhalb dieser Begrenzungen. In der Politik der Zuversicht erhält jedes Wort aufgrund des Bündnisses zwischen ihr und dem Streben nach menschlicher Vollkommenheit seine umfassendste Bedeutung: Sie stößt immer an die Grenze dessen, was das Vokabular noch tragen kann, ohne bedeutungslos zu werden – und mit Hilfe von Adjektiven wird die Grenze manchmal sogar überschritten.

Diese Skizze der Politik der Zuversicht ist, selbst wenn man sie als das nimmt, was sie sein soll, nämlich ein abstrakter Entwurf, noch unvollständig. Doch wenn wir darüber nachdenken, drängen sich einige naheliegende Schlüsse auf. Ein paar davon kurz aufzuführen, wird zugleich die Skizze anreichern und uns auf das vorbereiten, was uns erwartet, wenn wir den Bereich der Abstraktionen verlassen und uns konkreten Spielarten dieses politischen Stils zuwenden.

Ohne Frage gehört es zu besagtem Politikstil, Macht eher willkommen zu heißen, denn sie als Bürde zu empfinden. Keine Machtfülle, und sei sie noch so groß, wird ihm als übertrieben erscheinen. Ja, über jede Tätigkeit nachzugrübeln, jedes Unternehmen auf Linie zu bringen, jedes Vorhaben sofort mit Lob oder Tadel zu bedenken und, kurz gesagt, alle Kräfte und Mittel des Gemeinwesens auf das Projekt der Vervollkommnung zu konzentrieren, sicherzustellen, daß keine Ressourcen brachliegen oder verschwendet werden: all das ist der Tätigkeit des Regierens eigentümlich, wenn sie sich die Organisation der menschlichen Vollkommenheit zum Ziel gesetzt hat. Nicht aus Schwäche, sondern aus Tugend wird die Regierungstätigkeit dieses Politikstils sich nach Kräften auch um die kleinsten Dinge kümmern, sich in alles einmischen und unduldsam sein: Die Gesellschaft verwandelt sich in ein panoptisches System, und ihre Regenten werden zu Oberaufsehern. Es liegt in der Konsequenz solch konzentrierter Anstrengungen, in der Regierung die Gesellschaft repräsentiert zu sehen, die sich als Gemeinwesen selbst bestätigt, indem sie es sich zur Aufgabe macht, die Welt spirituell, wenn nicht gar physisch zu erobern: Die »Wahrheit« zu verheimlichen wäre Verrat, sich nicht mit aller Kraft für ihre Verbreitung einzusetzen Schande.

Außerdem fiele die Regierung aus ihrer Rolle, wenn sie besonderen Wert auf Formalitäten legen würde. In diesem Stil zu regieren ist ein göttergleiches Abenteuer, dessen Schwung durch eine strikte Beachtung der Regeln und Verfassungen nur allzu leicht gehemmt würde. Einklagbare Rechte, mit denen sich Übelstände beheben ließen, sind damit unvereinbar und müssen einem einzigen, umfassenden Recht weichen – dem Recht, an der zur Vollkommenheit führenden Verbesserung teilzunehmen. Das Hergebrachte spielt hier keine große Rolle; der Gegenwart wird ein größeres Gewicht beigemessen als der Vergangenheit, am wichtigsten aber ist die Zukunft. Die Raison d'état, gerechtfertigt und sanktioniert durch ihr Bündnis mit dem Streben nach Vollkommenheit, wird als ein richtiges, überzeugendes, ja moralisches Argument anerkannt; Abscheu gegenüber einer rückwirkenden Gesetzgebung ist fehl am Platz; Prävention wird höher geschätzt als Bestrafung; das Leiden eines Unschuldigen scheint weniger verwerflich als das Entkommen des Schuldigen, und Schuld wird eher vermutet als Unschuld. Jede Opposition – auch sie natürlich nur ein Mittel, um die »Wahrheit« zu erlangen – ist bloß von befristetem und sporadischem Nutzen und gilt als

Hemmschuh oder Schlimmeres, sobald die »Wahrheit« ans Licht gekommen ist.

Darüber hinaus fordert eine Regierungstätigkeit, die sich dem Geschäft der Vollkommenheit verschrieben hat, von den Bürgern nicht einfach Gehorsam und Unterwerfung, sondern Lob und sogar Zuneigung. Abweichung und Ungehorsam werden nicht als störendes Verhalten verfolgt, sondern als »Irrtum« und »Sünde«. Mangelnde Begeisterung gilt als Verbrechen, dem durch Erziehung vorzubeugen und das als Verrat zu bestrafen ist. Andererseits steht zu erwarten, daß dieser Regierungsstil mit seinem aufrichtigen Drang nach Vollkommenheit zu Unzufriedenheit führt, denn die Vollkommenheit ist ein Versprechen für die Zukunft, und wir sind stets unzufriedener, wenn wir auf eine einzige Sache, als wenn wir auf mehreres verzichten müssen. Schließlich und endlich ist die so verstandene Aufgabe der Regierung moralisch dermaßen erhebend, daß sie jede andere Aufgabe überragt, und der Politiker und seine Mitstreiter werden zugleich als Diener, Führer und Retter der Gesellschaft betrachtet.

III.

Da wir uns vorläufig mit abstrakten Extremen beschäftigen, ist es durchaus angemessen und nicht bloß eine Übertreibung, in der Politik der Skepsis, die wir nun betrachten wollen, einen der Politik der Zuversicht in jeder Hinsicht entgegengesetzten Stil zu sehen. Bereits an dieser Stelle sollte ein Fehler unbedingt diagnostiziert und vermieden werden. Denn entgeht er uns jetzt, wird er uns vergrößert wiederbegegnen, sobald wir uns mit den historischen Wechselfällen dieser beiden politischen Stile auseinandersetzen. Gemeint ist der Fehler, logische Gegensätze mit historischen Gegnern zu verwechseln, in unserem Fall die Skepsis für eine Reaktion auf die Zuversicht zu halten oder umgekehrt, und beide nur insofern zu begreifen, als sie sich ineinander spiegeln. Zwar gehen meiner Ansicht nach einige Spielarten der Politik der Skepsis in gewisser Hinsicht allen Formen neuzeitlicher Politik der Zuversicht voran, und dafür lassen sich auch Gründe anführen. Aber da ich voraussetze, daß diese beiden Stile die neuzeitliche Geschichte von Anfang an begleiten – wenn auch nicht zu allen Zeiten gleichermaßen wirkmächtig –, gelten sie für unsere jetzigen Zwecke als gleichaltrig, und es wäre verfehlt, einem von ihnen zeitliche Priorität zuzusprechen. Aus Gründen der Darstellung muß der eine vor dem anderen abgehandelt werden, aber faktisch sind sie zur gleichen Zeit anzutreffen. Nach meiner Auffassung ist die Geschichte der neuzeitlichen Politik – jedenfalls was die Tätigkeit des Regierens betrifft – eine *concordia discors* beider Stile, und ich bin überzeugt, daß diejenigen irren, die das Versagen der Skepsis für die Quelle der Zuversicht oder das Versagen der Zuversicht für die Quelle der Skepsis halten. Selbstverständlich haben die beiden Stile, ineinander verflochten, wie sie nun einmal sind, sich gegenseitig beeinflußt und sogar verändert, da jeder den anderen davon abhielt, sein theoretisches Extrem zu erreichen; ihre jeweiligen Fundamente liegen jedoch unabhängig voneinander in den Bedingungen neuzeitlicher Politik. Wie bereits gesagt, darf keiner der beiden Stile mit den Differenzen, Spaltungen, Antagonismen, Richtungskämpfen und Parteien gleichgesetzt werden, welche die Oberfläche der Geschichte unserer Politik ausmachen und die weitgehend oder einzig deshalb existieren, weil die Stile sich ineinander spiegeln. Wir haben es mit zwei politischen Stilen zu tun, die zwar abstrakte Gegensätze sind, im Verbund jedoch unsere komplexe und ambivalente Weise des Regierens ebenso wie unser komplexes und mehrdeutiges Verständnis von der angemessenen Aufgabe der Regierung bilden.

In der Praxis ist die Skepsis nie absolut: Zweifel an allem und jedem führen nur zu Selbstwidersprüchen. Als eine Weise, die Tätigkeit des Regierens zu begreifen, sollte Skepsis nicht mit Anarchie oder blankem, der Anarchie oft verschwistertem Individualismus gleichgesetzt werden.[2] Im Gegenteil, in der Politik der Skepsis gilt das Regieren als eine spezifische Tätigkeit, die vor allem mit dem Streben nach menschlicher Vollkommenheit nichts zu tun hat. Diese Absage mag sich der Einsicht verdanken, daß menschliche Vollkommenheit nicht zum irdischen Zustand menschlicher Lebensumstände gehört, oder auch dem Standpunkt, daß es den Menschen zwar ansteht, nach Vollkommenheit zu streben, aber darum hat sich nicht die Regierung, sondern allenfalls eine andere Autorität zu kümmern. Mit einigen Einschränkungen wird man behaupten dürfen,

---

2 Die Anarchie war historisch enger mit der Politik der Zuversicht verbündet als mit der Politik der Skepsis. Die antinomischen Tendenzen der Zuversicht selbst sind ebenso anarchisch wie tyrannisch.

daß diese Art der skeptischen Politik für das mittelalterliche Europa charakteristisch gewesen ist.

Gleichwohl sind auch noch andere Wege denkbar, der Regierung die Zuständigkeit für das Streben nach Vollkommenheit zu entziehen. In der Neuzeit hat die Politik der Skepsis – als abstrakter Politikstil betrachtet – andere Wurzeln. Sie liegen entweder in der radikalen Ansicht, daß menschliche Vollkommenheit nichts als eine Illusion sei, oder in der weniger radikalen Überzeugung, daß unser Wissen über die Bedingungen menschlicher Vollkommenheit allzu beschränkt sei und es daher nicht klug wäre, unsere Anstrengungen auf eine einzige Richtung zu konzentrieren, indem wir das Streben nach Vollkommenheit mit der Regierungstätigkeit vermischen. Menschliche Unvollkommenheit mag, so das Argument, zu überwinden sein und vielleicht sogar auf einer einzelnen und einfachen Bedingung menschlicher Lebensumstände beruhen – obwohl das durchaus zweifelhaft ist. Doch selbst unter diesen Voraussetzungen wird der Entschluß, die Vollkommenheit nur in einer Richtung zu suchen – besonders wenn man schnurstracks darauf zusteuert, ohne darauf zu achten, was bis zum Erreichen des Ziels zu tun bleibt –, Enttäuschung und alle möglichen Formen von Elend mit sich bringen, und das wiegt vielleicht schwerer als die Schmach, nicht anzukommen. Da hier die Neuzeit zur Debatte steht, scheint es mir im ganzen richtiger, die Wurzeln der skeptischen Politik in dieser klugen Bescheidenheit zu suchen statt in radikaleren Formen des Zweifels. Radikalen Zweifel hat es durchaus gegeben, ebenso wie eine andere Auffassung, die hier unbehandelt bleibt, nämlich die, daß das

Streben nach Vollkommenheit viel zu bedeutend sei, als daß man es einer Handvoll Leuten überlassen könne, die durch Herkunft, Gewalt oder Wahl das Recht erworben haben, sich »Herrscher« zu nennen. Doch weder der radikale Zweifel noch diese Korrektur ist notwendig, um das Regieren vom Streben nach Vollkommenheit zu trennen.

Die Trennung raubt der Tätigkeit des Regierens jenen umfassenden Zweck (die Verfolgung des allgemeinen Wohls), der ihr in der Politik der Zuversicht zukommt. Hier ist die Regierung nicht dazu da, eine vollkommene oder eine im Sinne der Zuversicht verbesserte oder überhaupt irgendeine Lebensform zu entwerfen. Damit ist sie freilich nicht aller Aufgaben beraubt. Die positiven Aussagen, die eine Politik der Skepsis über die Tätigkeit des Regierens macht, beruhen meiner Ansicht nach nicht wie die Zuversicht auf einer Theorie der menschlichen Natur, sondern auf einer Deutung des menschlichen Verhaltens. Der politische Skeptiker beobachtet, daß Menschen in nächster Nachbarschaft miteinander leben und zu verschiedenen Anlässen leicht in Konflikte geraten, deren mögliche Heftigkeit das Leben barbarisch und unerträglich machen und ihm sogar ein plötzliches Ende bereiten kann. Nach dieser Auffassung von Politik gibt es die Tätigkeit des Regierens nicht deshalb, weil sie etwas Gutes wäre; sie ist schlicht notwendig. Ihre Hauptaufgabe besteht darin, die Härte menschlicher Konflikte zu mildern, indem sie deren Anlässe verringert. Diese Aufgabe mag ein »Gut« hervorbringen, falls sie auf eine Weise wahrgenommen wird, die mit der jeweils gebilligten Art des Verhaltens harmoniert und ihr nicht entgegenarbeitet.

Die äußere Ordnung ist vielleicht ein bescheidenes Ziel – die Politik der Zuversicht nimmt sie als selbstverständlich hin –, und ihre Aufrechterhaltung scheint womöglich nicht der Rede wert zu sein. Doch im Verständnis des Skeptikers ist Ordnung eine große und schwer zu bewerkstelligende Leistung, ständig von Verfall und Auflösung bedroht. Der Skeptiker verfügt über das, was Henry James die »Einbildungskraft der Katastrophe« genannt hat, und folglich erinnert er uns daran, daß selbst eine äußere Ordnung ebenso zerbrechlich wie wertvoll ist und daß das Leben, sollte sie zerfallen, sehr schnell »einsam, arm, schrecklich, brutal und kurz« sein wird, ohne jede Möglichkeit, nach Vollkommenheit zu streben, und nur mit wenig Raum für Muße, um überhaupt darüber nachzudenken. Doch obwohl die äußere Ordnung nicht zu verachten ist, ist sie nicht alles. Daher betont der Skeptiker gleichzeitig, daß wir darauf nicht mehr Mittel verwenden sollten als für ihre Erhaltung nötig.

Zu den Kosten für die Wahrung der Ordnung gehört die auch unter günstigen Umständen starke Konzentration der Macht, und das geht natürlich zu Lasten angenehmerer menschlicher Aktivitäten. Eine schwache Regierung ist nutzlos, und nach Meinung des Skeptikers bedeutet eine starke Regierung keinen Schritt in Richtung Politik der Zuversicht, denn sie ist trotz allem keine regulierungsversessene Regierung: Ihre Stärke ist jederzeit auf den kleinen Radius ihrer Tätigkeit beschränkt. Doch wie dem auch sei, fraglos gehört es zur Rolle des Skeptikers, über den ökonomischen Einsatz von Macht im Regierungsgeschäft nachzudenken, und unsere diesbezüglichen Praktiken und

Ideen entspringen weitgehend diesem politischen Stil. Gegenwärtig brauchen wir uns nicht um die Praktiken und Ideen selbst zu kümmern, denn sie gehören zu den verschiedenen Spielarten der Politik der Skepsis. Aber bereits auf abstrakter Ebene ist festzuhalten, wie sehr es im Interesse des ökonomischen Einsatzes von Macht liegt, das Regierungsgeschäft – die Aufrechterhaltung der Ordnung – mit Hilfe kodifizierter Gesetze sowie eines Systems von Rechten durchzuführen, das mit bekannten und leicht anwendbaren Mitteln zur Behebung von Übelständen verbunden ist, ja sich historisch daraus herleitet. Diese Form des Regierens ist in ihrem Einsatz von Macht zumindest ökonomischer als ihre, allgemein gesprochen, einzig mögliche Alternative – der kontinuierliche oder sporadische Eingriff in menschliche Tätigkeiten durch ad hoc getroffene Korrekturmaßnahmen, die statt auf einen gleichmäßigen und moderaten Druck zur Wahrung der Ordnung auf eine ständige Aktivierung und Deaktivierung beträchtlicher Machtmittel angewiesen sind. Der prinzipielle Punkt aber ist, daß nach Ansicht des Skeptikers das eigentliche Regierungsgeschäft *rechtlicher* Art ist und die im Amt der Regierung konzentrierte Macht nicht jedem zur Verfügung steht, der sein Lieblingsprojekt fördern oder durchsetzen will.

Es gibt jedoch noch einen weiteren Grund, weshalb dem Skeptiker der ökonomische Einsatz von Macht besonders am Herzen liegt. Da er von der prinzipiellen Konfliktträchtigkeit des menschlichen Verhaltens ausgeht und keine Möglichkeit sieht, die Konflikte auszuschalten, ohne gleichzeitig manch anderes zu beseitigen, ist sich der Skeptiker bewußt, daß die Regierungsaufgaben von Leuten wahrgenommen werden, die vom selben Schlage sind wie die von ihnen Regierten – von Leuten also, die, einmal an der Regierung, stets dazu neigen, entweder ihre eigentlichen Kompetenzen zu überschreiten und dem Gemeinwesen eine »Ordnung« aufzuzwingen, die ihren eigenen Interessen besonders entgegenkommt, oder – sei es aus einem Übermaß an Großmut oder Ehrgeiz – mehr als nur Ordnung durchzusetzen. Aus dem gleichen Grund ist es der Politik der Skepsis angemessen, die Regierung so sparsam wie möglich mit Macht auszustatten. Sollte es sich als notwendig erweisen, mehr menschliche Aktivität aufzubieten, um ein Organ nicht von Regierenden, sondern von Wächtern der Regierung zu schaffen, so ist dies unter den unvermeidlichen, wenngleich auf ein Mindestmaß zu beschränkenden Kosten einer guten Regierung zu verbuchen.

Für den Skeptiker ist mithin die Aufrechterhaltung der Ordnung das vordringlichste Geschäft der Regierung. Daneben aber gibt es noch ein zweites Ziel: nach Verbesserungen zu suchen und sie, wo es angebracht ist, im System der Rechte und Pflichten sowie im begleitenden System der Mittel zur Behebung von Mißständen zur Entfaltung kommen zu lassen, in den beiden Systemen also, die zusammen die äußere Ordnung ausmachen. Diese Tätigkeit der »Verbesserung« muß selbstverständlich von jener unterschieden werden, die für die Politik der Zuversicht den all umfassenden Zweck der Regierung darstellt. Verbessert werden sollen hier nicht die Menschen, auch nicht ihr Verhalten, und nicht einmal im weitesten Sinne ihre Lebensumstände; verbessert werden soll vielmehr das bestehende

System von Rechten, Pflichten und Mitteln zur Behebung von Mißständen. Auch kann kein Zweifel daran bestehen, worauf die Verbesserungen zielen sollen: Einige mögen radikaler sein als andere, keine aber lenkt die Tätigkeit des Regierens von ihrer vordringlichsten Aufgabe ab. »Verbesserung« ist hier eigentlich nichts anderes als ein Teil der Absicht, die Ordnung aufrechtzuerhalten.

Man wird erkennen, daß sowohl die Methode, die Ordnung aufrechtzuerhalten, als auch der Charakter der Ordnung selbst immer dadurch bestimmt werden, welcher Art von Tätigkeiten die Mitglieder des Gemeinwesens nachgehen. Die Aktivitäten sind anfällig für Veränderungen, und in den Gemeinwesen des neuzeitlichen Europa wandeln sie sich tatsächlich ständig: Jede der Tausenden von mechanischen Erfindungen hat eine solche Veränderung angestoßen. Nach dieser Politikauffassung ist es nicht Sache der Regierung, das Was der Aktivitäten zu bestimmen; sie hat nur über die Aufrechterhaltung der Ordnung zu wachen, ohne die jegliche Tätigkeit – sieht man einmal von den primitivsten oder fruchtlosesten ab – unmöglich würde. Die radikalste Verbesserung, zu der eine Regierung dieses politischen Stils fähig ist, besteht darin, den aktuellen Wandel der herrschenden Praxis mit den notwendigen Anpassungen im System der Rechte, Pflichten und Mittel zur Behebung von Mißständen zu begleiten. Es dürfte jedoch deutlich sein, daß eine solche Art der »Verbesserung« keine unabhängige Tätigkeit neben der Aufrechterhaltung der Ordnung ist; sie ist vielmehr selbst Teil einer angemessenen Ordnung, und wer sie vernachlässigt, verletzt damit keine zusätzliche Pflicht, sondern er schafft eine Einbruchstelle für Unordnung. So gesehen ist die Verbesserungstätigkeit keine zweite Aufgabe der Regierung, sondern lediglich ein Aspekt des ersten und einzigen Zieles.

Darüber hinaus befindet sich jedes System von Rechten, Pflichten und Mitteln zur Behebung von Mißständen in einem inneren Ungleichgewicht. Nie wurde es als Ganzes geplant und entworfen; seine prekäre Kohärenz verdankt es einzig und allein der ständigen Anpassung seiner Teile aneinander. Selbst wenn kein Wandel der Tätigkeiten eine Anpassung erzwingen würde, ließe sich das System der äußeren Ordnung jederzeit kohärenter gestalten. Über dieses System nachzudenken, auf Signale zu reagieren, um größere Kohärenz zu erwirken, ist eine Form der Verbesserung, die nach Meinung des Skeptikers zum ureigensten Geschäft der Regierung gehört, obwohl er allzu großer Liebe zur Symmetrie und einem tyrannischen Eifer, sämtliche Anomalien zu beseitigen, gehörig mißtraut.

Weitere Verbesserungsmöglichkeiten liegen noch deutlicher auf der Hand. Die Regierungstätigkeit läßt sich, was den Einsatz von Macht und anderen Ressourcen angeht, stets ökonomischer gestalten. Auch werden immer Verbesserungen willkommen sein, welche die Ordnung erträglicher machen, ohne ihre Wirksamkeit zu beschneiden. Es ist ein deutlicher Gewinn, wenn weniger Anstrengung darauf verwendet werden muß, gewisse Auswüchse einer allzu starren Ordnung zu umgehen oder nach Schlupfwinkeln Ausschau zu halten, in denen man vor ihren Zumutungen sicher ist. Für den Skeptiker ist die Barbarei der Ordnung ebenso zu vermeiden wie die Barbarei der Unordnung. Barbarisch wird die Ordnung dort, wo sie um ihrer selbst willen verfolgt wird und wo ihre Aufrechterhaltung all das zerstört, was sie von der Ordnung des Ameisenhaufens oder des Friedhofs unterscheidet.

Die Tätigkeit des Regierens, wie der Skeptiker sie begreift, gehört mithin zu einem ganzen Komplex von Tätigkeiten. Sie ist eine unter Hunderten und steht nur insofern über allen anderen, als sie das Ganze vom Standpunkt der öffentlichen Ordnung aus überwacht. Die Regierung ist nicht dazu berufen, den Bürgern eine uniforme Moral aufzuzwingen oder ihnen sonst eine Richtung, eine Haltung oder einen Stil vorzuschreiben. Umfang und Richtung der Aktivitäten innerhalb des Gemeinwesens sind, was sie sind, und dazu zählen selbstverständlich auch moralische Billigung oder Kritik des gegenwärtigen Verhaltens. Das aber gehört nicht zu den Aufgaben der Regierung; das Seelenheil der Menschen geht sie ganz und gar nichts an. Wer letztlich im Recht oder im Unrecht ist, darüber wird und muß nicht entschieden werden. Genauso überflüssig ist es, eine spekulative Theorie unantastbarer Individualität – wie John Stuart Mill mit seiner Freiheitslehre – oder gesellschaftlicher Solidarität zu beschwören. Das alleinige Augenmerk der Regierung ist darauf gerichtet, welche Folgen ein Verhalten für die öffentliche Ordnung hat. Wer die Regierung in diesem Stil führt, hält sich nicht für besser befähigt, einen allgemeinen Gang menschlicher Tätigkeit zu bestimmen, als seinen Nachbarn. Hier jedoch endet seine Zurückhaltung: Sobald es um sein eigentliches, engumgrenztes Geschäft geht, kann er sich Unerbittlichkeit leisten. Denn er muß auf die Einsatzfähigkeit jener Mittel zur Behebung von Mißständen achten, an die jeder appellieren kann, der sich in seinen Rechten beschnitten sieht. Er hat darüber zu wachen, daß die Rechte und Pflichten der gegenwärtigen Lage der Gesellschaft angemessen sind, und zu verhindern, daß die »Gerechtigkeit« korrumpiert wird. Fügen wir dem noch die Aufgabe hinzu, Maßnahmen zum Schutz des Gemeinwesens gegen einen äußeren Feind zu ergreifen und seine potentiellen Interessen in der Welt zu verteidigen, sagen wir nichts Neues. Dieser Schutz der Ordnung richtet sich tatsächlich eher an der Empirie aus und ist weniger eine Frage der Durchsetzung von Rechten und Pflichten als eine der Realpolitik. Das aber gilt auch für seine Grenzen; mit dem Wesen dieses Regierungsstils ist es ebenso unvereinbar, einen moralischen Kreuzzug gegen ein anderes Land zu führen wie gegen irgendwelche Landeskinder. Kurz gesagt: In der Politik der Skepsis übt sich die Regierung in Ausgeglichenheit und sanfter Ironie. Das eine führt uns nicht in den Himmel, und das andere erbringt keinen Beweis der »Wahrheit«; doch das erste kann uns vor der Hölle bewahren und das zweite vor der Torheit.

Wir sollten nun auch für die Politik der Skepsis – wie schon für die Politik der Zuversicht – einige der Implikationen erörtern, die aus der abstrakten Skizze folgen. Diesem Stil des Regierens und dem entsprechenden Verständnis des Regierungsgeschäfts ist es eigen, bei der Ausübung von Macht eine gewisse Nervosität zu empfinden: Wo die Grenzen streng gezogen sind, besteht eine starke Tendenz, sie unbeabsichtigt oder aus Ehrgeiz zu überschreiten. Meiner Ansicht nach brauchen wir dem Skeptiker nicht die prinzipielle Überzeugung zu unterstellen, daß Vielfalt im menschlichen Verhalten ein absoluter Wert sei. Er findet lediglich eine solche Vielfalt vor und hält weder sich noch einen anderen für befugt, sie zu zerstören. Gleichwohl übt die Regierung eine gewisse Kontrolle über das Verhalten aller Bewohner eines Territoriums aus, und um dieser engbegrenzten Aufgabe nachzukommen, sieht sie sich zwangsläufig mit einer Macht ausgestattet, die sich zur Durchsetzung einer größeren Gleichförmigkeit einsetzen ließe, als für die Aufrechterhaltung der äußeren Ordnung nötig ist. Daher besteht der charakteristische Makel dieses Regierungsstils nicht darin, mit bestimmten Situationen nicht fertigzuwerden, sondern in der Neigung, die Situation zu unterschätzen. Weil die Regierung nach Meinung des Skeptikers, wie Knoblauch beim Kochen, nur so behutsam zum Einsatz kommen darf, daß allein ihr Fehlen bemerkt würde, erweckt jede aufdringliche Tätigkeit sofort sein Mißtrauen. Daß man das Fehlen der Regierung bemerken würde, daran zweifelt er freilich nicht.

Des weiteren wird dieser Regierungsstil besonderen Wert auf die Einhaltung bestehender Regeln legen und dem Präzedenzfall große Beachtung schenken – nicht weil er überzeugt ist, der Präzedenzfall repräsentiere die »Wahrheit« und von ihm abzuweichen sei ein »Irrtum«. Entscheidend ist vielmehr, daß die Ordnung selbst ordnungsgemäß aufrechterhalten werden muß, soll sie nicht rapide in Parteilichkeit oder die Pflege persönlicher Vorlieben ausarten. Der Skeptiker schätzt die bestehenden Regeln, weil sie ohne viel Aufwand Maßlosigkeit dort vermeiden, wo ein Zuwenig besser ist als ein Zuviel. Ähnlich undenkbar sind im skeptischen Stil der Politik eine rückwirkende Gesetzgebung und Rechtsverdrehungen mit dem Ziel, ein nicht eindeutig verbotenes Verhalten strafbar zu machen. Das Strafmaß ist festgelegt und droht allein denen, die eines bestimmten Verbrechens für schuldig befunden wurden. Hier hat das stigmatisierende Urteil »nicht überführt« – ein Relikt aus den Zeiten unüberwindlicher Stammesfehden, das sich mit dem für die Politik der Zuversicht charakteristischen Mäntelchen wissenschaftlicher Exaktheit bedeckt – keinen Platz. Was das Verhalten der einzelnen Bürger angeht, so ist Strafe der Prävention vorzuziehen, denn im allgemeinen kann man einer Tat nicht vorbeugen, ohne den riesigen Vorhof des sie hervorrufenden Verhaltens zu überwachen und eine immense Macht spielen zu lassen. Kurz gesagt, Prävention ist nicht möglich, ohne die bürgerliche Gesellschaft in eine schlecht geleitete Schulklasse zu verwandeln, in der vor Unterrichtsbeginn alle Schüler nach Schleudern, Spickzetteln und Schachspielen durchsucht werden, was Schüler wie Lehrer gleichermaßen unglücklich macht und sie sehnlichst die Ferien erwarten läßt.

Um es noch einmal zu sagen, die Überzeugung des Skeptikers, daß das Geschäft des Regierens nicht darin besteht, die »Wahrheit« einer Aussage zu begründen und daraus ein Verhalten abzuleiten, sondern allein darin, eine gewisse äußere Ordnung durchzusetzen, prägt sein Verständnis einiger bekannter Institutionen der neuzeitlichen Regierung. Diskussion und »Opposition« gelten ihm nicht als Mittel zur »Wahrheitsfindung«,[3] sie sollen lediglich auf etwas

---

3 Alexander D. Lindsay, *Essentials of Democracy*, [2. Auflage London 1945,] S. 35.

aufmerksam machen, das anderenfalls vergessen werden könnte, und sie sollen die Regierung in den ihr gemäßen Schranken halten. Deswegen wird man beständig auf sie zurückgreifen und nicht nur gelegentlich und zögernd. Allgemein wird der Skeptiker an Institutionen nicht jene Aspekte am meisten schätzen, die eine prompte Abwicklung ihrer Aufgabe ermöglichen; er wird jene bevorzugen, die in den Händen ehrgeiziger Leute am wenigsten Schaden anrichten können. Der Skeptiker ist sich bewußt, daß das Regieren stets eine Tätigkeit bleiben wird, zu der die Menschen nur eingeschränkt geeignet sind, ganz gleich wie begrenzt ihr Spielraum auch sein mag: Sie verlangt eine nie erreichbare Uneigennützigkeit. Infolgedessen wird er unter bestimmten Umständen sogar »Korruption« gutheißen, wenn dadurch eine schwerwiegendere Parteilichkeit oder ein verhängnisvollerer Ehrgeiz gezügelt werden kann.

Letztlich gibt die Regierungstätigkeit in der Politik der Skepsis zu keinen überschwenglichen Gefühlen Anlaß, und sie fordert auch keine Begeisterung für ihre Dienste. Die Regierenden werden eine ehrenvolle und achtunggebietende, aber keine erhabene Stellung innehaben und sich vor allem dadurch für ihre Aufgabe qualifizieren, daß sie keine gottähnliche Fähigkeit beanspruchen, die Tätigkeiten ihrer Bürger zu leiten – *dis te minorem quod geris imperas*.[4]

---

4 »Weil du dich nicht den Göttern gleich verhältst, regierst du.« Ich fürchte, meine Skizze der Politik der Skepsis könnte mit dem sogenannten Nachtwächterstaat verwechselt werden. Diese Verwechslung sollte möglichst vermieden werden. Ich spreche hier nicht von »dem Staat«; mein Thema ist allein die Tätigkeit des Regierens.

IV.

Mit den abstrakten Entwürfen der beiden Politikstile vor Augen nimmt meine These, daß die Ambivalenz der neuzeitlichen Politik auf einem praktischen und theoretischen Schwanken zwischen diesen Polen beruht, allmählich schärfere Konturen an. Die beiden Stile der Regierungsführung beziehungsweise des Regierungsverständnisses sind hier einander diametral entgegengesetzt, denn es handelt sich um die abstrakten Extreme dessen, wozu unsere Politik fähig ist. Selbstverständlich sind abstrakte Extreme Idealkonstruktionen: Historisch gesehen besetzten Praxis und Theorie der Regierung das Mittelfeld und schweiften nur gelegentlich zu den Randgebieten ab. Dennoch haben Praxis und Theorie sich in beide Richtungen orientiert und bewegt, und dabei wurden unsere skizzierten Politikstile geformt.

Es könnte nun den Anschein haben, als sei eine Kommunikation zwischen den Stilen nicht zu erwarten, da ihre Extreme einander so schroff entgegengesetzt sind: Weil der eine behauptet, was der andere bestreitet, sei ein Gespräch allenfalls möglich, wenn im Mittelfeld eine gewisse Selbstvergessenheit überhandnimmt. Diese wechselseitige Abkapselung ist jedoch in einer entscheidenden Hinsicht eingeschränkt: Ganz einfach mangels Alternative verwenden beide Politikstile ein gemeinsames Vokabular; sie sprechen dieselbe Sprache, und größtenteils stellen sie Theorien über dieselben Regierungseinrichtungen auf. Da aber jeder Politikstil die Wörter und Ausdrücke des gemeinsamen Vokabulars auf entgegengesetzte Weise versteht, haben sie meist aneinander vorbeigeredet, was die Mehrdeutigkeit des Vokabulars noch verfestigt hat. Zu einem völligen Mißverstehen ist es nur deshalb nicht gekommen, weil viele der benutzten Wörter über ein breites Bedeutungsspektrum verfügen, wodurch die Extreme bis zu einem gewissen Grad miteinander vermittelt werden.

Wenn wir uns später einige historische Spielarten der beiden Politikstile ansehen, werden wir diese Mehrdeutigkeit in Aktion beobachten können. Damit werden wir, wie ich hoffe, eine tiefere Einsicht in den konkreten Charakter unserer Politik gewinnen und ihn als *concordia discors* der beiden Stile begreifen. Vorerst aber möchte ich zwei Beispiele für die abstrakte Art und Weise der Mehrdeutigkeit vorführen, um darzulegen, mit welcher Geschmeidigkeit sich das Vokabular den verschiedenen Verwendungen anpaßt.

Aus der Antike ist uns der berühmte Ausspruch überliefert: *salus populi suprema lex esto* – so wenigstens lesen wir bei Cicero.[5] Vielleicht wäre es übertrieben zu behaupten, die Maxime habe seit ihrer ersten schriftlichen Fixierung nie ihre allgemeine Geltung verloren; jedenfalls gehörte sie immer zum Grundarsenal des politischen Vokabulars in Europa, stets bereit, bei Bedarf hervorgeholt zu werden. In späteren Jahrhunderten wurde sie zitiert, entstellt, übernommen, verkürzt und parodiert. Sowohl die Politik der Skepsis als auch die der Zuversicht haben sich ihrer bedient, und vor langer Zeit schon wurde sie zu einem Meisterwerk der Äquivokation, zum Sinnbild der ganzen Mehrdeutigkeit unseres politischen Vokabulars.

---

5 Cicero, *De Legibus*, 3.3.8.

Wäre die Maxime um der Mehrdeutigkeit willen entworfen worden, hätte man sie kaum besser formulieren können; jedes Wort darin kann doppeldeutig werden – nur das letzte nicht, und das pflegte man gewöhnlich auszulassen.

Beginnen wir mit *salus*. Selbst im klassischen Latein besitzt das Wort ein breites Bedeutungsspektrum, das von einfacher Sicherheit (die Errettung vor drohender Auslöschung) über (normale) Gesundheit, (bescheidenen) Wohlstand, (ungeheuren) Überfluß und (umfassende) Wohlfahrt bis hin zu (nichts zu wünschen übriglassendem) Heil reicht. In der politischen Religion der Römer war Salus eine vielschichtige Gottheit, eine Göttin, die zugleich Gesundheit, Wohlstand und öffentliche Wohlfahrt verkörperte.[6] Für römische Ohren muß in dem Ausdruck *salus populi* unwillkürlich die *salus publica* oder *Romana* mitgeschwungen haben, Zuständigkeit und Geschenk dieser Göttin. Dennoch verleiht Cicero diesem Satz eine sehr viel engere Bedeutung; er steht in einem militärischen Kontext: Wenn der Feind vor den Toren steht, wenn der Bestand der *civitas* bedroht ist, hat der militärische Befehlshaber zunächst und vor allem die *salus* des *populi Romani* in Erwägung zu ziehen. Wohlstand, Glück, das gute Leben – dies alles muß hinter der Notwendigkeit zurückstehen, das bloße Überleben zu sichern. Das Wort *salus* begann seine politische Karriere also im Dienste der Politik der Skepsis beziehungsweise der Selbsterhaltung und überdies in einem Extrem ebenjener Politik. Dieser Sinn ist im ursprünglichen Ausdruck ebenso abrufbar geblieben wie in seinen Über-

---

6 Cicero, *De Legibus*, 2.11.28; Tacitus, *Agricola*, 12.23.

setzungen in die modernen europäischen Sprachen. »Sicherheitsausschüsse« werden nicht in ruhigen Zeiten ins Leben gerufen, wenn die Menschen unbesorgt an ihren Wohlstand und ihr Wohlergehen denken können, sondern nur in Notzeiten. Ihre Aufgabe ist nicht, den Überfluß zu verteilen, sondern den Hunger abzuwehren, nicht die Gesundheit zu fördern, sondern die Seuchen einzudämmen, nicht die Wohlfahrt zu sichern, sondern vor dem Untergang zu retten.

Ohne Zweifel hat die Bedeutung, die *salus* im christlichen Wortschatz angenommen hat, nämlich Erlösung von Sünde und Strafe, das Ihrige dazu beigetragen, daß einige der weiteren Bedeutungen in den politischen Gebrauch des Wortes eingegangen sind. Das Mittelalter scheint für Ciceros Maxime wenig Verwendung gefunden zu haben. Zum ersten Mal beggenen wir ihr in der neuzeitlichen Politik Englands als Formel der königlichen Prärogative, jener »Machtbefugnisse, Rechte und Privilegien, welche den König von einer Privatperson unterscheiden« und in denen man im 16. Jahrhundert die uneingeschränkte, nicht in den Statuten und im allgemeinen Recht enthaltene und unter Umgehung des Parlaments ausgeübte Vollmacht des Königs zu sehen begann. Die Prärogative beziehen sich fraglos auf die Autorität, Dinge wieder ins Lot zu bringen, die in Notzeiten aus den Fugen geraten sind. Doch darin erschöpfen sie sich nicht. Bei der Aneignung der *salus populi* als ihrer Formel dachte man nicht nur an die »öffentliche Sicherheit«; gemeint war in diesem Zusammenhang das »allgemeine Wohl des Reiches«.[7] Schon hier also ist das Wort, wenn auch nur ein wenig, auf der Skala seiner potentiellen Bedeutungen gestiegen. Lange dauerte es freilich nicht, bis es sich auch in höhere Regionen schwingen konnte. Bezeichnenderweise riet Bacon den Richtern – nachdem er sie ermahnt hatte, ihr Amt sei das *jus dicere* und nicht das *jus dare* (Recht zu sprechen, nicht Gesetze zu machen) –, sich von der Maxime *salus populi suprema lex* leiten zu lassen. Wären sie seinem Rat gefolgt, hätten sich ihre Gerichte in jene Art von Tribunal verwandelt, die uns mittlerweile vertraut ist – in »Volksgerichtshöfe«, die nicht über Verbrechen urteilen, sondern über ein nicht näher bestimmtes Fehlverhalten, die kein Recht nach den bekannten Gesetzen sprechen, sondern irgendeine andere Art »Gerechtigkeit« durchsetzen, vielleicht »soziale Gerechtigkeit«. Wenn siegreiche Überwinder der Monarchie und ihrer unbeschränkten Vollmacht darüber nachdachten, welches regulative Prinzip, welches »grundlegende Gesetz« sie der Regierung geben sollten, kam ihnen meist Ciceros geflügeltes Wort in den Sinn. Es wurde auf vielfältige Weise interpretiert und taugte ebenso zum Leitgedanken des radikalen Antinomismus wie zur Formel eines strikten Verfassungsdenkens. So wurde die Bedeutung von *salus* erweitert. Sie umfaßte nun »das öffentliche Gut«, das »öffentliche Wohl« oder das »Gedeihen der Nation«, und darunter verstand man die »Gründung der wahren Religion«, die »Herrschaft der Rechtschaffenheit« und die daraus sich ergebende »Erlösung« – oder etwas Bescheide-

---

7 Vgl. Chief Baron Fleming in Bates's Case (1606), in: Georg Walter Prothero: [*Select*] *Statutes and* [*other*] *Constitutional Documents* (1558 bis 1625), [4. Auflage Oxford 1913,] S. 341.

neres. Kein Wunder, daß der sardonische Selden meint, es gebe »nichts in der Welt, dem übler mitgespielt worden ist, als dem Satz *salus populi suprema lex esto*«.[8]

Zudem war *salus* nicht das einzige mehrdeutige Wort in diesem Satz. Für die Römer war *populus* gleichbedeutend mit *civitas* oder *res publica*. Cicero verwendet *salus* – gewöhnlich versteht er darunter »Sicherheit« oder »Schutz« im engeren Sinne – immer mit Blick auf die *civitas*.[9] Sicherlich lasen jene, die auf den Satz die königlichen Prärogative stützten, das Wort *populi* als »Reich«, und ihre Nachfolger hielten an dieser Interpretation fest. Für andere jedoch bedeutete *populi* nicht länger *populus*, sondern ausschließlich *plebs*, woraus unsere gewöhnliche Bedeutung von »das Volk« entstanden ist. Einige bezogen *populi* bei ihrer Interpretation der Maxime sogar auf jedes einzelne Individuum. Locke etwa tut dies mit typischer Unbekümmertheit bei mehr als einer Gelegenheit. *Suprema* war ebenfalls mehrdeutig: Manchmal bedeutete es »grundlegend«, manchmal »ausschlaggebend«; es bezeichnete das, was als erstes in Betracht zu ziehen war, und das, worauf man zurückgreifen konnte, wenn alle anderen Richtlinien nicht weiterhalfen. Wohl niemand interpretierte *lex* als »Statut« im eigentlichen Sinne; das *salus populi* wurde als Gebot der *lex naturalis* begriffen, aber oft schrieb man darüber so, als sei *lex* hier gleichbedeutend mit *jus*.

Als das Englische das Lateinische als unsere politische Sprache verdrängte, ging die Mehrdeutigkeit von *salus* auf

---

8 John Selden, *Table Talk* (1689), CIII.
9 Cicero, *De re publica*, 1.1.1; 1.34.51; 2.23.43; 6.12.12. – *In Verrem actio* 2, 2.6.16; 1.2 4.

die Wörter über, die an dessen Stelle traten: »Heil« [*salvation*] und »Sicherheit« [*security*]. Pitt erklärte, England habe Europa durch sein Beispiel und sich selbst durch eigene Anstrengungen »gerettet«; dabei stand ihm zweifellos das untere Ende der Bedeutungsskala vor Augen. Er meinte »gerettet« vor einer Eroberung, »bewahrt« vor einem Unterdrücker. Hätten die Revolutionäre dies mit »*gerettet« davor, »befreit« zu werden,* oder mit »*bewahrt« davor, »gerettet« zu werden,* übersetzt, so wäre der Bedeutungszuwachs zwar beträchtlich gewesen, aber wir könnten ihn durch die Art seiner Vermittlung noch nachvollziehen. Sagt jedoch ein Oppositionspolitiker heute zu seiner Wählerschaft: »Bei den kommenden Wahlen muß die gegenwärtige Regierung abgesetzt werden. Nur dann haben wir eine Chance, die Menschheit zu retten«, wissen wir, daß wir in andere Sphären entschwebt sind. Und für das Wort »Sicherheit« gilt dasselbe wie für das Wort »gerettet«; seine Mehrdeutigkeit ist so berüchtigt, daß sich weitere Ausführungen erübrigen.

Mein zweites Beispiel betrifft das Wort »Recht«, und in diesem Fall bedarf es keiner näheren Erörterung des Kontextes. Ist das Wort »Recht« vom unbestimmten Artikel begleitet, deckt es eine Bedeutungsskala ab, die von einem Extrem zum anderen reicht, wobei diese Extreme, so meine These, mit jenen Bedeutungen zusammenfallen, die dem Wort in unseren beiden Politikstilen eigentümlich sind. Am unteren Ende der Skala bezeichnet »ein Recht« die Befugnis, eine bestimmte Behandlung von anderen zu erwarten oder sich auf eine bestimmte Weise zu verhalten – verbunden mit einem festgelegten Weg, für jede möglicherweise erlittene Behinderung eine Entschädigung einzufordern. Im allgemeinen dürften diese »Rechte«, wie ich glaube, aus zuvor bereits vorhandenen Mitteln zur Wiedergutmachung abgeleitet worden sein, und für gewöhnlich verspricht der Wortlaut ein wenig mehr, als jene Mittel garantieren können. Daher genießen wir normalerweise das Recht, ohne Anklageerhebung nur kurze Zeit inhaftiert zu werden; falls der Prozeß nicht mit einem Schuldspruch endet und keine weiteren Anklagepunkte gegen uns angeführt werden, können wir den Gerichtssaal als freie Menschen verlassen; unsere Entschädigung besteht im allgemeinen im Freilassungsbefehl selbst. Auch habe ich, um ein weiteres Beispiel zu nennen, mit gewissen Einschränkungen das Recht, nicht aufgrund meiner religiösen Überzeugungen vom Besuch einer englischen Universität ausgeschlossen zu werden, und sollte mir die Aufnahme aus diesem Grunde verweigert werden, stehen mir gegen die Entscheidung Rechtsmittel zur Verfügung; die Universität muß sich dann ein anderes Argument einfallen lassen, wenn sie mich nicht haben will. Genaugenommen besteht mein Recht darin, nicht mit einer solchen Begründung abgelehnt zu werden. Ferner genieße ich das Recht, nicht von der Polizei verhaftet zu werden, solange keine ernsthaften Beweise dafür vorliegen, daß ich ein Verbrechen begangen habe, und sollte ich trotzdem festgenommen werden, kann ich die Polizei verklagen. Außerdem habe ich ein Recht auf Redefreiheit, und wenn ich genau wissen möchte, worin es besteht, muß ich herausfinden, was ich frei sagen darf, ohne gerichtlich belangt werden zu können. Anders gesagt: Meinem Recht korrespondiert die Pflicht eines anderen, und Recht und Pflicht definieren sich wechselseitig.

Nun scheinen einige der proklamierten Rechte weiter gefaßt als die von uns betrachteten zu sein; beispielsweise die Rechte auf »Leben, Freiheit und Streben nach Glück«. Damit beginnt die Bedeutung des Wortes »Recht« sich auszuweiten. Längst haben wir es uns zur Gewohnheit gemacht, der Ausweitung mit Hilfe von Adjektiven Herr zu werden. Wir sehen die Rechte am unteren Ende der Skala als »gesetzliche« Rechte an und bezeichnen andere als »moralisch« oder »sozial«. Doch dieser Kunstgriff löst keine Probleme. Charakteristisch für die Rechte am unteren Ende der Skala ist nicht ihre »Gesetzlichkeit«, sondern ihr *enger* Geltungsbereich, und die Rechte, denen wir auf höheren Stufen der Bedeutungsskala begegnen, zeichnen sich nicht dadurch aus, daß sie im Unterschied zu »gesetzlichen« Rechten »moralisch« oder »sozial« sind, sondern durch ihren *weiten* Geltungsbereich; wie wir sehen werden, sind einige von ihnen sogar durchaus »gesetzlich«. Was etwa beinhaltet das »Recht auf Leben«? Ist es das Recht, nicht seines Lebens beraubt zu werden, es sei denn durch ein ordentliches Gerichtsverfahren? Oder ist es das Recht auf einen gewissen Lebensstandard? Im ersten Fall befinden wir uns noch am unteren Ende der Skala, im zweiten hingegen bewegen wir uns allmählich auf das andere Ende zu, obwohl wir womöglich immer noch über ein »gesetzliches« Recht sprechen. Der Begriff »Leben« ist schlicht mehrdeutig, und die Formulierung »das Recht auf Leben« zeigt die potentielle Mehrdeutigkeit des Wortes »Recht«.

Entsprechendes gilt für die Ausdrücke »Freiheit« und »Streben nach Glück«, nur daß letzterer sich hier – wenn auch nicht überall – mehr in acht nimmt; er schreckt davor zurück, das Recht auf tatsächliches Erlangen des Glücks zu verkünden. So könnten wir uns immer weiter auf der Skala nach oben bewegen und glauben, wir hätten den höchsten Punkt erreicht, wenn wir zu einem Recht gelangen, von dem in einer anderen berühmten Erklärung die Rede ist: zum Recht auf »Freiheit von Bedürftigkeit«. Es muß freilich nicht fürchten, einsam an der Spitze zu stehen, denn mehr als ein Recht dieser Art leistet ihm Gesellschaft. Sollte es sich hier um ein »Recht« handeln – und es könnte durchaus ein gesetzliches Recht sein, obgleich es dazu einer Definition bedürfte –, dann ist es sicherlich kein »Recht« im selben Sinne, wie Schutz vor willkürlicher Verhaftung ein »Recht« ist. Wir verstehen ohne weiteres, was Scaliger mit seinem Ausspruch meinte, in Frankreich habe jeder das Recht, aber kaum jemand die Fähigkeit zu schreiben. Sobald wir jedoch die Fähigkeit zu schreiben zum »Recht« erklären, haben wir eine ganz andere Welt betreten. Und welches Schicksal widerfuhr dem Wort in dem berühmten Ausruf der Revolution: »Jeder Franzose hat das Recht, den Landesfeinden auf dem Schlachtfeld zu begegnen«?

Wir beobachten demnach hier den gleichen Bedeutungsspielraum wie im Fall von *salus* als einem politischen Begriff. Am einen Ende der Skala habe ich die Pflicht, das Unkraut auf meinem Land kurz zu halten, damit es das Land meines Nachbarn nicht befällt, und laufe anderenfalls Gefahr, belangt zu werden. Am anderen Ende habe ich die Pflicht als Bauer, mein Land »nach den Regeln der guten Wirtschaftsführung« zu bestellen, und mache mich bei Unterlassung ebenfalls strafbar. Am einen Ende der Skala befindet sich das Recht, nicht willkürlich verhaftet werden zu dürfen; etwa in der Mitte stoßen wir vielleicht auf »Wohlfahrt«, das Recht der Schwangeren, zu Lasten der Allgemeinheit Orangensaft zu bekommen; und am anderen Ende auf das Recht auf Freiheit von Bedürftigkeit. Am unteren Ende oder nahezu am Ende steht das *droit du travail* (Arbeitsrecht), in der Mitte – vielleicht auch etwas oberhalb der Mitte – das *droit au travail* (Recht auf Arbeit) und an der Spitze das »Arbeitslager«.

Wie mir scheint, entsprechen die Bedeutungsextreme dem, was für die Politik der Skepsis und für die Politik der Zuversicht charakteristisch ist. Schließlich habe ich diese beiden politischen Stile ja aus den Extremen des Verhaltens und Verstehens herauspräpariert, die sich in unserer Redeweise offenbaren; stichhaltige Modelle sind sie nur, sofern es gelingt, die gegenwärtigen und historischen Verwirrungen unserer Politik mit ihrer Hilfe zu erhellen. Die Mehrdeutigkeit ist dabei freilich bloß auf die Verwendung eines einzigen Wortes für ganz verschiedene und einander entgegengesetzte Vorstellungen zurückzuführen.

Bislang also haben wir die abstrakten Grundlagen dieser beiden Regierungsstile und der beiden Auffassungen über die der Regierung angemessenen Aufgabe rekonstruiert, und wir haben den, wie man sagen könnte, Mechanismus der Mehrdeutigkeit beobachtet. Unsere nächste Aufgabe besteht nun darin, die Wechselfälle der Politik der Zuversicht und der Politik der Skepsis zu verfolgen.

2. KAPITEL

Die Wechselfälle der Zuversicht

I.

Der allgemeine Charakter der Politik der Zuversicht liegt nun vor uns. Im weiteren müssen wir sehen, wie sich dieser politische Stil in der Neuzeit herausgebildet hat und in welchen Spielarten er in Erscheinung trat.

In der Politik der Zuversicht steht die Tätigkeit des Regierens im Dienste der menschlichen Vollkommenheit, die als innerweltlicher Zustand menschlicher Verhältnisse und als von menschlichen Anstrengungen abhängig verstanden wird. Aufgabe der Regierung ist es, die Tätigkeiten der Bürger so zu lenken, daß diese entweder zu den Verbesserungen beitragen, die uns der Vollkommenheit näherbringen, oder sich – in einer anderen Version – in die ihnen aufgedrängte Struktur fügen. Da diese Aufgabe eine vollständige und unermüdliche Kontrolle der menschlichen Tätigkeiten voraussetzt, muß die Regierung in der Politik der Zuversicht als erstes und vor allem die dazu nötige Macht in ihren Händen konzentrieren.

Daher scheint jeder, der den Grundsätzen jenes Politikstils anhängt, zunächst einmal die nötigen Machtmittel anhäufen zu müssen, um sein Vorhaben auf den Weg bringen zu können. Etwas Derartiges mag sich sehr wohl abgespielt haben, allerdings nicht, wie ich meine, am Anfang. Abstrakte, spekulative Ideen gleich welcher Art tauchen nicht spontan auf. Ich halte es für eine allgemeine Regel, daß die Handlungswünsche der Menschen in den Vorstellungen darüber wurzeln, was sich mit den Fähigkeiten und Ressourcen bewirken läßt, über die man bereits verfügt oder vernünftigerweise zu verfügen hoffen darf. Wie dem auch sei, ich möchte die These prüfen, daß in der neuzeitlichen Geschichte Europas die Politik der Zuversicht nicht einen großen Machtzuwachs in den Händen der Regierung erzeugt hat, sondern aus einer durch die Umstände bedingten Machtzunahme entstanden ist. Der zwar nicht plötzlich, aber doch in erstaunlich kurzer Zeit auftretende erhebliche Machtzuwachs, der zum Teil bereits mit dem Amt der Regierung verbunden war und der ihr potentiell insgesamt zur Verfügung stand, sowie die Aussicht auf ein nahezu grenzenloses Anwachsen der Macht – all diese für die Geburt der Neuzeit aus dem sogenannten Mittelalter charakteristischen Ereignisse provozierten die Regierung dazu, die Tätigkeiten der Bürger immer engmaschiger zu überwachen, und erzeugten aus sich selbst jene für die Politik der Zuversicht essentiellen Meinungen. Ich gehe mit anderen Worten davon aus, daß die Macht, welche die europäischen Regierungen in den frühen Jahren unseres Zeitraums allmählich anhäuften, nicht gebraucht wurde, um einen bestimmten Regierungsstil zu verfolgen, der auf eine große Machtkonzentration angewiesen war; vielmehr entwickelte sich dieser Regierungsstil, nachdem die dazu erforderliche Macht verfügbar war, und als abstraktes Konzept empfahl er sich den Regierenden und den Bürgern erst, als er sich längst schon in gewissem Maße durchgesetzt hatte. Ich behaupte jedoch *nicht*, die Anhäufung von Macht sei eine notwendige und hinreichende Ursache für das Auftreten der Politik der Zuversicht gewesen: Die Geschichte kennt keine solchen notwendigen und hinreichenden Ursachen. Ich sehe in der Politik der Zuversicht lediglich einen Sproß dieser zufälligen Machtkonzentration. Später werde ich begründen, daß der zweite bemerkenswerte Sproß – vielleicht von einer anderen Mutter geboren – die neuzeitliche Politik der Skepsis ist. Möglicherweise aber trifft es meine Ansicht genauer, wenn man beide Politikstile als die Stiefkinder jener Machterweiterung bezeichnet, die am Beginn der Neuzeit steht.

Nun könnte man die aufgestellte These aus allgemeinen Erwägungen verteidigen; man könnte sie auch historisch begründen, etwa indem man die Entstehung dieses Regierungsverständnisses und die Machtbedingungen der frühen Neuzeit im einzelnen nachzeichnet. Ich werde aber keinen der beiden Wege verfolgen: Den ersten nicht, weil ich bezweifle, daß ich irgend jemand anderen außer mir davon überzeugen könnte; und den zweiten nicht, weil meine Kenntnisse dafür nicht ausreichen. Daher verzichte ich auf jeden Versuch, meine These zu beweisen. Statt dessen werde ich mein Bestes tun, sie als plausible Hypothese zu verteidigen und zu zeigen, welche Einsichten sich aus ihr gewinnen lassen.

In der Politik der Zuversicht hat die Regierung die Aufgabe, alle Tätigkeiten der Bürger anzuleiten und zu koordinieren. Im Idealfall sollte nichts geschehen, was nicht von der Regierungsmacht veranlaßt oder zumindest gebilligt wurde. Dies ist unter zwei generellen Bedingungen möglich: Entweder wenn das Regieren in einem Gemeinwesen nie als eigenständige und begrenzte Tätigkeit galt, weil die Unterscheidung zwischen Privatem und Öffentlichem oder zwischen Religiösem und Weltlichem nicht anerkannt wurde, oder wenn diese und ähnliche Unterscheidungen wegen der Ausweitung der Regierungsbefugnisse zu einer alles andere einschließenden Tätigkeit aufgehoben wurden.

Es gibt also gleichsam eine primitive Spielart der Politik der Zuversicht. In ihr ist die engmaschige, für ein primitives Gemeinwesen charakteristische Überwachung nur möglich, weil es sich erstens um kleine, kompakte Gemeinschaften handelt, weil es deren Tätigkeiten zweitens an Vielfalt mangelt und der Drang, sie zu verbessern, vergleichsweise unentwickelt ist und weil drittens die Unterscheidungen, die eine umfassende Überwachung einschränken könnten, entweder rudimentär sind oder nie getroffen wurden. Die Macht, diesen Stil der »Regierung« umzusetzen, reicht auf jeden Fall aus, denn unter den skizzierten Umständen braucht sie nicht groß zu sein. Fehlt sie freilich, so wird sich die uns aus der Neuzeit vertraute Tendenz herausbilden, die Tätigkeiten der Bürger auf ein kontrollierbares Maß zu beschränken; der Begriff der Vollkommenheit wird sich einem Zustand annähern, der mit der Macht der Regierung schon jetzt oder bald realisierbar erscheint. Auf eine solche Einschränkung kann ein primitives Gemeinwesen allerdings verzichten: In ihm existiert keine Kluft zwischen der Macht zur Kontrolle und den zu kontrollierenden Tätigkeiten, denn sie wurden zusammen geboren und aufgezogen.

Unter den Bedingungen des neuzeitlichen Europa hingegen ist die Situation eine andere. Die für die neuzeitliche Regierung charakteristische ungeheure Macht ging den Regierungen der vorangegangenen Epochen ab. Ich meine damit nicht allein, daß die öffentliche Ordnung im Mittelalter wegen mangelnder Regierungsmacht häufig unzureichend war, weswegen es, wie Macaulay sagt, »damals ebenso leicht war, einen Aufstand anzuzetteln, wie heute, eine Petition einzureichen«. Dies mag richtig sein, man darf jedoch nicht vergessen, daß selbst die Wahrung der öffentlichen Ordnung keineswegs von der Macht abhing, die in der Person des Fürsten konzentriert war. Meiner Überzeugung nach fehlte es insgesamt an der Macht und den notwendigen Ressourcen, jene für die Politik der Zuversicht wesentliche erschöpfende Überwachung durchzuführen. Schon seit langem wurde zwischen geistlichen und weltlichen Angelegenheiten unterschieden (obwohl diese Unterscheidung in der Praxis nicht einfach zu beachten war); der Begriff des »Öffentlichen« war schwächer ausgeprägt als der des »Privaten«, und die Idee einer zentralisierten Leitung und Integration sämtlicher Tätigkeiten der Bürger lag weit jenseits des Horizonts. Meiner Meinung nach hinderten weder Tugend noch Laster, weder Klugheit noch Torheit unsere mittelalterlichen Vorfahren an einer Politik der Zuversicht. Lediglich das Unvermögen der Regierungen, diese Politik zu verfolgen, hat sie davon abgehalten, jemals an ein derartiges Unternehmen zu denken. Der immense, wenngleich schrittweise Wandel, der mehr als irgend etwas anderes die Entstehung des neuzeitlichen aus dem mittelalterlichen Europa markiert, bestand im Auftreten von Regierungen mit hinreichender Machtfülle und den nötigen Ressourcen, um diesen Politikstil in den Bereich des Möglichen zu rücken und ihn zu beflügeln.

Im späten 15. und im 16. Jahrhundert erlangten die Regierungen in ganz Europa, allerdings in unterschiedlichem Grade, eine Machtfülle, die es ihnen in nie gekanntem Ausmaß ermöglichte, die Tätigkeiten und Geschicke ihrer Bürger zu überwachen; sie übertraf in der Tat bei weitem die aller bislang bekannten Regierungen, sieht man einmal von den – kaum als solchen anzusprechenden – »Regierungen« sehr viel kleinerer und homogenerer Gemeinwesen ab. Dieser Machtzuwachs hatte sich durch zahlreiche geringfügige Veränderungen ergeben, die für sich genommen unbedeutend waren und die sich unter zwei allgemeine Gesichtspunkte subsumieren lassen. Er stellte erstens eine Machtkonzentration in der Hand des regierenden Monarchen und seiner Vasallen dar, eine Konzentration der Kontroll- und Integrationsmacht, die bis dahin von einer großen Anzahl verschiedenster, mehr oder weniger unabhängiger – zum Teil persönlicher oder spezifischer, zum Teil unpersönlicher und gewohnheitsrechtlicher – Gewalten ausgeübt worden war. Zweitens repräsentierte er die Teilhabe der Regierung an der für die Neuzeit so bestimmenden enormen Zunahme der technischen Möglichkeit, Menschen und Dinge zu kontrollieren.

Der Prozeß der Konzentration bis dahin weit verstreuter Regierungsmacht in einer Hand ist längst schon als eine der wichtigsten, für die Entstehung des neuzeitlichen aus dem mittelalterlichen Europa verantwortlichen Veränderungen im Leben und Denken des mittelalterlichen Menschen erkannt – wenn auch nicht immer richtig interpretiert – worden. In unterschiedlichem Ausmaß und unterschiedlichem Tempo fand er in ganz Europa statt, nirgendwo aber rasanter und entschiedener als in England, wo die wenigsten Hindernisse zu beseitigen waren. Die Auflösung konkurrierender Gewalten, das Auseinanderbrechen der hierarchischen Gesellschaftsordnung (zuvor die wichtigste Integrationskraft), die politische Entmachtung der Kirche, die Errichtung einer lokalen Verwaltung unter der Aufsicht und in der Hand des Kronrates und seiner Bevollmächtigten und – sinnbildlich für den ganzen Wandel – das Auftreten einer »öffentlichen« Gewalt mit einem eigenen, besonderen Status – dies alles erklärt, warum noch vor dem Ende des 16. Jahrhunderts eine einzige Zentralgewalt entstanden ist, die im Genuß sämtlicher, der Regierung nach allgemeinem Verständnis zukommender Gewalten war. Es handelte sich um eine durch den bloßen Prozeß ihrer Konzentration noch erheblich wachsende Gesamtheit – um ein Monopol, das hier wie noch stets ein eigenes Quantum zu den von ihm eingeschlossenen Gewalten hinzufügte. In all dem sahen Historiker eine Quelle der sprunghaften Zunahme öffentlicher Ordnung in diesen politischen Gemeinwesen, und von daher habe es selbst sich den Bürgern empfohlen – vor allem der aufsteigenden Klasse der kleinen Grundbesitzer und Kaufleute, die gerne bereit waren, einen möglichen Schritt in Richtung Autokratie als Preis für jene bis dahin knappe Ware, Ordnung, zu bezahlen. Weiterhin wurde anerkannt, daß diese Machtkonzentration in den Händen der Regierung den Erfolg aller politischen Revolutionen späterer Jahre ermöglichte, von denen keine den Typus der Regierung, der sich im frühen 16. Jahrhundert herauszuschälen begann, jemals modifiziert habe, ja viele von ihnen hätten beträchtlich zu seiner Stärkung beigetragen.[1]

Für uns jedoch kommt es statt auf die Stärkung der öffentlichen Ordnung auf die Art und Weise an, in der sie eine regulierungsfreudige Regierung ermöglicht und sogar beflügelt hat. Denn nun gab es eine Regierung, die nicht nur unangefochten alle Gewalten in sich vereinigte, sondern zudem in der Lage war, sich mit wechselndem Erfolg in weit mehr Tätigkeiten des Bürgers einzumischen und sie zu kontrollieren als jemals eine Macht zuvor. Der unermüdliche, zudringliche, umhertastende Arm der Regierung entwickelte langsam die Fähigkeit, überall hinzulangen, und der Bürger gewöhnte sich an die Vorstellung, daß er sich diesem Zugriff nicht entziehen kann. Bei spekulativen Autoren entstand die Vision einer Zukunft grenzenloser Möglichkeiten. Aus dieser Perspektive betrachtet war die sicherlich bedeutendste all dieser Veränderungen das schrittweise Verschwinden der vermittelnden Gewalten,

---

[1] Diese Einschätzung war ein Irrtum, der zu zwei Fehldeutungen Anlaß gab. Zum einen wurde die Tudor-Monarchie fälschlicherweise als ein Riß in der englischen Verfassungsgeschichte ausgelegt, und zum anderen wurde die französische Geschichte falsch interpretiert, da die Französische Revolution als Bruch mit den Regierungsmethoden der französischen Monarchie im 17. Jahrhundert gedeutet wurde. Beide Irrtümer entspringen dem ausschließlichen Augenmerk auf die Legitimität der Regierung unter Vernachlässigung der Frage, worin deren Tätigkeit besteht.

die zuvor zwischen einer schwachen Zentralregierung und den Bürgern gestanden hatte; nun sahen diese sich nackt und wehrlos einer Macht gegenüber, deren schiere Größe sie einer Naturgewalt vergleichbar machte. Die Isolation des Bürgers folgte, wie so vieles zu dieser Zeit, nicht aus einem planvollen Vorgehen einer Regierung, die bereits darauf aus gewesen wäre, alles zu regulieren; eine Verschiebung, eine zufällige Veränderung erst ermöglichte eine solche Regierung.

Seit dem 16. Jahrhundert wurden verschiedene Vermittlungsinstanzen zwischen dem isolierten Bürger und seiner Regierung geschaffen, doch der Politik der Zuversicht galten sie immer als Störfaktoren. Insofern dieser politische Stil vorherrschte, vermochten sie sich nur mit Mühe oder gar nicht zu behaupten. Teils aus Zufall also, teils als Ergebnis (nie sehr langfristig angelegter) politischer Maßnahmen[2] entstand in den frühen Jahren der Neuzeit eine Regierung, die besser für die Durchführung einer Politik der Zuversicht gerüstet war.

Ihren Zuwachs an Macht zur Überwachung und Integration der Tätigkeiten ihrer Bürger verdankte die Regierung der frühen Neuzeit nicht allein dieser Zentralisation der Gewalt: Sie profitierte auch von den in jener Zeit sich entwickelnden ungeheuren Möglichkeiten, Menschen und Dinge zu kontrollieren; andernfalls wäre der Zentralisa-

---

2 Eine dieser Maßnahmen, die eine lange Tradition hatte und es in England leichter machte, das Parlament vor den Karren der Politik der Zuversicht zu spannen, entstammt der Forderung der Könige nach Vertretern, die mit uneingeschränkter Befugnis für ihren jeweiligen Landesteil sprechen konnten.

tionsprozeß gescheitert. Denn Macht ist nichts Abstraktes, sie ist die Fähigkeit schnell, ökonomisch, effektiv und zuverlässig handeln zu können, und diese Fähigkeit entstammt nicht der Zentralisation. In den Händen der Regierung wird alles, was die Herrschaft des Menschen über seine Welt festigt, alles, was menschliche Mühe und Tatkraft produktiver und ökonomischer gestaltet, eine Politik der Zuversicht möglicher und daher, wie ich glaube, attraktiver machen – und fast alles kann für die Tätigkeit des Regierens fruchtbar gemacht werden.

In der Zeit, von der ich spreche, wuchs die Macht der Regierung also durch die Anwendung effektiverer Techniken, die größtenteils schon in anderen Tätigkeitsbereichen – im Handel oder im Gewerbe – erprobt worden waren. Tatsächlich wartete der ganze Apparat, mit dessen Hilfe die heutigen Regierungen die Tätigkeiten ihrer Bürger so lückenlos kontrollieren – das Bank- und Buchhaltungswesen, die Registraturen, Akten, Pässe, Dossiers und Verzeichnisse –, nur darauf, eingesetzt zu werden. Ohne ein bequemes Verkehrs- und Nachrichtenwesen, ohne Nachschub an Papier und Tinte, ohne all die Berichte und Dokumente, die verfaßt werden, sobald Papier, Tinte und menschliche Neugierde sich verbinden, ohne gemeinsame Sprachkonventionen, ohne eine alphabetisierte Bevölkerung, ohne schnelle Identifikationsmöglichkeiten, ohne feste Grenzen, kurz, ohne ein hohes Maß an Herrschaft über Menschen und Dinge hat die Politik der Zuversicht schlechte Karten. Sind alle Bedingungen jedoch erfüllt, steht ihr kaum etwas im Wege.

Über all dies verfügten die Regierungen im 16. Jahrhundert bereits; jedenfalls zeichnete es sich am Horizont ab. Genau besehen hat das moderne Zeitalter in diesem Bereich nur einen einzigen ungeheuer wichtigen neuen Beitrag geleistet, nämlich alle Nebenprodukte der Elektrizität: Ohne die Telegrafie, die es dem osmanischen Sultan Abdul Hamid ermöglichte, die Armenier mit unvergleichlicher Effizienz abzuschlachten, und ohne das Telefon hätte die Politik der Zuversicht längst die Hälfte ihrer Anziehungskraft eingebüßt, weil sie einen Großteil ihres Schwungs verloren hätte. Ohne Zweifel war der Verwaltungsapparat, mit dem Philipp II. sein Reich regierte, nach heutigen Maßstäben schwerfällig und ineffizient. Doch verglichen mit dem, was ein Jahrhundert zuvor geleistet werden konnte, war er ein Wunder an unerbittlicher Genauigkeit. Worauf ich hinauswill, ist klar: Die für eine Politik der Zuversicht nötigen Bedingungen waren im 16. Jahrhundert verglichen mit früheren Zeiten in solchem Überfluß vorhanden, daß es wohl nicht übertrieben ist zu behaupten, sie seien damals zum ersten Mal in Erscheinung getreten.[3] Die Bühne ist nun aufgebaut, die Schauspieler sind versammelt; bleibt allein noch zu entscheiden, welches Stück gegeben wird und ob die Mitspieler ihre Rollen gelernt

---

3 Die Schriften von Fulke Greville, dem ersten Lord Brooke (1554 bis 1628), sind in vielerlei Hinsicht bemerkenswert, nicht zuletzt, weil sie deutlich machen, wie sehr ihn die *Macht* beeindruckte, über welche die Regierung verfügte. Er erkannte darin eine »rastlose«, »umtriebige« Macht, die ihm zwiespältige Gefühle einflößte: Begeistert von ihren Möglichkeiten, für das »öffentliche Wohl« zu wirken, ist er sich zugleich der Kluft zwischen der menschlichen Klugheit und der auf die Regierung übertragenen Macht bewußt.

haben. Die Regierung demonstriert eine Kontrollmacht, mit der verglichen alle früheren Demonstrationen wie Fälschungen erscheinen. Nur die Frage, wie Besitz und Ausübung dieser Macht die Vorstellung von der Aufgabe der Regierung veränderten, steht noch im Raum.

Das Schauspiel einer Regierung, die bereits über derart viel Macht verfügte, und die Prognose, was noch alles geschehen könnte, falls sich die Regierung in den Besitz all der künftig verbesserten Techniken zur Kontrolle und Leitung der menschlichen Tätigkeiten setzen und selbst eine solche Verbesserung befördern würde, provozierten ganz unterschiedliche Reaktionen: Die Entwicklung wurde begeistert begrüßt als die Morgendämmerung einer Epoche nie gekannten Glücks, aber auch mit Sorge beobachtet. Ebendiesen entgegengesetzten Reaktionen entsprangen die modernen Formen der Politik der Zuversicht und der Politik der Skepsis. Im Moment beschäftigen wir uns mit der optimistischen Reaktion. Sie zuerst zu behandeln ist durchaus angemessen – nicht weil sie die weitsichtigere wäre,

4 Es gab selbstverständlich noch andere Reaktionen auf die Situation, die sich mehr mit Einzelfragen auseinandersetzten: mit der Legitimierung politischer Macht etwa oder den Gründen und Grenzen für den Gehorsam gegenüber der Regierung. Beide Fragen erhalten mit jedem neuen Machtzuwachs der Regierung eine größere Bedeutung. Wer von uns würde sie nicht für »akademische« Fragen halten, die man einen Abend lang angeregt diskutieren kann, die aber im Alltag keine Rolle spielen, wenn die ausgeübte Macht und die Forderungen nur geringfügig und selten spürbar wären. Selbst wenn die Forderungen bisweilen groß sein sollten – wenn man etwa von uns erwartet, in einer Notlage um unseres Landes willen unser Leben aufs Spiel zu setzen –, selbst dann würde diesen Fragen nicht halb so viel praktische Bedeutung zukommen wie in dem Augenblick, wo die

sondern weil sie ihre Stimme lauter erschallen ließ und weil nur sehr wenige nicht von ihren energischen Äußerungen mitgerissen wurden.[4]

Die Verfechter der Macht waren damals recht zahlreich, und unter ihren Händen nahm eine neue Vorstellung von der Aufgabe der Regierung allmählich Gestalt an. Sie waren alle fasziniert von dem Schauspiel und der darin enthaltenen Verheißung. Mit unterschiedlich tiefer Einsicht und mit Motiven, die von naivem Eigeninteresse bis zum nicht weniger naiven Drang, die Menschheit zu retten, reichen konnten, erforschten und nutzten sie, was sie als die Möglichkeiten ihrer Zeit erkannten. Tatsächlich waren sie so zahlreich, daß es ungerecht wäre, jemanden als Musterbeispiel für diese Reaktion herauszugreifen. Doch wie der Zufall es will, gab es einen, der die zur Debatte stehende Haltung – was England angeht – so vollkommen und uneingeschränkt verkörperte und der – was Europa im ganzen betrifft – mehr als irgendein anderer zu ihrer Verbreitung beitrug, daß wir ihn in dieser Hinsicht getrost als den

Forderungen zwar geringer sind, dafür jedoch zahlreicher und bedrängender, wo sie jeden Tag und jede Stunde spürbar sind, so daß man ihnen selbst in der Zurückgezogenheit der eigenen vier Wände nicht entrinnen kann. Die wachsende Bedeutung dieser Frage in der Neuzeit ist ein Kommentar zur Tatkraft der Politik der Zuversicht: Hätte die »Verweigerung aus Gewissensgründen« irgendeinen Sinn, wenn es besagten Politikstil nicht gäbe? Die angeschnittenen Fragen waren vor allem im 16. Jahrhundert virulent, denn die religiösen Forderungen der Regierung waren bedrängend und einschnürend, und sie haben nichts an Bedeutung eingebüßt – mit der Praktizierung der Politik der Zuversicht sind die Forderungen der Regierung in bezug auf alle möglichen Arten menschlicher Betätigung nur noch bedrängender und einschnürender geworden.

Spiegel seiner Zeit und als den größten Baumeister der Politik der Zuversicht bezeichnen können: Francis Bacon.

Natürlich hatten viele vor Bacon die Tätigkeit des Regierens als die Ausübung von Macht verstanden: zum Beispiel Machiavelli. Doch in dessen Schriften erscheint keine der für die Politik der Zuversicht charakteristischen Ideen. Für ihn lag der Zweck der Regierungstätigkeit als Machtausübung darin, die Ordnung und den Bestand eines politischen Gemeinwesens zu sichern; es gibt keinen Hinweis auf eine regulierende und wachsame Autorität, die die Tätigkeiten der Bürger unermüdlich in eine bestimmte Richtung leiten würde, keinen Hinweis auf einen irdischen Zustand menschlicher Vollkommenheit, der auf diesem Wege zu fördern oder durchzusetzen wäre – im Gegenteil. Machiavelli ist ein Skeptiker, und im Herrscher sieht er nicht den Förderer der Vollkommenheit, sondern ein Bollwerk gegen Unordnung, ja gegen Auflösung. Er hält sich strikt an das untere Ende der Bedeutungsskala, die sich im politischen Vokabular Europas herauszubilden begann. Außerdem ist zweifelhaft, ob die politische Macht zu seiner Zeit groß genug war, um den Gedanken an eine Kontrolle und Integration aller Tätigkeiten der Bürger aufkommen zu lassen. An der Hand Francis Bacons betreten wir jedoch eine andere Welt: Vor uns liegt die erhabene Aussicht auf die Verbesserung der menschlichen Lage, und die Regierung, die jedes Machtpotential zur Kontrolle von Menschen und Dingen ausnutzt und vergrößert, ist die stärkste Antriebskraft beim Streben nach Vollkommenheit. Eigentlich gibt es keinen Winkelzug, keine Kehre in der nachfolgenden Geschichte der Politik der Zuversicht (einige ihrer gröberen Auswüchse ausgenommen), die nicht in Bacons Schriften vorausgeahnt wären.

Die Einzelheiten sind verwickelt und müssen unberücksichtigt bleiben. Das oberste Prinzip der Politik der Zuversicht besteht in der Ansicht, daß menschliches Handeln dem Streben nach menschlicher Vollkommenheit gilt, und der aufmerksame Leser mag bezweifeln, ob dergleichen in Bacons Schriften zu finden ist. Bacon, so wird er womöglich urteilen, geht es um Verbesserung, nicht um Vollkommenheit; gleichzeitig wird der Leser vielleicht Macaulays Behauptung für übertrieben halten, Bacon habe die unvollkommenen Menschen nicht vollkommen machen, sondern ihnen lediglich, ganz bescheiden, das Leben erleichtern wollen. Es ist richtig (und es paßt zu vielen Spielarten der Politik der Zuversicht), daß Bacon niemals den Eindruck erweckt, als erhoffe er sich eine Veränderung des menschlichen Wesens. Doch hält er an der Existenz eines irdischen Zustands fest, der erstrebt oder durchgesetzt werden kann und den er zwar nicht als Geburtsrecht der Menschheit betrachtet, aber immerhin als Wiederherstellung dessen, was die Gattung beim Sündenfall – wiewohl nicht unbedingt durch ihn – verloren hat. Wenn überhaupt, dann sind diese Verhältnisse durch menschliche Anstrengung zu verwirklichen, und sie lassen sich als jener Zustand beschreiben, in dem die Menschheit die Macht hat, zu ihrem Wohl alle irdischen Ressourcen auszubeuten, und davon uneingeschränkt Gebrauch macht, jener Zustand also, in dem die Menschheit sich des größten »Wohlergehens« erfreut, das die Welt für sie bereithält.

Daß der Gipfel je erklommen wird, daß ein neues Goldenes Zeitalter anbricht, wird von Bacon kaum erwogen. Er hatte eher die Vorstellung eines endlosen Strebens, dessen einzelne Stadien mit eigenen Belohnungen winken. Doch das reicht nicht, um Bacon vom »Perfektionismus« freizusprechen: Der Weg ist gewählt, weil er allein zum Guten führt. Man wird Bacon kein Unrecht tun, wenn man ihm unterstellt, dieses Streben laufe auf die Erlösung der Menschheit in der Geschichte hinaus. Seine Botschaft lautete: Wenn die Menschen das ganze Gewicht ihrer Anstrengung methodisch vereinen, dann wird die Unvollkommenheit der menschlichen Lage weitgehend verschwinden; darauf hinzuwirken sei die eigentliche Aufgabe der Menschheit. Das späte 16. Jahrhundert war aufgefordert, sich zwischen zwei Theorien über den Zustand der Welt zu entscheiden: Entweder entwickelten sich die Dinge zum Schlechteren oder zum Besseren, entweder schien die Welt alt und verbraucht, oder sie schien jung und voller Tatkraft. Sich gegen die Theorie des Fortschritts zu wenden hieß, sich der Theorie des Niedergangs anzuschließen.[5] Bacon war von seinem ganzen Temperament her spekulativen Meinungen eher abgeneigt, und wenn er sich in dieser Frage dennoch den Optimisten zurechnete, dann weil er glaubte, die Lebensbedingungen der Menschen ließen sich durch unablässige Anstrengung bedeutend verbessern, und weil er – wie Hakewill[6] – befürchtete, daß eine allge-

---

5 Vor die gleiche Entscheidung sah sich das frühe 19. Jahrhundert in den Schriften Chateaubriands, de Maistres und Bonalds gestellt. Glücklicherweise sind wir von einer solchen rationalistischen Entscheidung entbunden: Der allgemeine Verfall wird ebenso mit Mißtrauen bedacht wie der allgemeine Fortschritt.

meine Theorie des Verfalls »die Verheißung der Hoffnung stört« und »jeden Anreiz und Nerv zur Arbeit abschneidet«, der Anstrengung des Menschen viel von ihrer Energie raubt und die Menschheit von ihrem eigentlichen Geschäft wegführt.[7]

Man tut meiner Ansicht nach gut daran, nicht allzuviel Nachdruck auf Bacons wiederholt geäußerte Unzufriedenheit mit den Zuständen seiner Zeit zu legen. Er war nicht in »le sein de la nuit la plus profonde«, im tiefsten Schoße der Nacht, geboren worden, und schon damals warf man ihm vor, die Gleichgültigkeit und Unwissenheit seiner Mitmenschen zu übertreiben. Gewiß, die menschlichen Beschäftigungen waren zum größten Teil noch immer durch altertümliche Handwerkertraditionen und volkstümliche Überlieferungen bestimmt, doch wer genau hinsah, dem konnten die Anzeichen für einen sich anbahnenden Wandel nicht entgehen. Darüber hinaus schwamm auch Bacon auf der für seine Zeit typischen Woge unersättlicher Neugierde auf die Welt, der jene Tatkraft entsprang, die er zu kanalisieren wünschte. Der besondere Akzent, mit dem er die Forschung und den Erwerb von Wissen versah, war bezeichnend, obwohl er auch hier uneingestanden eine Tra-

---

6 George Hakewill (1578–1649), Verfasser von *An Apologie or declaration of the power and Providence of God in the government of the world: Consisting of an examination and censure of the common errour touching natures perpetuall and universall decay ...*, 1. Auflage 1627, 3. veränderte Auflage 1635 – eine einflußreiche Schrift, in der sich Hakewill, wie Bacon, gegen die Ansicht wehrte, Natur und Mensch müßten dem Verfall entgegengehen.

7 Francis Bacon, *Neues Organon*, hg. und mit einer Einleitung von Wolfgang Krohn, Hamburg 1990, Teilband 1, S. 193.

dition fortführte. Wollte man es auf den Punkt bringen, könnte man wohl von einer im weiteren Sinne utilitaristischen Wendung sprechen. Wissen, so erkannte Bacon, konnte Macht verleihen, und ein organisiertes Streben nach Wissen würde schnell und viel Macht verleihen. Macht war es, was ihn interessierte, denn er sah in ihr die Beherrschung der Welt zum Wohl der Menschheit. Bacon war von der Möglichkeit eines riesigen Wissenszuwachses und einer damit verbundenen besseren Beherrschung der Welt fasziniert. Seinen Zeitgenossen und späteren Generationen vermittelte er erstens das Erregende dieser Aussicht, zweitens den Glauben, daß sie nicht wegen irgendeines tiefgreifenden Defekts in der menschlichen Natur auf ewig unerreichbar bleiben wird, drittens die Zuversicht, daß Sorgfalt belohnt werde, und viertens eine Methode – oder zumindest deren Umrisse – des Wissenserwerbs, deren wertvollste Eigenschaften ihre Gewißheit und Leichtigkeit waren. Nachfolgende Generationen verdankten Bacon eine nahezu magische Gewißheit, nicht nur hinsichtlich der Wissens- und der daraus folgenden Machtzunahme, sondern auch hinsichtlich der Überzeugung, auf den Weg geführt worden zu sein, den zu beschreiten der Menschheit bestimmt sei; natürlich gehe das nicht ohne Mühe, aber das Joch scheuere nicht, und die Last sei leicht. Und wenn es in Bacons Hoffnungen für die Menschheit echte Bescheidenheit gibt – woran nicht zu zweifeln ist –, so gibt es doch auch einen höchst zuversichtlichen Pelagianismus: einen Glauben an die Erlösbarkeit der Menschheit in der Geschichte und durch ihre eigene Anstrengung.

Allerdings kommt noch etwas anderes hinzu. Bacon

war von dem Gedanken beflügelt, daß die Menschheit die Fähigkeit besitze, ihr eigenes »Wohlergehen« zu befördern. Wahrscheinlich hat er das Streben nach »Wohlergehen« sogar deshalb für die einzig edle Tätigkeit der Menschheit gehalten, weil er eine Verbindung zwischen den menschlichen Fähigkeiten und dem Erlangen des »Wohls« annahm. Doch nicht weniger ließ er sich von der Macht begeistern, die er bereits im Besitz der Regierung sah. Er macht kein Geheimnis daraus, daß die Aufgabe der Regierung für ihn darin liegt, der wichtigste Förderer der Vollkommenheit und das *primum mobile* des Vorhabens zu sein, die Welt zu retten. »Wohlergehen« selbst bedeutet Macht im Sinne einer Herrschaft über die Ressourcen der Erde. Doch zur Durchsetzung dieses Ziels bedarf es zusätzlich der Macht im Sinne einer Herrschaft über das Handeln der Menschen, um es in die richtigen Bahnen zu lenken und mit möglichst geringer menschlicher Anstrengung dort zu halten. Für welche Lesart man sich auch entscheiden mag, für die Leitung des Vorhabens bedarf es großer Macht. Noch größere Macht freilich ist erforderlich, wenn man »Vollkommenheit« – wie Bacon – als unablässig angestrebte und nie vollständig erreichbare Herrschaft über die Ressourcen der Erde interpretiert statt – wie in konventionellen utopischen Vorstellungen – als realisierten Zustand, für dessen Herbeiführung nur eine festgelegte Menge an Macht nötig ist, selbst wenn diese Menge anfangs schwierig abzuschätzen sein dürfte. Daher fällt der Regierung kraft ihrer Macht die Aufgabe zu, das Vorhaben zu leiten; und kraft dieser Aufgabe hat sie Anspruch auf immer mehr, ja auf unbegrenzte Macht.

Bacon entging nicht, welche Schwierigkeiten seiner Position im einzelnen anhafteten, er ließ sich aber dadurch seine Zuversicht nicht trüben. Die regierende Instanz (deren Anerkennung eher auf ihrer Macht und ihrer Absicht, das »Wohlergehen« zu fördern, beruht als auf irgendeiner formelleren Legitimation, etwa göttlichem Recht oder allgemeiner Zustimmung) scheint in seinen Schriften fast außerhalb der Gesellschaft zu stehen und sie von außen zu steuern; regieren heißt sämtliche Tätigkeiten der Bürger engmaschig zu kontrollieren und sie alle auf das Streben nach »Wohlergehen« auszurichten. Es ist die Kunst, »den Zustand der Welt in Ordnung zu bringen«. Ihr Geschäft besteht darin, Handel und Gewerbe zu lenken, die Landwirtschaft zu verbessern, Müßiggang und Verschwendung auszurotten, Preise und Konsum zu regulieren, Wohlstand zu verteilen, Schulen und Universitäten zu unterhalten, Religionsstreitigkeiten zu schlichten (damit sie nicht die irdische Erlösung gefährden) und natürlich die Ordnung zu wahren und äußere Feinde abzuwehren – letztlich all das und ein wenig mehr zu tun, was schon unter der elisabethanischen Regierung getan wurde oder sich damals abzeichnete. Bacon war seinem Naturell nach ein Freund kluger Zurückhaltung. So wie er verfrühte und kategorische Formulierungen allgemeiner wissenschaftlicher Theorien geringschätzte, befürwortete er im Bereich der Regierungsführung, wo es um das Streben nach »Wohlergehen« ging, vorsichtige Experimente, bevor ein großes neues Projekt angegangen wurde. Er zweifelte allerdings nicht daran, daß die Regierung die Menschheit bei dem Streben anzuführen habe, »jenes Recht über die Natur, welches ihr göttliches Erbteil ist«, wiederzuerlangen. Seine Schriften schlagen selten einen überheblichen Ton an, und es wäre verwunderlich, wenn sich darin keine Reste eines skeptischeren Politikstils entdecken ließen. Gleichwohl vermitteln sie die Gewißheit, daß an der Richtung selbst kein Zweifel bestehen kann und daß es zu ihr keine vernünftige Alternative gibt. Auch läßt er im einzelnen viele der sekundären Eigenschaften der Politik der Zuversicht erkennen: fehlende Skrupel; den Verdacht, eine Regierung mit zuviel Sympathie für Formalitäten und ein Beharren auf dem Buchstaben des Gesetzes könnten die große Aufgabe behindern; eine Abneigung gegen amateurhafte Einmischung in die Regierungsgeschäfte; die Bevorzugung von Prävention gegenüber Strafe; keine Abscheu vor rückwirkenden Gesetzen und ein vorherrschendes Interesse an der Zukunft.

Kurz – und im Augenblick möchte ich mich mit diesem Schluß begnügen –, die Werke Bacons können bezeugen, daß die Regierung im Besitz der notwendigen Macht war, um eine Politik der Zuversicht zu verfolgen, und den Weg tatsächlich eingeschlagen hatte und daß die Grundsätze dieses Politikstils langsam erkannt wurden: Sowohl der Stil selbst als auch ein Verständnis von ihm lagen unverkennbar vor. Wo die Macht dazu existiert, kann eine regulierungsfreudige Regierung aus einer Reihe von Gründen gebildet und verteidigt werden. Was ich die Politik der Zuversicht genannt habe, ist nur dann gegeben, wenn die regulierungsfreudige Regierung in bezug auf das Streben nach »Vollkommenheit« begriffen wird, und genau in diesem Sinn taucht sie in den Schriften Francis Bacons auf.

II.

Die Politik der Zuversicht – das Vorhaben, um der Vollkommenheit willen alle Tätigkeiten der Bürger durch die Regierung zu lenken, wobei »Vollkommenheit« nicht als ein menschlicher Charakterzug betrachtet wird, sondern als irdischer Zustand menschlicher Verhältnisse – kann durchaus eine gewisse innere Vielfalt aufweisen: Für gewöhnlich bietet sich nicht nur *eine* Form von »Vollkommenheit« als erstrebenswert an. Potentiell gibt es in der Tat ebenso viele Spielarten der Politik der Zuversicht, wie es Interpretationen der Bedeutung von »Vollkommenheit« gibt.

Art und Umfang der ausgeübten Kontrolle hängen natürlich von der zur Verfügung stehenden Macht ab, aber solange keine besonderen Hindernisse vorliegen, dürfte sie immer so engmaschig und umfassend sein, wie die Macht es erlaubt. Eine in diesem Stil geführte Regierung, die nicht immer sämtliche Möglichkeiten ausreizt, wäre eine psychologische und moralische Ungeheuerlichkeit: An Macht zu sparen hieße, an Vollkommenheit zu sparen, also töricht zu handeln. Weiterhin ist zu erwarten, daß die verfügbare

---

8 Dieses Phänomen veranlaßte Locke, einen Mann, der nicht zu zynischen Äußerungen neigte, zu folgendem Kommentar: »Dabei verdient es, bemerkt und beklagt zu werden, daß die heftigsten dieser Verteidiger der Wahrheit, dieser Feinde von Irrtümern, dieser Weherufer über Schismen kaum jemals diesem ihrem Eifer für Gott, der sie so erhitzt und entflammt, freien Lauf lassen, außer wenn sie die staatliche Obrigkeit auf ihrer Seite haben. Aber sobald als Hofgunst ihnen den längeren Hebelarm in die Hand gegeben hat und sie sich selbst als die Stärkeren fühlen, dann haben Friede und Barmherzigkeit sogleich beiseite zu stehen. Andernfalls müssen sie als Gottes

Macht zumindest eine der Bedingungen ist, von denen die angestrebte Vollkommenheit bestimmt wird. Bisweilen mag »Vollkommenheit« sogar fast ausschließlich durch Art und Umfang der verfügbaren Macht definiert werden. In einem solchen Fall überzeugen die Menschen sich durch simple Selbsttäuschung, nicht daß sie »sollen«, weil sie »müssen« (eine verzeihliche Verirrung), sondern daß sie »sollen«, weil sie »können«.[8] Doch normalerweise wird die angestrebte Form von Vollkommenheit durch einen weiter gespannten Kontext als bloße Machterwägung bestimmt: Gewohnheit, eine seit langem auf einen Punkt gerichtete Aufmerksamkeit, eine besonders verlockende Verheißung, ganz zu schweigen von kleineren oder flüchtigeren Auslösern, tragen das ihre zur Bestimmung der zu verfolgenden »Vollkommenheit« bei.

In der Neuzeit hat die Politik der Zuversicht zwei Ausdrucksformen ausgeschöpft: Es gab eine religiöse und eine, wie man ganz allgemein sagen könnte, ökonomische Variante. In der religiösen Variante werden die Machtmittel der Regierung dazu verwandt – und natürlich hält man das für angemessen –, dem Bürger ein absolutes und lük-

---

Gebote heilig gehalten werden. Wo sie nicht die Macht haben, Verfolgungen in Gang zu setzen und Gebieter zu werden, da wollen sie unter billigen Bedingungen leben und predigen Toleranz. Wenn sie nicht durch die Staatsgewalt gestärkt sind, dann können sie mit größter Geduld und ohne Erregung die Ansteckungsgefahr von Götzendienst, Aberglauben und Ketzerei in ihrer Nachbarschaft ertragen, gegen die das Interesse der Religion sie unter anderen Verhältnissen äußerst empfindlich macht.« John Locke, *Ein Brief über Toleranz*, übersetzt, eingeleitet und in Anmerkungen erläutert von Julius Ebbinghaus, Hamburg 1957, S. 35.

kenloses Tätigkeitsmuster aufzuzwingen, in dem es nichts Gleichgültiges mehr gibt und das für »vollkommen« im Sinne von gerecht gehalten wird. Unter der ökonomischen Variante, die ihrerseits für verschiedene Spielarten empfänglich ist, verstehe ich generell das, als dessen Propheten wir bereits Francis Bacon kennengelernt haben.

Zur religiösen Version dieses Vorhabens ist zunächst zu bemerken, daß sie nur im Kontext der neuzeitlichen Geschichte verständlich ist. Manchmal wird behauptet, es handele sich um einen mittelalterlichen Gedanken, der sich in die Neuzeit hinübergerettet habe, weil die weltliche Macht neben ihren anderen Erwerbungen auch Gewalten übernahm, die früher in die Zuständigkeit der Kirche fielen. Das ist jedoch, wie ich glaube, ein Mißverständnis. Die weltliche Obrigkeit eignete sich in der Tat Gewalten an, die zuvor von kirchlichen Behörden oder Gerichten wahrgenommen wurden, doch wenn dem mittelalterlichen Denken irgend etwas völlig fremd ist, dann die Vorstellung von einer Regierung – sei sie weltlich oder kirchlich –, die dem Bürger ein einziges für gerecht gehaltenes Tätigkeitsmuster aufzwingt – ganz abgesehen davon, daß damals nirgendwo eine hierfür auch nur annähernd ausreichende Macht zur Verfügung stand. Ein solches Muster tritt in Europa erst in Erscheinung, als die überkommenen Verhaltensweisen und die althergebrachte Vielfältigkeit religiöser Ausdrucksformen vernachlässigt oder beiseite geschoben werden, weil man in der Bibel das richtige Verhaltensmodell entdeckt zu haben glaubt. Natürlich wurde auch im Mittelalter gelehrt, wie sich der Mensch in allen möglichen Umständen zu verhalten habe. Doch ein einziges umfassendes

Modell des richtigen Handelns, das durchzusetzen Aufgabe der Regierung wäre, existierte schlichtweg nicht. Abweichungen vom akzeptierten Modell wurden sogar seitens der Kirche nicht als abscheuliche Irrtümer bestraft, sondern als ordnungsgefährdendes Fehlverhalten.[9] Kurz, die religiöse Spielart der Politik der Zuversicht ist nur in einer Welt verständlich, die vom Protestantismus verändert wurde.

Das Europa des 17. Jahrhunderts wartete mit vielen Beispielen für diese Version der Politik der Zuversicht auf, und die erhellendsten unter ihnen finden sich in der Geschichte der puritanischen Politik in England. Meiner Überzeugung nach enthält jede historische Situation in der neuzeitlichen Politik, jede bedeutende und konkrete politische Bewegung, Sache oder Partei Elemente beider allgemeiner Politikstile. Vielleicht ist es möglich – obwohl sicher schwierig – jemanden zu finden, der ausschließlich mit dem einen oder dem anderen liiert ist, doch üblicherweise wird dort, wo die Zuversicht die Ehefrau ist, der Skeptizismus die Geliebte sein; und der Liebhaber des Skeptizismus wird sich auch als Freund der Zuversicht entpuppen. Denn wie ich behauptet habe, tendieren die beiden Stile zu Extremen, und allein diese schließen einander wirklich aus, werden aber selten vertreten. Eine so vielschichtige Bewegung wie die Politik des englischen Puritanismus wird somit kein ausschließliches Bündnis mit einem der Stile eingegangen sein, und die Art von Bündnis, die sie mit dem einen

---

9 John Emerich E. Acton, »The Protestant Theory of Persecution«, in: *The History of Freedom*, hg. und eingeleitet von J. N. Figgis und Laurence Vere, London 1907, S. 150–187.

oder anderen Stil schloß, dürfte sich kaum auf eine einzige Ausdrucksform beschränkt haben. Dennoch treten in der Geschichte der puritanischen Politik die deutlichsten mir bekannten Beispiele für die religiöse Version der Politik der Zuversicht auf: Sie nimmt zweifellos in der Politik der Presbyterianer und der verschiedenen millenarischen Sekten Gestalt an.

Die Politik des englischen Puritanismus formierte sich zunächst als oppositionelle Bewegung, die sich der damaligen Regierung und vor allem ihrer Kirchenordnung widersetzte. Dies konnte von zwei Standpunkten aus geschehen: Entweder weil man jede allgemeine Regelung ablehnte, die auf eine einheitliche Ordnung hinauslief, oder weil zwar eine einheitliche Ordnung geduldet werden sollte, man die bestehende aber des Irrtums beschuldigte. Die erste Opposition ist die des Skeptizismus, und unter den Puritanern gehörten ihr die Anhänger Robert Brownes, die Kongregationalisten und Independenten an. Die zweite ist die Opposition der Zuversicht; sie wurde von den Presbyterianern vertreten. Neben einer eigenen, angeblich die »wahre« Religion begünstigenden Kirchenordnung wollten sie auch noch eine Regierung durchsetzen, die ausnahmslos allen Bürgern ein einheitliches und allumfassendes Tätigkeitsmuster aufzwingen sollte, das sie mit rechtschaffenem Verhalten identifizierten. Daher widersetzten sie sich allen abweichenden religiösen Überzeugungen – nicht weil sie im Bestehen unterschiedlicher Glaubensbekenntnisse einen potentiellen Unruheherd erkannt zu haben meinten,[10] son-

10 Das war die These und der Standpunkt von Thomas Hobbes.

dern weil sie alle anderen abweichenden Bekenntnisse für im »Irrtum« befangen hielten. Die Verfassungsfrage, die Frage nach der Legitimität der Regierung, war natürlich zweitrangig, lediglich ein Mittel, um eine allmächtige Regierung einzusetzen, deren Aufgabe darin bestand, die Rechtschaffenheit durchzusetzen.

Die Fifth Monarchy Men und die anderen millenarischen Sekten verkörpern in extremer Form die religiöse Variante der Politik der Zuversicht. Für sie war die Tätigkeit des Regierens gleichbedeutend mit der Wirksamkeit der Gnade in der Natur, wodurch jener Zustand der Dinge herbeigeführt werde, den sie als »Heil« bezeichneten. Dieser Zustand ist irdischer Art, und außer vielleicht dort, wo er sich mit dem Glauben an die bevorstehende zweite Ankunft Christi verband, entging er dem für das Baconsche Vorhaben und alle anderen neuzeitlichen Spielarten der Politik der Zuversicht charakteristischen Pelagianismus nicht. Die Absicht dieser Männer war es, mit Hilfe der Regierung eine »Gemeinschaft der Heiligen« zu errichten, die nur einen relevanten Unterschied kannte: den zwischen den »Heiligen«, die regieren sollten, und den »noch nicht Wiedergeborenen«, die zu regieren waren. Zudem ging es nicht um eine entfernte, den Umständen der Zeit entrückte Utopie. Das Projekt verdankte sich, wie meines Erachtens alle Spielarten der Politik der Zuversicht, einer Vision von Macht: Diese Männer glaubten, durch göttliche Vorsehung sei die nötige Macht in die Hände des Parlamentsheeres gelegt worden, um das Reich der Rechtschaffenen zu begründen. Und sie wiesen, wie nicht anders zu erwarten, alle für die Verteidiger der Politik der Zuversicht typischen Haltungen auf: Die Beachtung formaler Verfahren seitens der Regierung weicht einem allein durch den Besitz der Macht und den Trieb nach Rechtschaffenheit geleiteten Tätigkeitsdrang; Skrupel sind bei der Verfolgung der Vollkommenheit unangebracht; Prävention rangiert vor Strafe; und die Macht, die man für das Streben nach Rechtschaffenheit einspannt, kann gar nicht groß genug sein.

Unter den Puritanern gab es freilich auch andere Parteien, die mit der Zuversicht liebäugelten, so wie es auch Gruppen und Leute gab, die für einen skeptischen Politikstil eintraten, und viele, die, wie Cromwell und Ireton, Elemente beider Stile vereinigten. Interessanterweise aber – und das führt uns von der religiösen Spielart der Politik der Zuversicht zu dem, was ich ihre ökonomische Version nennen möchte – waren selbst die exemplarischen Erscheinungen der religiösen Version durch das Eindringen der ökonomischen Variante bestimmt, die sehr bald alle anderen Spielarten in der Neuzeit ausstechen sollte. Diese Verknüpfung zwischen den beiden Interpretationen von »Vollkommenheit« in der puritanischen Politik ließe sich im Detail nachzeichnen. Die berühmten puritanischen Autoren, vom Troß der weniger bekannten ganz zu schweigen, sind unverkennbar Baconianer. Paradox wird das nur jenen erscheinen, die das gemeinsame Fundament aller Spielarten der Politik der Zuversicht übersehen: Ihre besondere Ausdrucksform wird relativ gleichgültig angesichts des gemeinsamen Verständnisses des Regierens als Durchsetzung eines »vollkommenen« irdischen Zustands.

In der ökonomischen Variante der Politik der Zuversicht werden die Machtmittel der Regierung dazu verwandt – und zwar nach diesem Verständnis zu Recht –, die Tätigkeiten der Bürger zu leiten und zu integrieren, so daß sie am Zustandekommen bestimmter menschlicher Lebensbedingungen mitarbeiten. Diese werden »Wohlfahrt« oder »Wohlstand« genannt und als diejenige Art von »Vollkommenheit« hingestellt, der nachzustreben die eigentliche Bestimmung des Menschen sei. Doch hier müssen wir unterscheiden. Im 17. Jahrhundert versuchten sämtliche europäische Regierungen durch mehr oder weniger engmaschige Regulierungen ihren Bürgern ein umfassendes Tätigkeitsmuster aufzuzwingen: In unterschiedlichem Grad wird man alle europäischen Gemeinwesen regulierende Gemeinwesen nennen können. Diese von einer zentralen Regierung und deren Beamten ausgeübte Regulierung – Sproß der Macht und mit nichts, was das Mittelalter zu bieten hatte, vergleichbar – erstreckte sich normalerweise so weit, wie die Macht es gestattete. In der, wie man allgemein sagen könnte, ökonomischen Sphäre wird sie von den Historikern Merkantilismus genannt. Dabei handelt es sich natürlich um das Gegenstück zu der religiösen Gleichförmigkeit, die von den meisten Regierungen durchgesetzt oder angestrebt wurde. Doch der Merkantilismus läßt sich nur dann als eine Version der Politik der Zuversicht deuten, wenn er als Versuch der Regierung verstanden wird, einen bestimmten Zustand menschlicher Lebensbedingungen deshalb herbeizuführen, weil er als »vollkommen« gilt oder »Vollkommenheit« erzeugen soll. Das war im 17. Jahrhundert gewiß nicht immer der Fall.

Die Maßnahmen des Merkantilismus, oder jedenfalls viele davon, könnte (und konnte) man auch so auffassen, daß sie nicht auf Integration der Tätigkeiten abzielten, mit denen eine »vollkommene« oder auch nur verbesserte Lebensweise erlangt werden sollte; statt dessen ließen sie sich beispielsweise als bloß unvermeidliche Bestandteile einer Politik begreifen, die durch Belange der Landesverteidigung bestimmt war, und sie wurden sogar als Ausgaben in der Kostenbilanz der »Wohlfahrt« verbucht. Derart im Hinblick auf ein beschränktes Vorhaben (und deshalb als selbst begrenzt) verstanden, gehören merkantilistische Maßnahmen selbstverständlich zur Politik der Skepsis und nicht zur Politik der Zuversicht: Sie sind nicht Teil eines Programms zur »Verwirklichung des Himmels auf Erden«.[11] Zweifellos zeichneten sich schon im frühen 17. Jahrhundert auch Tendenzen ab, sie als angemessene Maßnahmen einer Regierung zu begreifen, die die Macht und die Pflicht hatte, alle Tätigkeiten der Bürger mit Blick auf einen Zustand der Dinge zu organisieren, der aufgrund seiner »Vollkommenheit« wünschenswert war. Natürlich ist das genau die Auffassung, die uns in Bacons Schriften begegnet. In dieser Version der Politik der Zuversicht können wir das aufgezwungene Tätigkeitsschema »arbeitsethisch« nennen. Die Regierung ist dann Organisator und Lenker einer »arbeitsethischen« Gesellschaft.

Die »arbeitsethische« Version der Politik der Zuversicht tritt zum ersten Mal im 16. Jahrhundert auf. Vielen Bedingungen unterliegend, wies sie die Kennzeichen aller damals kursierenden Ambitionen und moralischen Werte auf, nicht zuletzt die zeitgenössische Bewunderung für

---

11 Das ist beispielsweise die Auffassung von Bodin und Mun.

Sorgfalt, das Mißtrauen gegenüber Müßiggang und den Abscheu vor Faulheit. In einem frühen Stadium ihrer Laufbahn wurden Voraussagen gemacht – nicht allein hinsichtlich der zu erwartenden Zustände und der aufzuwendenden Macht, sondern auch mit Blick auf den Nutzen, der daraus erwachsen würde: Es wurden detaillierte Aussichten auf die zu verwirklichenden menschlichen Lebensbedingungen eröffnet.[12] Interessant ist aus unserer Perspektive weniger der zu genießende Nutzen (die Einzelheiten der »Vollkommenheit«), sondern vielmehr die Überzeugung, alle menschliche Tätigkeit solle in das Vorhaben einfließen, die Ressourcen der Erde bis zum äußersten auszubeuten. Deshalb müsse die einzige Autorität, die mit der dazu nötigen Kontroll- und Steuerungsmacht versehen ist – die Regierung nämlich –, diese Tätigkeit beflügeln oder überwachen. Es ist diese Überzeugung – der Glaube, die menschliche Vollkommenheit lasse sich nur in einer »arbeitsethischen« Gemeinschaft erreichen –, die eine Version der Politik der Zuversicht entstehen läßt und nicht lediglich das Streben nach einem höheren Lebensstandard. Ihren Ausdruck findet sie in der Erweiterung der Wortbedeutungen unseres politischen Vokabulars. Aus »Sicherheit« wird zuerst »Wohlfahrt« und dann »Heil«, »Arbeit« ist zunächst ein Recht und dann eine Pflicht, »Verrat« wird als Abfall von einem moralischen oder religiösen Glaubensbekenntnis begriffen, jedes Mindestmaß verwandelt

---

[12] Neben den verschiedenen Utopien des 17. Jahrhunderts, für die Bacons *Neues Atlantis* und Burtons Skizze im Vorwort zur *Anatomie der Melancholie* gute Beispiele sind, gab es auch nüchterne Prognosen, wie Chamberlaynes *Englands Wants* (1667).

sich in ein Höchstmaß, bis endlich die »Freiheit von Bedürftigkeit« und der Genuß des Glücks zu »Rechten« erhoben werden. So wie Beza[13] es für die Aufgabe der Regierung hielt, religiöse Abweichungen als *Irrtum* und nicht als Gefahr für die Ordnung zu unterdrücken, so hält der Vertreter der Arbeitsethik es für die Pflicht der Regierung, jede Opposition zu seinem Programm als *Irrtum* zu verfolgen.

Obgleich die allgemeinen Grundzüge des Tätigkeitsmusters, das für die Bürger in diesem politischen Stil verbindlich zu machen war, schon früh erkannt wurden und man unverzüglich an ihre Umsetzung ging, entwickelten sich die Einzelheiten langsam – das gilt sowohl für die Art von Tätigkeit, die der Regierung obliegen sollte, als auch für den Nutzen, den die Bürger zu erwarten hatten. In den Geschicken dieses Politikstils ist kein Kapitel wichtiger als jenes, das die Verfeinerung des Programms in den Schriften seiner Protagonisten im 18. Jahrhundert behandelt – das der *philosophes*.

Diese bemerkenswerte Gruppe von Schriftstellern, zu denen viele der führenden Köpfe aller europäischen Länder gehörten, werden manchmal als die Schöpfer der Theorien hingestellt, die diese Version der Politik der Zuversicht stützen. Tatsächlich bestand ihre Rolle darin, alle Maßnahmen und Entwürfe, die ihre Vorgänger in dem besagten Politikstil mühevoll erarbeitet und entworfen hatten, in eine dem geistigen Klima ihrer Zeit angemessene Form zu bringen. In ihren Schriften nahm, was zuvor noch dunkel geblieben war, deutliche Konturen an, was bis dahin ta-

---

13 Theodore Beza, 1519–1605, Nachfolger Calvins in Genf (A.d.Ü.).

stend versucht worden war, wurde zur Gewißheit, was sich unter der Oberfläche entwickelte, trat zutage. Ihr Arbeitsmaterial waren nicht nur die Werke ihrer Vorgänger (vor allem Bacon und Locke), sondern auch die Regierungsmaßnahmen, die im 17. Jahrhundert immer feinere Formen angenommen hatten: die Techniken der Überwachung und Kontrolle, die die Regierungen bereits mit außergewöhnlicher Macht ausgestattet hatten.

In Frankreich ging bei den *philosophes* – den Vorläufern einer Revolution, die einem bis dahin für Sklaverei gehaltenen Regierungsstil den Namen »Freiheit« verlieh – nichts von diesem Erbe verloren. Wo Bacon die Dunkelheit seiner Zeit beklagt hatte, sonnten sie sich in der Aufklärung der ihren. Anderswo geschah dasselbe: Indem sie alte Vorurteile zerstörten, schufen sie neue. Zu ihrem Vermächtnis gehörte die klar ausgesprochene Auffassung, die eigentliche Aufgabe des Menschen bestehe in der Ausbeutung aller Ressourcen der Erde und die Regierung sei zur Leitung und Koordination dieser Aufgabe berufen: ein grandioses Vertrauen in die ausschließliche Angemessenheit einer »arbeitsethischen« Lebensform. Ihnen gebührt freilich auch ein Platz in der Geschichte unserer Vorstellungen von der Zusammensetzung und Legitimität der Regierung, doch verglichen mit ihrem Beitrag zur Erhellung der Politik der Zuversicht ist das eher nebensächlich. Denn dieser Regierungsstil ist nicht prinzipiell an eine bestimmte Verfassungsform oder Vorstellung von der Legitimität der Regierung gebunden. Es mag einige Verfassungen geben, die für seinen Charme besonders empfänglich sind, und andere, die sich ganz natürlich von ihm abzuwenden scheinen, doch im allgemeinen fallen diese Anziehungs- und Abstoßungskräfte nicht ins Gewicht.

Die späteren Wechselfälle der Politik der Zuversicht im 19. und 20. Jahrhundert sind verwickelt und ereignisreich. Sie liefern uns Beispiele dieses Regierungsstils von bislang unbekanntem Glanz. Riesige neue Machtquellen wurden erschlossen und ausgebeutet. Und der Umfang des für den Politikstil charakteristischen Nutzens hat bei vielen jene nagenden Zweifel zerstreut, daß die Ausbeutung der Ressourcen unserer Welt vielleicht doch nicht die einzig angemessene Tätigkeit der Menschheit sein könnte. Vier Jahrhunderte der Begeisterung und der Selbsttäuschung haben das arbeitsethische Programm schließlich mit einem moralischen Nimbus versehen. Die großen Kriege unserer Epoche boten uns eine unvergleichliche Gelegenheit, kostspielige Experimente in diesem Politikstil durchzuführen, und vielleicht sind es nur die Kosten, die uns vom letzten Sturm auf das himmlische Jerusalem abhalten. Andererseits müssen wir mit Bedauern feststellen, daß die Bedeutsamkeit der Macht immer von ihrer Aufgabe abhängt und daß mit der Macht zur Integration auch die Vielfalt der zu integrierenden Tätigkeit zugenommen hat. Die Geschicklichkeit des Ballmannes ist gewachsen, nicht weniger aber die Wendigkeit des Schlagmannes, und möglicherweise unterscheidet sich von daher die Lage unterm Strich nicht sehr von der im frühen 17. Jahrhundert – das würde sie aber, wenn die technischen Möglichkeiten, die Tätigkeiten auf jene zu reduzieren, die sich integrieren lassen, in jüngster Zeit nicht so explosionsartig zugenommen hätten.

Trotz aller neuen Abenteuer stehen begriffliche Aufklärung und Verteidigung dieses Politikstils noch immer dort, wo seine großen Verfechter im 18. Jahrhundert sie verlassen haben. Die Taktiken wurden enorm verfeinert, und die Verteidiger der Zuversicht haben erkannt, daß sie ohne weiteres auf ein paar überholte Absonderlichkeiten verzichten können. Was aber die Gesamtstrategie betrifft, so sind keine neuen Prinzipien von geistiger Bedeutung hinzugekommen, obwohl sich mehrere Kandidaten angeboten haben. Ein paar neue Schlagworte sind aufgetaucht – beispielsweise »Sozialtechnologie«, »Verwaltung des Überflusses« –, doch ihre Diktion erinnert weiterhin unverkennbar an Bacon. Und nach viereinhalb Jahrhunderten des Nachdenkens lautet der Schluß immer noch: »Unsere Betrachtung der menschlichen Natur hinsichtlich des Wohlstandes ... hat gezeigt, daß der Mensch sein Schicksal beinahe vollkommen in die eigenen Hände zu nehmen vermag, und sollte er versagen, geschieht es allein durch menschliche Dummheit und Torheit«[14] – nichts anderes hat auch Bacon schon gesagt.

III.

Ich habe hier lediglich in knappsten Umrissen einen Abschnitt aus der Geschichte neuzeitlicher Politik rekapituliert. Von den vielen Schlußfolgerungen, die er uns nahelegt, sind, wie ich glaube, drei von herausragender Bedeutung.

---

14 E. L. Thorndike, *Human Nature and the Social Order*, [New York] 1940, S. 957.

Erstens ist die Politik der Zuversicht keine Erfindung der letzten hundertfünfzig Jahre, die aus einer Reaktion auf eine Zeit der Gleichgültigkeit und Fahrlässigkeit seitens der Regierung hervorgegangen wäre. Sie ist weder eine kluge noch eine sinnlose Antwort auf zeitgenössische Probleme, sondern ein in unterschiedlichen Formen auftretender politischer Stil, der gemeinsam mit der Neuzeit entstanden ist und zu den spezifischen Veränderungen des mittelalterlichen Lebens und Denkens am Anfang jenes Zeitalters gehört. Wer ihre Geschichte verkürzt, verkennt ihren Charakter und läßt sie weit unbedeutender erscheinen, als sie ist. Die wachsende Konzentration der Regierung darauf, »das Leben des Volkes zu lenken«, die im Macmillan-Bericht von 1931 »als eine in jüngster Zeit neu gewonnene Perspektive auf die Regierung dieses Landes« bezeichnet wird,[15] entspricht in Wahrheit einem Politikstil und einer Regierungsauffassung, die uns seit fünf Jahrhunderten begleiten. Heute dürfen wir die Politik der Zuversicht getrost für unausrottbar halten. Sie als Torheit oder Klugheit einiger weniger Außenseiter oder Propheten zu betrachten, als Folge der Französischen oder der Industriellen Revolution, gar als treuen Partner dessen, was wir Demokratie nennen, hieße, sie völlig falsch zu verstehen.

---

15 Der Macmillan-Ausschuß wurde 1929 eingesetzt. Hugh Pattison Macmillan leitete eine hochkarätige Arbeitsgruppe von Wirtschaftswissenschaftlern, darunter J. M. Keynes, der auch bei der Abfassung des Berichts federführend war, Bevin und andere. Der Ausschuß beschäftigte sich mit der Frage, ob eine nationale und internationale Lenkung des Bank- und Finanzwesens den Handel und die Industriebeschäftigung fördert oder hemmt.

Zweitens ist die Politik der Zuversicht nicht mit irgendeiner konkreten politischen Bewegung, Partei oder Sache in der Neuzeit gleichzusetzen. Vertreter dieses Politikstils finden sich in jedem Lager, jeder Partei, jeder Bewegung und unter den Befürwortern jeder Angelegenheit. Zweifellos gibt es Bewegungen, die so eng mit ihr verbunden sind, daß jede andere Alternative nahezu ausgeschlossen ist, und sicherlich ist das bei dem der Fall, was wir als Sozialismus und Kommunismus kennen. In Wirklichkeit jedoch ist keine der konkreten politischen Bewegungen in der Neuzeit – sofern sie mehr als ein Sektendasein fristete – in dieser Hinsicht der Komplexität entkommen. Die Politik der Zuversicht ist und war nie das ausschließliche Eigentum irgendeines europäischen Landes oder irgendeiner politischen Partei; dieser Politikstil ist bloß einer der beiden Pole, zwischen denen alle neuzeitlichen politischen Unternehmungen und Auffassungen seit fünf Jahrhunderten hin- und herpendeln.

Drittens hat die Geschichte der Neuzeit die Politik der Zuversicht nie als einzigen (oder nur als einzig bedeutenden) politischen Stil beziehungsweise als einziges Politikverständnis erscheinen lassen. Einige Schriftsteller, unter ihnen die einflußreichsten, waren dermaßen vom Glanz oder der Ungeheuerlichkeit dieses Politikstils beeindruckt, daß er ihre ganze Aufmerksamkeit beanspruchte: Für sie deckt sich der Gang der neuzeitlichen Politik, besonders in den letzten hundertfünfzig Jahren, mit der Geschichte seiner Wechselfälle. Einige verfallen aus Verzweiflung in diesen Fehler; für sie scheint die Wolke der Zuversicht schon so lange über uns gehangen zu haben, daß sie den ganzen

Himmel erfüllt und die ganze Erde verdunkelt. Andere begehen den Fehler aus Optimismus; die Geschichte der neuzeitlichen Politik als den allmählichen Triumph des in ihren Augen Guten zu sehen verleiht ihrer Bejahung Glanz und ihrem Vertrauen Genugtuung. Wieder andere machen sich keines Irrtums, wohl aber der Entstellung schuldig: Alles in der Geschichte der neuzeitlichen Politik zu unterdrücken, was nicht die Wechselfälle der Zuversicht betrifft, ist nur ein Vorspiel zur Unterdrückung all dessen, was in der gegenwärtigen Welt nicht mit diesem Politikstil übereinstimmt. »Wir wissen, wohin die Welt sich bewegt, und entweder wir beugen uns dem, oder wir gehen unter« – so lautet die schiefe Alternative, vor die diese Autoren uns stellen. Der Ansteckungsherd mag verschiedenen Ursprungs sein, die Prophylaxe ist jedoch in jedem Fall die gleiche. Sie besteht in einer sorgfältigeren und objektiveren Untersuchung der Geschichte neuzeitlicher Politik. Dadurch werden andere ihrer Strömungen in den Blick gerückt, und die falsche oder unaufrichtige Theorie einer einzigen Entwicklungsrichtung wird widerlegt. Selbst der unwissendste Historiker kennt eine todsichere Methode, den Lauf der Dinge falsch zu interpretieren: Man muß nur einige Merkmale in der Vergangenheit herausgreifen und den Lauf der Ereignisse so deuten, als strebe alles auf das eine Ziel zu. Ein einziger Versuch reicht aus, um zu merken, wie viel des tatsächlichen Geschehens man willkürlich aus der Geschichte tilgen muß, um dieses Ergebnis zu erreichen. Natürlich ist es keine weniger irreführende Verkürzung, wenn der Lauf der Ereignisse so gedeutet wird, als nähere er sich einem Merkmal der gegenwärtigen Welt (zum Beispiel der Popularität der Politik der Zuversicht) als seinem einzigen auserwählten Ziel. Kurz, wir wissen nicht, »wohin die Welt sich bewegt« – nicht etwa weil es uns an Hinweisen fehlte, um die Richtung zu erschließen, sondern weil die Vorstellung einer solchen Richtung von der Unterscheidung zwischen legitimen und illegitimen Sprößlingen abhängt, die einer historischen Untersuchung fremd ist. Eine einzige, homogene Entwicklungslinie wird man in der Geschichte nur dann finden, wenn man diese zu einer Handpuppe macht, mit der sich die Kunst des Bauchredens üben läßt.

3. KAPITEL

Die Wechselfälle der Skepsis

I.

Die Politik der Zuversicht, wie ich sie dargestellt habe, ist ein Geschöpf der Neuzeit. Es gab sie in verschiedenen Spielarten, doch alle setzten jene Umstände voraus, durch die sich dieses Zeitalter – was die Regierung angeht – von allen anderen Epochen unterscheidet. Beispielsweise hätte die religiöse Variante, die viele für einen Anachronismus in der Neuzeit zu halten geneigt sind, in dieser Form niemals im Mittelalter auftreten können; und wenn eine gewisse Verwandtschaft zum politischen Stil griechischer Stadtstaaten zu bestehen scheint, so verschwindet die Ähnlichkeit, sobald wir die allgemeine Ebene verlassen und konkrete Details ins Auge fassen. Gewiß, wir haben festgestellt, daß die Sorgfalt, mit der eine primitive Gesellschaft die Beziehungen und Tätigkeiten ihrer Mitglieder überwacht und der selbst die ungeheure Macht einer neuzeitlichen Regierung nichts an die Seite zu stellen hat, etwas offenbart, was man vielleicht als Gegenstück zur neuzeitlichen Politik der Zuversicht betrachten könnte. Doch das ist bloß ein schattenhaftes Gegenstück, denn genaugenommen kennen diese Gemeinschaften keine Politik, und anstelle dessen, was wir eine »Regierung« nennen, gibt es nur die nicht weiter spezialisierte Sorge für und das Wächteramt über ihre allgemeinen Interessen, wahrgenommen von den Mitgliedern, die mit der Einhaltung ihrer Bräuche betraut sind.

In der gleichen Weise ist die Politik der Skepsis im eigentlichen Sinne nur unter den Bedingungen der Neuzeit möglich – nicht weil sie lediglich als Gegensatz zur Politik der Zuversicht existiert, sondern weil sie dieselben Voraussetzungen wie diese benötigt. Wenn wir uns einen Augenblick mit Allgemeinheiten begnügen, können wir andernorts gleichwohl Gegenstücke zur neuzeitlichen Politik der Skepsis ausmachen. Sie ist, allgemein gesagt, die Politik der Machtlosen, der Stil und die Haltung des Regierens unter Bedingungen, in denen die Regierung nur wenig Möglichkeiten hat, die Tätigkeiten ihrer Bürger zu lenken; unter derartigen Umständen ist es wahrscheinlich, daß sie der anerkannte Stil des Politikverständnisses ist. Kleine Machterweiterungen, eine begrenzte Ausdehnung ihres Handlungsradius sind vorstellbar, und soweit man sie sich vorstellen kann, mögen sie auch als wünschenswert angestrebt werden. Niemand aber wird es für nachlässig oder falsch halten, wenn eine Regierung etwas unterläßt, dessen Ausführung mit der Macht, die sie tatsächlich besitzt (oder allenfalls geringfügig ausbauen kann), nicht einmal vorstellbar ist. Folglich ist es nicht zu weit hergeholt, in der Regierung des mittelalterlichen England ein Gegenstück zu der in der Neuzeit auftauchenden Politik der Skepsis zu erkennen. Tatsächlich stehen, wie wir sehen werden, Stil und

Prinzipien dieses neuzeitlichen Regierungsverständnisses tief in der Schuld mittelalterlicher Praxis und Reflexion.

Weiter wird die Regierung eines Eroberers sich zu Anfang ganz natürlich zum skeptischen Stil hingezogen fühlen. Weil sie ohnehin alles ablehnen, was die Regierung unternimmt, werden die Untertanen meinen – sofern sie überhaupt eine Meinung haben –, die Regierung solle sich möglichst zurückhalten, und der Eroberer kann, selbst unter günstigsten Umständen, nur wenig ausrichten. Man könnte annehmen, ein Eroberer sei heute in der Lage, den Eroberten ein umfassendes Tätigkeitsmuster in einer früher unbekannten Weise aufzuzwingen; was weder die Römer noch die Türken versuchten, sei nun das übliche Vorgehen, und die Eroberten würden es erwarten, ja als ihr Schicksal begrüßen. Doch auch ein Eroberer unserer Tage ist oft genötigt, seinen Ehrgeiz zu zügeln, und zunächst erhält das skeptische Unternehmen der »Befriedung« Vorrang vor allen anderen und bestimmt den Regierungsstil. Außerdem hält man den skeptischen Regierungsstil und das skeptische Regierungsverständnis immer dann für richtig, wenn die äußere Ordnung einer Gemeinschaft bedroht oder gestört ist, sei es aufgrund einer Kriegsniederlage oder einer Naturkatastrophe wie der Ausbreitung einer Seuche oder einer Hungersnot. Kurz, überall dort, wo die Regierungsmacht sich bei der Aufrechterhaltung der öffentlichen Ordnung des Gemeinwesens zu erschöpfen droht, wird die Politik der Skepsis als Regierungsstil und -verständnis akzeptiert.

Ein politischer Stil existiert freilich nur in seinen Spielarten. Während es sinnvoll sein kann, eine Untersuchung zur Politik der Skepsis mit derlei allgemeinen Bemerkungen zu eröffnen, wird der wirkliche Charakter dieser Politik erst greifbar, wenn wir sie unter den Bedingungen der Neuzeit betrachten. Natürlich zählt zu den herausragenden Merkmalen jener Bedingungen das Auftreten von Regierungen, die weitaus mehr Macht besitzen, als für die Sicherung der äußeren Ordnung nötig ist. In der Neuzeit wird der Kontext der Politik der Skepsis durch die Anwesenheit, nicht durch die Abwesenheit von Macht bestimmt.

II.

Bevor wir damit beginnen, das durch diese Beobachtung erschlossene Terrain zu erforschen, mag es ratsam sein, kurz einen Aspekt der Politik der Skepsis abzuhandeln, dem nur ein relativ unbedeutender Platz in den Wechselfällen des Stils zukommt. Ich meine die Politik der Skepsis als bloße Reaktion auf die Politik der Zuversicht.

Wir haben bereits festgestellt, welcher Irrtum damit verbunden ist, die Geschichte der modernen Politik lediglich als Entfaltung und schließliche Blüte der Politik der Zuversicht aufzufassen. In dieser falsch verstandenen Erfolgsgeschichte gehört die Skepsis natürlich zu den Kräften der Finsternis und wird mit der »Reaktion« gleichgesetzt. Aber wenn wir dies als parteiische Geschichtsschreibung beiseite lassen, so haben doch tatsächlich sämtliche größeren Triumphe der Zuversicht in der Neuzeit eine Gegenbewegung provoziert. Ja, meine These, daß die Geschichte der neuzeitlichen europäischen Politik ein unstetes Schwanken zwischen diesen Extremen sei, nimmt das Auftreten einer Gegenkraft vorweg, die einsetzt, sobald Praxis und Verständnis der Regierung einem der beiden theoretischen Extreme zu nahe kommen; und sie sagt jedem unserer Stile ein Umkippen ins »Reaktionäre« vorher, wenn er aus der Gunst fällt oder erneut die Initiative zu ergreifen versucht. Ihre Plausibilität gewinnt die Auffassung der Skepsis als bloßer Widersacher der Zuversicht aufgrund der historischen Situation in der frühneuzeitlichen Geschichte, als die Zeichen in Richtung Politik der Zuversicht wiesen und die Skepsis in diesem wichtigen Augenblick als Hindernis erschien. Im Fortgang der Geschichte wiederholt sich diese Situation natürlich in regelmäßigen Abständen.

Es gehört zu den Wechselfällen der Skepsis, als Widersacher der Zuversicht in Erscheinung zu treten, und bei solchen Gelegenheiten verdankt sie ihre Gestalt und Färbung der unmittelbaren Situation. Ein frühes Beispiel dafür liefert die Geschichte des englischen Bürgerkrieges. Wir sahen bereits, daß die Wirren im England des 17. Jahrhunderts – obwohl sie keineswegs einem simplen Streit zwischen Zuversicht und Skepsis entsprangen – Parteien nach oben schwemmten, die eine religiös-ökonomische Spielart der Politik der Zuversicht verfochten und Regieren als Tätigkeit verstanden, um dem Gemeinwesen ein umfassendes Handlungsmuster zu oktroyieren, einen Zustand der Dinge, den sie mit dem »Heil« identifizierten. Einige Wortführer dieser Auffassung sahen im siegreichen Parlamentsheer ein Mittel der Vorsehung, um »Rechtschaffenheit« und die »Herrschaft der Heiligen« durchzusetzen. Wäre der Druck auf die englische Politik, den Weg der Zuversicht und des Glaubens einzuschlagen und bis ans Ende zu gehen, nur das Werk einiger weniger Sonderlinge gewesen, hätte man erwarten können, daß er ohne nennenswerten Widerstand nachlassen würde. Dahinter stand jedoch nicht nur eine bedeutende Macht, sondern auch ein sich langsam herausbildendes, wohlbestimmtes Korpus religiöser wie weltlicher Ideen und Argumente, und daher kam es zu einer Gegenbewegung. Der Extremismus dieses Vorhabens wird durch die Tatsache belegt, daß es sich bei vielen seiner Gegner, wie etwa Cromwell selbst, um Politiker handelte, die unter anderen Umständen eher im Lager der Zuversicht denn in dem der Skepsis zu finden gewesen wären. Diese Skeptiker – Cromwell, Ireton, die Levellers des *Agreement of the People* und andere – scheuten den Anblick der Politik der Zuversicht, sie wichen von der Schwelle ebenjener Tür zurück, die sie selbst mit aufgestoßen hatten, ähnlich wie sich heute einige Sozialisten erschreckt von der Vision abwenden, die sie selbst mit verbreitet haben. Cromwells und Iretons Argumente in den Putney-Gesprächen[1], die frühen Vorschläge der Levellers und Independenten sind Zeugnisse einer Politik der Skepsis, deren Gestalt und Färbung durch die spezifische Spielart der Politik der Zuversicht geprägt wurde, der sie entgegentreten sollte. Die Tätigkeit des Regierens wird nicht in der Durchsetzung abstrakter »Güter« oder »vollkommener« menschlicher Lebensbedingungen gesehen. Statt des-

---

1 1647 unter den Mitgliedern des reformierten Parlamentsheeres (New Model Army) geführte Debatten über die Anliegen und politischen Ziele, um derentwillen sie Karl I. bekämpften.

sen soll sie in dem bestehen, was »Land und Volk zu empfangen und zu billigen bereit sind« – Cromwell hegte »wenig ausgefallene Vorstellungen darüber, was für großartige Dinge vom Parlament zu erwarten sind«. Man beruft sich auf eine grobschlächtige und elementare Philosophie der »Zweckmäßigkeit«; gegen den Antinomismus Buffcoats und Wildmans führt man die skeptische Lehre der Legalität und der bindenden Kraft auch unbequemer Verpflichtungen ins Feld.[2] Das Geschäft des Regierens wird nicht darin gesehen, »den Zustand der Welt zu bereinigen« oder eine nebulöse *salus populi* durch die geschicktesten Mittel zu fördern. Es ist vielmehr die durch ein »Grundgesetz« beschränkte Tätigkeit, überkommene Rechte zu schützen, wobei selbst Kontingenz und Gewohnheitsrecht als Elemente des »Grundgesetzes« anerkannt werden. Politische Diskussionen dienen nach dieser Auffassung nicht der Offenbarung göttlich inspirierter Thesen und auch nicht der »Wahrheitsfindung«, sie dienen vielmehr dem Bemühen, unterschiedliche Standpunkte zu verstehen und zu einem Modus vivendi zu finden.

Sollten wir nun der Meinung zuneigen, es handele sich dabei um einen unbedeutenden Zwischenfall in der Geschichte der Beziehungen zwischen Zuversicht und Skep-

---

2 Buffcoat, mit richtigem Namen Robert Everard, Sprecher von Cromwells Regiment, ein religiöser Schwärmer, der 1647 an den Putney-Gesprächen teilnahm. Sir John Wildman (1621–1693) war ein Leveller, der zum Widerstand gegen Cromwells Verhandlungen mit Karl I. aufstachelte und erklärte, er könne »keines Menschen Knecht sein« und wünsche »seinem Land und der ganzen Menschheit Freiheit und Glück«.

sis, so liefern das 17. und 18. Jahrhundert, in England wie auf dem Kontinent, ein Beispiel für das Zusammentreffen dieser beiden Politikstile, welches leicht mißverstanden werden kann, aber dennoch nicht unwichtig ist – gemeint ist hier der skeptische Widerstand gegen die ökonomische Variante der Politik der Zuversicht. Gleichwohl überschätzt man seine Dimensionen leicht, wenn die richtigen Unterscheidungen nicht beachtet werden. Der Merkantilismus, das Projekt einer durch Eingriffe der Regierung mehr oder weniger stark regulierten Nationalökonomie, ist nicht seinem Wesen nach Teil der Politik der Zuversicht; er ist durchaus offen für eine skeptische Erklärung und Rechtfertigung. Zur Zuversicht gehört er nur dann, wenn er im Sinne Bacons als Teil des umfassenden Plans begriffen wird, alle Tätigkeiten der Bürger zum Zwecke der Ausbeutung aller Ressourcen der Erde zu lenken, da dies für die dem Menschen angemessenste Tätigkeit gehalten wird. Die regulierungswütigen und bevormundenden Verordnungen des Colbertismus und ähnlicher Programme so-

3 Natürlich gab es innerhalb dieser Richtung der Kritik viele gegenläufige Meinungen. Die klarsten Formulierungen des Standpunktes sind in den Schriften unparteiischer Autoren zu finden, die seit Beginn des frühen 17. Jahrhunderts eine lange Traditionslinie bilden. Der Leser sei hier zum Beispiel auf Ephraim Lipson, *Economic History of England*, [9. Ausgabe London 1947,] Bd. III, verwiesen. Es wäre allerdings falsch, diesen Standpunkt jedem Handel- und Gewerbetreibenden zu unterstellen, der darauf aus war, für sich selbst ein Vermögen zu machen. Gewiß, ihnen wurde oft vorgeworfen, um ihres Profits willen den »allgemeinen Wohlstand« zu vernachlässigen, und ihre Ankläger beriefen sich nicht selten auf die unredliche Meinung, der gemeinschaftliche Erwerb stünde moralisch höher als der individuelle – eine Ansicht, die bei den Parteigängern der Macht

wohl royalistisch als auch parlamentarisch ausgerichteter englischer Regierungen im 17. Jahrhundert wurden daher von zwei Standpunkten aus angegriffen.

Erstens leisteten jene Widerstand, die solche Maßnahmen für unwirksam hielten. Sie sahen darin statt eines geeigneten Mittels zur Vermehrung des »Wohlstands« – für sie recht eigentlich Streben und Bestimmung des Menschen – nur ein Hindernis, das der ökonomischsten Ausbeutung der irdischen Ressourcen im Wege stand. Der Einspruch von dieser Seite hat fraglos nichts mit dem zu tun, was ich Skepsis genannt habe. Gewiß, hier wird die Fähigkeit der Regierung bezweifelt, Überfluß zu schaffen, doch die grundlegende Annahme dieser Spielart der Politik der Zuversicht, daß eine auf Erwerb ausgerichtete Gesellschaft die eigentliche Heimat des Menschen sei, wird ohne Abstriche akzeptiert. Der Widerspruch gilt nicht dem Projekt der Ausbeutung; er gilt nur der Art und Weise seiner Durchführung.³

Doch es gab zweitens auch jene, denen die Effizienz oder Ineffizienz, mit der die Regierung eine arbeitsethische

> immer hoch im Kurs steht. Im großen und ganzen wandten sich die Kaufleute gegen spezifische Vorschriften; die allgemeinen Einwände zu formulieren, überließen sie anderen. Etwas anderes war auch nicht zu erwarten. Wir wissen aus eigener Erfahrung, daß Geschäftskreise, was Regierungsvorschriften angeht, meist den Weg des geringsten Widerstandes wählen, da derartige Regulierungen für sie in die normalen Kosten und Unwägbarkeiten des Handels einfließen. Solche Kreise werden sich in der Regel (erfolgreich) nach Mitteln umschauen, die Hindernisse zu minimieren, und meist sogar Möglichkeiten entdecken, sie zu ihrem Vorteil zu wenden. Für gewöhnlich ist der Geschäftsmann nur über zwei Ecken ein Kritiker der Politik der Zuversicht.

Gesellschaft propagierte, relativ gleichgültig war. Sie wehrten sich gegen die Verwirklichung eines arbeitsethischen Gesellschaftsprogramms, weil sie die Durchsetzung eines umfassenden Tätigkeitsmusters als solches ablehnten; sie attackierten diese Spielart der Politik der Zuversicht, weil sie sich auch jeder anderen widersetzt hätten. Sie sind es, die einer genuin skeptischen Kritik zum Durchbruch verhalfen. Vermutlich wäre ihr Widerstand gegen diese Spielart sogar noch stärker gewesen, als er tatsächlich war, wenn jene Methode zur Verbreitung des »pelagianischen Staates« mehr Wirkung gezeigt hätte, als sie zu haben schien: Ihre Wirkungslosigkeit sprach eher zu ihren Gunsten, da sie zu erkennen gab, daß Erfolg nach anderen Kriterien zu bemessen sei. Diese Richtung kann mit einer Reihe berühmter Autoren aufwarten; zu ihr gehören, um nur die bekanntesten zu nennen, Hume, Burke, Bentham, Macaulay und, wie ich glaube, Adam Smith höchstpersönlich. Ihr Widerstand gegen die Politik der Zuversicht entstammte nicht nur einem Ad-hoc-Zweifel, sondern ist im Kontext einer tiefen Einsicht in die Prinzipien der politischen Skepsis zu sehen. Wenn die genannten Autoren jene Spielart der Politik der Zuversicht ins Auge faßten (was nicht immer der Fall war), kritisierten sie nicht nur ökonomische Mängel; sie deckten in ihr ein ganzes Bündel von Fehleinschätzungen auf: ihre allzu optimistische Vorstellung vom menschlichen Verhalten; ihre Neigung, das Leben der Menschheit trostlos zu machen, indem alle Tätigkeiten auf ein Maß reduziert werden, das sich leicht durch die Regierung kontrollieren läßt; ihre völlige Blindheit für die politische Bedeutung des Privateigentums; ihre Diskreditierung des Rechts, dem eine Aufgabe aufgebürdet wird, die es gar nicht erfüllen kann; und ihre Förderung ebenjener Unsicherheit, die zu mindern doch angeblich die vornehmste Aufgabe der Regierung sein sollte.

III.

Doch die Politik der Skepsis lediglich als Gegenstück zur Politik der Zuversicht zu verstehen würde uns nur ein unvollkommenes Bild von ihr liefern. Die Skepsis ist nicht bloß eine Reaktion auf die Zuversicht; in der Neuzeit ist sie, wie gesagt, als Antwort auf dieselben Umstände entstanden, die eine Politik der Zuversicht erst ermöglicht haben. Und die Mittel, die sie zu nutzen wußte, verdankte sie sowohl den Bedingungen der Neuzeit als auch – falls es uns gestattet ist, die Begriffe großzügig auszulegen – ihrer aus dem Mittelalter ererbten Auffassung über Aufgabe und Vorgehen der Regierung.

Der immense Machtzuwachs, der eine immer bessere Kontrolle der menschlichen Tätigkeit durch den Menschen erlaubte, schuf die Rahmenbedingungen für jenen stolzen Optimismus, der sich seit dem 16. Jahrhundert in Europa ausbreitete und der in einem gewissen Maße das Christentum durch eine Version des Pelagianismus abgelöst hat. Daß die Regierung sich einen Großteil dieser Macht sichern konnte, war die Bedingung für das Auftreten der Politik der Zuversicht. Von daher muß es scheinen, als habe der politischen Skepsis anfänglich jeder feste Boden unter den Füßen gefehlt, als sei sie in ihrem Widerstand gegen die große Strömung ihrer Zeit allein aus einer abstrakten Idee entstanden, aus der Vorstellung, daß das, was sich da anbahnte, nicht wünschenswert sei. Es hätte mithin die Aufgabe der damaligen Verfechter des Skeptizismus sein müssen, ausgehend von diesem Gedanken zu einer detaillierten Formulierung des skeptischen Stils und Politikverständnisses zu kommen. Tatsächlich aber ist die Bühne zu Beginn der neuzeitlichen Geschichte keineswegs nur von den Ambitionen und Unternehmungen der Zuversicht erfüllt. Einige der durch die Umstände bedingten Veränderungen, die sich für die Aufgabe und das Vorgehen der Regierung ergaben, begünstigten auch die Skepsis. Zudem existierte eine eigenständige Tradition der Skepsis, die nicht durch den Widerstand gegen die Gewißheiten der Zuversicht inspiriert war, und daneben gab es aus der Vergangenheit überkommene lebendige Relikte einer skeptischen Haltung in der Politik.

Hand in Hand mit der Erweiterung politischer Macht, wodurch die Politik der Zuversicht beflügelt wurde, ging eine schärfere Definition und Bestimmung des Regierungsamtes. In der frühen Neuzeit ging man allmählich dazu über, in der Regierung ein »öffentliches Amt« mit einem besonderen Status zu sehen, der bald darauf als »Souveränität« bezeichnet wurde. Dadurch wurde der Unterschied zur Anhäufung der Gewalten in der Person des Monarchen markiert, denn das war eigentlich nichts anderes als die Erweiterung persönlicher Rechte. Die einzelnen Stadien dieser Erscheinung sind nicht nur in der Geschichte des Rechtsstatus der Regierung und ihrer Beamten aufgezeichnet, sie lassen sich auch der Geschichte der »Prärogative«

in England sowie der Geschichte des Steuer- und Finanzwesens entnehmen, an der man ersehen kann, wie das königliche Einkommen sich in einen öffentlichen Staatshaushalt verwandelte. Dieser Wandel bewirkte eine genauere Bestimmung der Regierungstätigkeit und führte zu der Auffassung, Regieren bestehe nicht allein in der Ausübung einer nicht näher definierten Wächterfunktion über die Tätigkeiten der Bürger, sondern sei die Wahrnehmung verschiedener öffentlicher Pflichten. Kurz, während der Machtzuwachs einen Sog in Richtung Zuversicht hervorrief, drängte die enger gefaßte Bestimmung des Regierungsgeschäftes zu einem skeptischen Politikstil und -verständnis: Die engere Definition des Amtes brachte eine Beschränkung seines Wirkungskreises mit sich.

Doch abgesehen von diesen günstigen äußeren Umständen für die politische Skepsis, stützte sich der Stil in der frühen Neuzeit auf ein tief verwurzeltes Mißtrauen gegenüber den menschlichen Kräften, das, wenn auch mit einiger Anstrengung, selbst die glänzenden Aussichten des Baconschen Projekts überdauerte. Wir neigen dazu, die Spur des Zweifels und der Verzagtheit, die in so vielen Schriften des Elisabethanismus und des frühen 17. Jahrhunderts zu spüren ist, für ein Relikt des noch nicht durch den Optimismus Bacons und seiner Kampfgefährten überwundenen mittelalterlichen Pessimismus zu halten oder für ein leichtfertiges, aus Mangel an Zuversicht erklärbares Zögern, sich einem günstigen Wind anzuvertrauen: Tatsächlich war es weder das eine noch das andere, es war einfach eine alternative Auffassung von der Macht und den Aussichten der Gattung, die auszulöschen die Zuversicht nie stark genug war. Diese besorgte Meinung über die Schwäche und Verderbtheit des Menschengeschlechts und die Vergänglichkeit seiner Leistungen wurde zuweilen (wie bei Donne und Herbert) zutiefst empfunden, zuweilen (wie bei Hobbes, Spinoza und Pascal) philosophisch fundiert herausgearbeitet und zuweilen (wie bei Montaigne und Burton) mit Milde und Ironie behandelt; wo man die Tätigkeit des Regierens aus einer solchen Sicht betrachtete, erwuchs daraus eine politische Skepsis, die nichts von jenem Mißtrauen hatte, das durch die Siege und Aussichten der Zuversicht geweckt wurde. Mit einer zum Widerspruch aufreizenden Häufigkeit wurde behauptet, daß das, was die politische Skepsis von der Zuversicht trenne, der Glaube an die Lehre vom »Sündenfall« sei. Das aber ist eine vorschnelle Verallgemeinerung. Die puritanischen Streiter für eine Politik der Zuversicht – darunter etwa Milton – waren wie alle anderen unerschütterlich von der Wahrheit und Bedeutung dieser Lehre überzeugt; sogar Bacon selbst bezweifelte sie nicht, während Hobbes und Spinoza, zwei vehemente Vertreter des skeptischen Politikverständnisses, radikale, wenngleich indirekte Kritiker der besagten Lehre waren. Nicht die Überzeugung vom »Sündenfall«, sondern etwas sehr viel Näherliegendes, weniger Abstraktes und Spekulatives ist für den skeptischen Politiker in der frühen Neuzeit charakteristisch: ein Bewußtsein der Sterblichkeit, jene *amicitia rerum mortalium*, durch welche die Lockungen einer von der Politik der Zuversicht vergoldeten Zukunft als schal empfunden werden; der Gedanke, daß die Welt nicht geschaffen ist, um von uns ausgebeutet zu werden, sondern die »Bühne« stellt, auf der wir spielen; der

Zweifel am Erfolg menschlicher Projekte, vor allem wenn sie auf Großes aus sind, weshalb die Menschheit zumindest in Ruhe nachdenken solle, bevor sie sich einem einzigen Weg anvertraut. Man muß schon einen sehr verkürzten Blick auf das späte 16. und frühe 17. Jahrhundert haben, um darin allein ein Zeitalter der Zuversicht und des Fortschrittsglaubens zu sehen. Wir brauchen uns nur Bacons großem Zeitgenossen Michel de Montaigne zuzuwenden, um einen skeptischen Widerpart zu den vertrauensvoll in die Zukunft schauenden Schwärmern jener Zeit zu finden, die so unerschütterlich davon überzeugt waren, den rechten Weg eingeschlagen zu haben.

Montaigne gibt sich keinerlei Täuschungen über die Stärke des Menschen hin: Die Gewohnheit beherrscht das Leben; sie ist eine zweite Natur und nicht weniger mächtig. Das ist keineswegs beklagenswert, sondern unerläßlich. Denn der Mensch vereinigt in sich so viel Gegensätzliches, daß er, um in den Genuß einer zusammenhängenden Tätigkeit oder eines ruhigen Lebens unter seinen Mitmenschen zu kommen, auf die Hilfe einer verbindlichen Regelung angewiesen ist. Deren Vorzug besteht aber nicht darin, daß sie »gerecht«, sondern vielmehr darin, daß sie festgelegt ist. Selbst nach allgemeinen Maßstäben sind die geltenden Sitten und die angewandten Gesetze meist eher »ungerecht«, stets kontingent und von räumlich begrenzter Gültigkeit: Wir gehorchen ihnen, weil sie ihren Zweck erfüllen, und mehr als das läßt sich nicht zu ihren Gunsten anführen. Was nun das Vorhaben betrifft, alle Einrichtungen der Gesellschaft in den Dienst der menschlichen Vollkommenheit zu stellen oder den Bürgern ein umfassendes

Tätigkeitsmuster aufzuzwingen, so hat dieses Projekt die Bedingungen menschlichen Lebens vollkommen aus den Augen verloren. *Que sais-je*: Wessen bin ich mir so sicher, daß ich mich erdreisten könnte, alle Tatkraft und Tätigkeit der Menschen zu seiner Verwirklichung einzuspannen? Die bescheidene Geordnetheit einer Gesellschaft um einer einheitlichen Moral oder der »Wahrheit« willen, sei sie nun religiös oder weltlich, aufzugeben, bedeutet das, was alle brauchen, einer Schimäre zu opfern. Montaigne hätte aus eigener Erfahrung die Irrtümer jener optimistischen Historiker korrigieren können, die meinten, den Regierungen sei es gelungen, zu jener Zeit Frieden und »Sicherheit« so fest zu etablieren, daß sie nun aufgerufen seien, sich der Organisation des »Wohlstands« anzunehmen.

Zu dieser Zeit konnte die Politik der Skepsis, vor allem in England, noch auf andere Hilfsquellen zählen: auf eine unmittelbar in Sitten und Institutionen wirksame Erbschaft, die nicht auf umständliche Interpretationen zurückgreifen mußte, um ein derartiges Regierungsverständnis zu verbreiten. Das Kennzeichen der mittelalterlichen Regierung war nicht allein ihre relativ geringe Macht; hinzu kam eine der Skepsis zuträgliche Regierungsauffassung: Alle an die Neuzeit vererbten großen Institutionen waren Gerichte verschiedenster Art, und sie vermittelten die Vorstellung vom Regieren als einer *rechtlichen* Tätigkeit. Wie immer man Aufgabe und Kompetenz eines Gerichtshofes auslegt, er ist gewiß nicht die Art von Institution, die geeignet wäre, eine Führungsrolle bei der Organisation der menschlichen Vollkommenheit zu spielen: Wo Regieren als Bereitstellung rechtlicher Mittel zur Behebung erlittenen Unrechts begriffen wird, drängt sich ein skeptischer Politikstil auf.

Geschichte und Charakter des englischen Parlaments illustrieren dies vortrefflich.⁴ Zweifellos wurde das Parlament im 13. und 14. Jahrhundert als ein Gerichtshof aufgefaßt; es war sogar weitgehend den bereits existierenden Gerichten nachgebildet und galt als deren höchste Instanz. Die nach Westminster geladenen Abgesandten wurden in derselben Weise als Kläger anerkannt, wie ein Freisasse in der Grafschaft und ihren Bezirken als verbindlicher Kläger vor den Grafschafts- und Bezirksgerichten zugelassen wurde. Und ebenso wie es Aufgabe der Kläger in den niederen Gerichten war, das Recht zu »finden« und Sitte und Brauch »festzusetzen«, so galt es als Aufgabe der Kläger in Westminster, in Beratung mit den Kronrichtern das Recht auf der übergeordneten, mit mehr Gewalt ausgestatteten Ebene des Königreichs zu »finden«. Die Verfahren des frühen 13. Jahrhunderts zeigen »eine unmittelbare Verbindungslinie zwischen den Grafschaftsgerichten und dem bereits gegründeten und oft einberufenen Kronrat«⁵. So wurde das Westminster-Parlament als ein anderen Gerichten übergeordneter Gerichtshof verstanden, der für die Lösung schwieriger oder zweifelhafter Urteile, im Falle neuer Mißstände für die Bereitstellung neuer Rechtsmittel und

---

4 Vgl. C. H. McIlwain, *The High Court of Parliament*, [New Haven 1910,] und G. L. Haskins, *The Growth of English Representative Government*, [London 1948,] dem ich den größten Teil meiner Informationen entnommen habe.

5 G. B. Adams, *The Origin of the English Constitution*, [New Haven 1912,] S. 321.

ganz allgemein dafür zuständig war, jedem gemäß seinem Verdienst Gerechtigkeit zu verschaffen.[6] Das geht nicht allein aus den Erlassen zur Einberufung der Abgesandten (die sich an Rechtsgelehrte richteten) und aus zeitgenössischen Kommentaren zur entstehenden Institution hervor; es wird auch durch die bei seinen Versammlungen beobachteten Verfahren ersichtlich. Zu den ältesten Aufgaben des Parlaments gehörte es, Petitionen zur Behebung beklagenswerter Mißstände entgegenzunehmen. Ganz offensichtlich entsprang das, was man später als »Gesetzgebung« anerkennen sollte, der nahezu unmerklichen Erweiterung der Ausübung eines richterlichen Amtes, und die Steuern, über die das Parlament schon sehr früh abstimmte, waren anfänglich nicht mehr als die Einnahmen des King's High Court of Parliament, »Einkünfte des Gerichts« und im Prinzip ununterscheidbar von den »Bußgeldern« der ersten Kammer des Obersten Gerichts.[7] Man könnte behaupten, in dieser frühen Zeit sei die Unterscheidung zwischen Judikative, Legislative und Exekutive noch nicht ausgebildet, und daran ist etwas Wahres. Entscheidend ist jedoch, daß man den Charakter der Judikative sehr wohl erkannte und daß man »Legislative« wie »Exekutive« in Rechtsbegriffen dachte.

All diese Erkenntnisse über die Eigenart der mittelalterlichen Parlamente sind allgemein bekannt und hier nur deshalb erwähnenswert, weil das Parlament noch im 17. Jahrhundert als Gerichtshof verstanden wurde. Ein Zeitgenosse

---

6 Haskins, *The Growth of English Representative Government*, S. 6.
7 Ebd., S. 111.

Bacons nennt das Parlament »das höchste und maßgeblichste Gericht in England«,[8] und in der Mitte des nächsten Jahrhunderts wurde das Unterhaus als »mächtigste und klügste Untersuchungsbehörde in England«[9] gepriesen. Welche Ausweitung des Geschäftsbereichs es auch immer erfuhr, die frühen Jahrhunderte der Neuzeit erlebten das Parlament stets explizit als Gericht, in dem Prozesse geführt und Urteile gefällt wurden. »Zeit, viel Zeit und große Wandlungen im Staate waren erforderlich ..., um all das zu ändern und die alte Vorstellung eines Gerichtshofs der neueren eines gesetzgebenden Organs unterzuordnen.«[10] Unter anderem nach der Langsamkeit dieses Wandels bemessen sich die relative Schwäche der Politik der Zuversicht, für die eine »Gesetzgebung« unverzichtbar ist, und die relative Stärke der Politik der Skepsis.[11] Denn wo man das Regieren, wie gesagt, als Tätigkeit eines Gerichts begreift,

---

8 Sir Thomas Smith, *De Republica Anglorum*, hg. von L. Alston, [Cambridge 1916,] S. 58.
9 *Fitzharris's Case* (1681), vgl. C. Grant Robertson, *Select Cases and Documents*, [9. Auflage London 1949,] S. 420.
10 McIlwain, *The High Court of Parliament*, S. 121.
11 Man könnte versuchen, den Grund für die Stärke des englischen Parlaments, durch die es vor jenem Niedergang verschont geblieben ist, der die repräsentativen Institutionen auf dem Kontinent zu Beginn der Neuzeit ereilt hat (als die Regierungstätigkeit immer mehr in der Sprache der Zuversicht begriffen wurde), bis zu einem gewissen Grad aus seinem rechtlichen Charakter zu erklären. Versammlungen, die überhaupt nicht oder nicht vorwiegend rechtlich ausgerichtet waren (wie etwa die französischen Generalstände), gingen unter, während rechtliche Versammlungen (wie das Parlament von Paris) überlebten. Es muß wohl allgemein schwieriger für eine Regierung sein, ganz gleich wie mächtig sie ist, etwas zu zerschlagen, was als Gerichtshof verstanden wird, als eine Versammlung, der dieser Charakter fehlt.

da wird man es als die Wahrung von »Rechten« und die
Behebung von »Mißständen« interpretieren und nicht als
Durchsetzung eines umfassenden Tätigkeitsmusters, dem
sich alle Bürger des Landes anzupassen haben. Kurz, in den
frühen Jahrhunderten der Neuzeit erfolgte die fundierteste
Interpretation einer der bedeutendsten politischen Institutionen der englischen Geschichte in skeptischer Diktion.

IV.

Der Politik der Skepsis mit ihrem spezifischen Stil und Regierungsverständnis fehlte daher in der frühen Neuzeit,
vor allem in England, durchaus nicht das feste Fundament.
In den darauffolgenden Jahren fand sie nicht nur so manchen Verfechter ihrer Grundsätze, sie paßte sich auch in einer Reihe von Versionen den veränderten Bedingungen der
Neuzeit an. Oft stand sie in unmißverständlichem Gegensatz zur Politik der Zuversicht, und niemals war sie um
eine Antwort – überzeugend oder nicht – auf aktuelle Versionen der Politik der Zuversicht verlegen. Doch in der
Hauptsache wurde die Struktur des Skeptizismus nicht
durch die Richtungsänderungen der Politik der Zuversicht
bestimmt. Die Skepsis entfaltete sich, indem sie das Potential ihrer eigenen vielschichtigen Ideenwelt auslotete; sie
lernte sich selbst und ihre Stellung unter den Bedingungen
der Neuzeit besser zu durchschauen und erschloß sich die
Quellen der weiter gespannten, vom 16. Jahrhundert bis in
unsere Tage reichenden Tradition des moralischen Skeptizismus, die von Denkern wie Bayle, Fontenelle, Shaftes-

bury und Hume gespeist wurde. Gelegentlich ist zu beobachten, wie der skeptische Stil in eine Sackgasse gerät, niemals aber verliert er seine Vitalität, und seine Triumphe, obwohl vielleicht (auf dem Papier) weniger spektakulär als die der Zuversicht, waren in der Regel solider. Sie waren nicht nur Triumphe der Reflexion, sondern auch der politischen Phantasie. Zwei der drei großen Revolutionen in der Neuzeit begannen im Stil der Skepsis; und während die erste zur skeptischen Verfassung par excellence führte, zur Verfassung der Vereinigten Staaten von Amerika, schlug die zweite, die Französische Revolution, schon bald den Weg der Zuversicht ein.[12] Allein die Russische Revolution verdankte der Politik der Skepsis nichts. Und mehr noch, dieses Politikverständnis lieferte eine spezifische Interpretation oder eine spezifische Kritik aller neuen politischen Vorhaben und Einrichtungen, Verhaltensformen und Institutionen, die seit Beginn des 19. Jahrhunderts aus dem Boden schossen.

Ich habe behauptet, daß die Politik der Neuzeit als *concordia discors* der beiden Regierungsstile zu verstehen ist, und folglich sollten wir nicht erwarten, auf Schriftsteller oder Parteien zu stoßen, die sich ausschließlich einem Stil verschworen haben. Es lassen sich jedoch ohne weiteres Autoren aufspüren, die einen starken Hang zur Skepsis haben, und davon sind jene leicht zu unterscheiden, die deutlich zur Zuversicht neigen, oder wiederum andere, die in

---

12 Die *Declaration de Droits de l'Homme et du Citoyen* von 1789 ist ein Dokument der Skepsis und stimmt in vielen Stücken mit der *Declaration of Rights* von 1689 überein. Die Version von 1793 ist hingegen schon von der Politik der Zuversicht angesteckt.

ihrem oft wirren, aus unterschiedlichsten Quellen gespeisten Denken exemplarische Vertreter der *concordia discors* selbst sind – der bedeutendste unter ihnen ist John Locke. Zu den herausragenden politischen Schriftstellern, die sich mit Grundsatzfragen auseinandersetzten und verschiedene, häufig sehr individuelle Versionen der Politik der Skepsis vorlegten, zählen Spinoza, Pascal, Hobbes, Hume, Montesquieu, Burke, Paine, Bentham, Hegel, Coleridge, Calhoun und Macaulay.

Man mag dies für einen allzu bunt zusammengewürfelten Haufen halten, und von einem anderen Standpunkt aus betrachtet stimmt das zweifellos. Doch in welchen Punkten diese Autoren auch immer voneinander abweichen – in vielen Fällen betrifft es die Frage nach der Legitimität und nach der Verfassung der Regierung –, eines haben sie jedenfalls gemeinsam: Sie lehnen den politischen Pelagianismus, die Wurzel aller neuzeitlichen Spielarten der Politik der Zuversicht, ab und damit die Auffassung, zu regieren bedeute, dem Gemeinwesen ein allumfassendes Tätigkeitsmuster aufzuzwingen. Gemeinsam ist ihnen auch das daraus folgende Mißtrauen gegenüber einer mit allzuviel Macht ausgestatteten Regierung sowie die Erkenntnis, daß alle politischen Einrichtungen kontingent sind und den meisten von ihnen eine unvermeidliche Willkür anhaftet. England war in herausragender Weise die Heimat dieses Regierungsverständnisses. In der dortigen politischen Literatur finden sich aufschlußreiche Beispiele dafür, wie für besagten Politikstil gestritten wurde – Beispiele, die wir anderswo nicht so leicht entdecken könnten: Schriften, die das Prinzipielle nur streifen und in denen doch aus jeder

Zeile das lebendige Feuer der Skepsis spricht. Ich denke hier vor allem an Halifax und Burke sowie – auf etwas geringerem Niveau – an die Verfasser des *Federalist*.

Zu den ersten Errungenschaften der Politik der Skepsis gehört es, die Unterscheidung zwischen Politik und Religion anerkannt zu haben. Freilich wurde diese Unterscheidung implizit bereits im frühen Christentum getroffen, und der heilige Augustinus hat sich scharfsinnig dazu geäußert. Doch die Zeitläufte machten es notwendig, sie in der Neuzeit, in der die Politik der Zuversicht die Grenzen verschoben hatte, theoretisch und praktisch wieder ins Bewußtsein zu heben. Obgleich es auch im 17. Jahrhundert Bemühungen gab, der Unterscheidung wieder Geltung zu verschaffen, blieb diese Errungenschaft natürlich an die besonderen Zeitumstände gebunden: Die Skepsis versuchte in erster Linie die Ansicht zu stärken, daß es unangemessen sei, der Regierung die Aufgabe aufzubürden, über die religiöse »Wahrheit« zu befinden; falls die Regierung überhaupt irgendein Glaubensbekenntnis durchsetzt und begünstigt, dürfe dies nicht um der »Wahrheit« willen geschehen, sondern einzig und allein, um die Unordnung und Unsicherheit zu vermeiden, die das Fehlen einer etablierten Religion offenbar mit sich brachte.

Das vordringlichste Anliegen des politischen Skeptizismus war damals, die religiöse »Schwärmerei« aus der Politik zu vertreiben. Erst sehr viel später war die Zeit reif für eine radikalere Auseinandersetzung mit dem Problem – einem Problem, das sich, so wurde allmählich deutlich, ohnehin nicht ein für allemal lösen ließ. Aus einer bestimmten Perspektive stellt sich die Politik der Zuversicht als kontinuierliche Bekräftigung der Einheit von Religion und Politik dar, und von daher bleibt es die allgemeine Aufgabe der Skepsis, die Politik vom Grenzbereich zur Religion zurückzurufen. Zudem muß sie den Blick immer dann auf die Werte der bürgerlichen Ordnung und der *tranquillitas* richten, wenn die Vision eines totalen Tätigkeitsmusters sich in dem Glauben durchzusetzen versucht, sie repräsentiere »Wahrheit« oder »Gerechtigkeit«, und dabei alles andere auszulöschen droht. Obwohl das Problem, wie es uns im *Hudibras*, dem satirischen Gedicht von Samuel Butler, und zwei Jahrhunderte später in Macaulays Essay über Gladstones *The State in its Relations with the Church* begegnet, verglichen mit den Schwierigkeiten, vor die sich die politische Skepsis durch neuerliche Annäherungen von Politik und Religion gestellt sieht, einfach und unmittelbar faßlich ist, bleibt es doch einzigartig und von ständiger Brisanz.

Während einiger Jahre des 18. Jahrhunderts – das darf man zumindest für England behaupten – errang der politische Stil der Skepsis einen großen Sieg und trat zum ersten Mal in modernem Gewand auf.[13] Es war die Leistung von Whig-Politikern und von Denkern wie Halifax, Hume oder Burke, die das politische Programm des Skeptizismus der neuen Zeit anzupassen und seine Prinzipien zeitgemäß zu formulieren wußten. Was bis dahin ein Erbe des Mittelalters war, wandelte sich nun zu einem Stil und einem Verständnis politischer Tätigkeit, die theoretisch wie praktisch eine moderne Ausdrucksform gefunden hatten. Auch

---

13 Vgl. H. Butterfield, *The Englishman and his History*, Teil II [Cambridge 1944].

hier ließ dieser Stil sich nicht oder doch nicht dauerhaft einer bestimmten politischen Gruppe zuschreiben: Eine Zeitlang ging der Trend in der englischen Politik ganz in Richtung Skepsis. Die größte Leistung jener Epoche bestand vermutlich darin, Praxis und Prinzipien der neuzeitlichen Skepsis für die Diplomatie und die zwischenstaatlichen Beziehungen derart fruchtbar gemacht zu haben, daß Außenpolitik nicht mehr wie ein religiöser Kreuzzug betrieben werden konnte. Gleich den Errungenschaften der Zuversicht war die Dominanz des Skeptizismus kein Zwischenspiel, sondern ein Augenblick in unserer politischen Geschichte, der durch ein Wiedererstarken der Zuversicht beendet wurde. Aber bevor er vorüberging, waren die Prinzipien der politischen Skepsis in eine zeitgemäße Form gebracht worden.

Doch deutlicher als die gelegentlichen Triumphe des Skeptizismus läßt sein Versagen den Charakter dieses politischen Stils hervortreten; aufschlußreicher als seine periodische Ablösung durch die Politik der Zuversicht sind die Situationen, in denen er aus der Rolle gefallen ist. Die wichtigsten dieser Art waren seine Mesalliancen mit der Politik des Naturrechts und dem Republikanismus.

Vielleicht ist es unvermeidlich, daß ein Regierungsstil, der die Aufgabe der Regierung darin sieht, eine geeignete Ordnung aufrechtzuerhalten, Rechte und Pflichten zu schützen sowie Mißstände zu beheben, sich ein festes Fundament schaffen möchte. Der Impuls, uns selbst zu versichern, daß unsere Einrichtungen und Verhaltensformen nicht allein Tatsache und Gewohnheit spiegeln, sondern »Gerechtigkeit« und »Wahrheit«, daß ihnen eine »Gewißheit« innewohnt, die über den Wechselfällen von Raum und Zeit steht, war schon immer stark. Doch eigentlich ist dieser Impuls der Zuversicht eigen. Soweit die Skepsis von ihm erfaßt wird, handelt es sich dabei historisch gesehen um eine Ansteckung durch die Zuversicht, um eine zeitweilige Abtrünnigkeit von ihrem eigenen Wesen, bedingt durch die offenkundigen Triumphe der Zuversicht. Ein solches Fundament in der Idee zu suchen, daß die zu schützenden Rechte und Pflichten »natürlich« und aufgrund ihrer Naturgegebenheit zu verteidigen seien, lag im 17. Jahrhundert gleichsam in der Luft. Der führende Kopf, der dieser Idee in Europa zum Durchbruch verhalf, war John Locke, der zweideutigste aller politischen Denker der Neuzeit; ein politischer Skeptiker, der dem skeptischen Regierungsverständnis unbeabsichtigt das Idiom der Zuversicht überstülpte. Wie wesensfremd der Skepsis jenes Unterfangen war, wurde schon bald deutlich. »Rechte« und »Pflichten«, die man bislang als historische Errungenschaften verstanden hatte, ans Licht gebracht durch die geduldige und kritische Untersuchung der menschlichen Gewohnheiten, zu »natürlichen« Rechten und Pflichten zu erklären, hieß nichts anderes, als ihre Kontingenz, die das Kernstück der skeptischen Interpretation bildet, zu leugnen und ihnen damit eine der skeptischen Denkweise vollkommen zuwiderlaufende Absolutheit und Zeitlosigkeit zuzuschreiben. Von diesem widernatürlichen Bündnis mit einer Naturrechtspolitik wurde der politische Skeptizismus nicht etwa durch die kritischen Einwände Benthams befreit, dessen Kritik nie weit genug ging, sondern durch das Genie Burkes und Hegels.

Von allen Torheiten der Politik der Skepsis ist die am merkwürdigsten, die in der Geschichte des neuzeitlichen Republikanismus aufscheint. Es gab jene, die – wie Algernon Sydney – voller Bewunderung für den Republikanismus waren, in ihm das Neue Jerusalem sahen und der Sache nicht weiter auf den Grund gingen. Andere glaubten, eine derartige Regierungskonstitution sei der beste Garant dafür, daß das von der Regierung durchzusetzende umfassende Tätigkeitsmuster ihren Vorstellungen entspreche und unbeeinflußt von äußeren oder sektiererischen Interessen sei: Der Republikanismus stellte für sie eine Regierungsform dar, der man guten Gewissens unbegrenzte Machtmittel geben könne, da diese Macht für das »Gemeinwohl« eingesetzt würde.[14] Das ist ein in der Sprache der Zuversicht interpretierter Republikanismus.

Wie auch immer, historisch fällt die Deutungsweise des Skeptizismus mehr ins Gewicht. Der skeptische Republikaner – man denke nur an einen Autor wie Tom Paine – sah in dieser Art der Regierungsbildung ein unfehlbares Mittel, den Tätigkeitsbereich der Regierung zu beschränken, sie weniger kostspielig zu gestalten, von den Abenteuern der Zuversicht abzulenken und ihre Aufmerksamkeit auf die vordringlichste Aufgabe zu konzentrieren, nämlich Frieden und Ordnung aufrechtzuerhalten – kurz, er erwartete eine Regierung, die unwiderruflich auf einen skeptischen Stil festgelegt ist. Die Wahl des Republikanismus geht hier auf die Überzeugung zurück, er sei die einzige Re-

---

14 Vgl. Alphonse de Lamartine, *La France parlementaire*, [Paris 1864,] Bd. II, S. 109.

gierungsform, in der die Machtausübung nie in den Dienst der Vervollkommnung der Menschheit gestellt werde. Einer Abwandlung dieses Glaubens, die uns in den Schriften von Bentham und James Mill begegnet, entspringt die skeptische Zuversicht, daß die Einrichtungen des allgemeinen Wahlrechts und des Parlamentarismus schon für sich genommen unfehlbare Heilmittel gegen eine übermächtige Regierungsgewalt sind. Doch in den Wechselfällen der skeptischen Politik bedeutete das Bündnis mit dem Republikanismus eine Kapitulation vor Visionen und Impulsen, die eigentlich der Zuversicht gehören.

Der Gedanke, es gebe eine bestimmte Art der Legitimation und Konstitution der Regierung, die unfehlbar zu einer und nur einer – zudem noch wünschenswerten – Form der Machtausübung seitens der Regierung führe, ist eine nur der Politik der Zuversicht anstehende Illusion. Daß ihm politische Skeptiker wie Paine und Richard Price – und vor ihnen in gewissem Maße Milton – verfielen, zeigt, wie schwach ihr Verständnis der Grundprinzipien des politischen Skeptizismus war. Denn an dem Glauben, daß eine immense Machtanhäufung in den Händen der Regierung unbedenklich sei, solange diese nur auf eine bestimmte Weise konstituiert würde, konnte nur festhalten, wem die Grundlektion über das menschliche Verhalten entfallen war, durch welche die politische Skepsis zu einer vernünftigen Option wurde. In der hartnäckigen Forderung jener Autoren nach einer jährlichen Ablösung des Parlaments – als Maßnahme zur Machtbegrenzung kaum durchführbar und höchstwahrscheinlich unwirksam – kann man ein Zeichen dafür sehen, daß sie ihre Skepsis nicht ganz vergessen hatten. Doch erst in jüngster Zeit und unter dem Druck der gegenwärtigen Erfahrungen hat die skeptische Politik es vermocht, sich von solchen Ungereimtheiten zu befreien.

V.

Verglichen mit den Wechselfällen der Zuversicht sind die der Skepsis schwer nachzuzeichnen. Die Politik der Zuversicht hat, oft sklavisch, jede zufällige oder geplante Machtanhäufung begleitet, welche die Regierung in der Neuzeit erlangen konnte; ihre Wechselfälle zu schildern heißt in der Hauptsache die Projekte darzustellen, die um des großartigen Gesamtplans willen gefördert wurden: Die Taktiken änderten sich im Laufe der Zeit, doch das Regierungsverständnis hat sich in den letzten Jahrhunderten nicht nennenswert weiterentwickelt. Demgegenüber erzählen die Wechselfälle des skeptischen Stils nicht von in Angriff genommenen Projekten, und sie berichten nur wenig von politischer Erfindungskraft: Ihre Geschichte handelt viel eher von der ständigen Neuformulierung eines Regierungsverständnisses, um es auch unter den jeweils aktuellen Bedingungen relevant zu halten. Nicht immer ist es der Skepsis gelungen, diese Relevanz zu behaupten. Es gab Zeiten, in denen ein starker Zug in Richtung Zuversicht sie in die Defensive drängte, und Zeiten, in denen ein plötzlicher Machtzuwachs – der die Zuversicht keineswegs in Verlegenheit brachte – sie auf dem falschen Fuß erwischte. Überwiegend aber erkannte die Skepsis ihre Aufgabe darin, die Anziehungskraft dieses Pols unserer politischen Tätigkeit aufrechtzuerhalten. In der Regel erfreute sie sich eines höheren Grades an Selbstdisziplin und Selbsterkenntnis als die Politik der Zuversicht, und nur selten ist sie so tief gesunken, sich für bedeutender auszugeben, als sie ist.

In den letzten hundert Jahren war ihre größte Leistung geistiger Natur: Sie hat sich von dem Glauben an die Wirksamkeit einfacher Mittel befreit, der ihren Charakter und ihre Nützlichkeit in der Vergangenheit oft beeinträchtigt und beschnitten hat. Dafür gibt es kein schlagenderes Beispiel als das Schicksal der Lehre von der Gewaltenteilung in der Regierung, die lange für eines ihrer probatesten Mittel gehalten wurde. Zeitweilig galt die Gewaltenteilung als ein Mechanismus, durch den die einzelnen Tätigkeiten der Regierung in getrennte Bereiche fielen, was die gesamte Machtausübung der Regierung streuen sollte. Als praktisches Prinzip zur Beschränkung der Macht entsprach sie jedoch nie der politischen Struktur irgendeines Gemeinwesens, und als Mechanismus war sie nicht einmal in der politischen Kultur Englands greifbar und wurde selbst in solchen Verfassungsgebilden nie wirksam, die weitgehend von diesem Prinzip inspiriert waren. Es sollte daher nicht verwundern, daß auch die Gewaltenteilung in den letzten hundertfünfzig Jahren an Bedeutung eher verloren denn gewonnen hat. Von den hochfliegenden Projekten der Zuversicht wurde sie als bloßes Hindernis schnell weggefegt, und wo die Zuversicht am weitesten ging, wurde selbst das geschätzteste Element dieser Konstruktion, die Unabhängigkeit der Justiz, in den Untergang hineingezogen. Statt die Gewaltenteilung jedoch als ein unter modernen Umständen antiquiertes Mittel über Bord zu werfen, ist es dem politischen Skeptizismus gelungen, aus dieser allzu formalen Doktrin ein tiefsinnigeres Prinzip und eine politische Analyse abzuleiten, die für die heutigen Bedingungen von überragender Bedeutung sind. Pointiert gesagt entwickelte sich die »Gewaltenteilung« von einem Mechanismus, der die Regierung durch Aufteilung der von ihr ausgeübten Gewalten auf verschiedene Handlungsbereiche beschränken sollte, zu einem Prinzip, in dem das Mißtrauen gegen alle großen Machtkonzentrationen – auch die der Regierung – zum Ausdruck kam.

Die Politik der Skepsis definiert ihr Tagesgeschäft in dreierlei Hinsicht: erstens herauszufinden, was sich an Entwicklungen anbahnt, zweitens zu erkunden, wie die Regierung ihrer ständigen Aufgabe, Ordnung und Gleichgewicht aufrechtzuerhalten, unter den gegenwärtigen Umständen und Tätigkeiten der Gesellschaft am ökonomischsten nachkommen kann, und drittens die politische Tätigkeit immer wieder auf dieses Ziel hinzulenken und ihren Erfindungsreichtum darauf zu konzentrieren.

Die Anziehungskraft der Zuversicht hat zu massiven Machtansammlungen geführt. Die neuzeitliche Regierung selbst ist die bedeutendste von ihnen. Wo die Machtkonzentration nicht bloß durch das »Wohl« verteidigt wird, das hieraus womöglich entstehen könnte, führt man zu ihrer Entschuldigung den pseudoskeptischen Grund an, die Regierung müsse sich bei einem allgemeinen Machtzuwachs schon deshalb einen großen Teil davon sichern, um den Rest kontrollieren zu können. Zusätzlich ist die politische Tätigkeit in enge Bahnen gezwungen worden; ihre

Aufmerksamkeit wurde völlig auf das gegenwärtige Vorhaben fixiert, während die weiträumigen Verschiebungen, die sich zwangsläufig aus der Konzentration auf einen Zweck ergeben, übersehen oder nur unzureichend bedacht wurden. Die ferne Zukunft hat unverhältnismäßig viel Aufmerksamkeit auf sich gezogen, und wenn die Tätigkeit immer bis an ihre äußersten Grenzen getrieben wird, bleiben keine Reserven mehr, um auf unvermeidliche Notfälle zu reagieren.[15]

Aus skeptischer Sicht also muß die gegenwärtige Politik wieder zu einer ausgewogenen Verteilung von Aufmerksamkeit ebenso wie von Macht finden. Beispielsweise gilt eine Situation, in der die Tätigkeit sich gänzlich auf die Vergangenheit, die Gegenwart oder die Zukunft richtet, als unausgeglichen. So entspringt das Ungleichgewicht der gegenwärtigen Politik einer von der Politik der Zuversicht verursachten Fixierung auf die Zukunft. Dadurch droht die Kontinuität der Tätigkeit abzureißen, da unsere Sympathie für frühere Unternehmungen zerstört wird. Um das

15 Ich glaube, es ist nicht ungerecht, die allzu lange Voreingenommenheit für die Politik der Zuversicht dafür verantwortlich zu machen, daß wir moralisch in keiner Weise auf die Entstehung solcher Kräfte wie den Verbrennungsmotor und die Atomenergie vorbereitet waren. Dieses Politikverständnis begrüßt den Aufstieg jeder neuen Kraft *prima facie* als »gut«; sollte sich der Aufstieg einer bestimmten Kraft als gefährlich erweisen, nimmt die Zuversicht üblicherweise an, durch eine ad hoc getroffene politische Maßnahme werde sich die Gefahr schon abwenden lassen. Die Zuversicht ist ein Gegner jener gelassenen Zurückhaltung der Skepsis, die allein fähig ist, Veränderungen zu vermitteln und zu kontrollieren, und das nicht erst, wenn sie abgeschlossen sind, sondern bereits während sie sich vollziehen und bevor sie unkontrollierbare Ausmaße erreicht haben.

Gleichgewicht wiederherzustellen, muß ein Politikverständnis gefördert werden, in dem Vergangenheit, Gegenwart und Zukunft miteinander im Gespräch stehen und in dem keine dieser Zeiten die Aufmerksamkeit ausschließlich auf sich zieht, auch wenn die eine oder andere gelegentlich die übrigen aus gutem Grunde übertönen mag.

Die Politik der Zuversicht hat – fast gänzlich aus Erwägungen des ökonomischen Wohlstandes heraus – jedem frischen Machtzuwachs, der uns Dinge und Menschen besser zu kontrollieren und die Erde effizienter auszubeuten erlaubte, einen freundlichen Empfang bereitet. Dadurch sind uns riesige und nahezu souveräne Machtballungen beschert worden, und aus den normalen innergesellschaftlichen Spannungen wurde ein Krieg zwischen Giganten. Ein Gleichgewicht der Kräfte ist geradezu unmöglich geworden, denn mit der Zerstörung der kleineren Gegengewichte blieben nur die massiven übrig, und folglich hüpfen die Waagschalen heftig auf und nieder. Nach Einschätzung des Skeptikers läßt sich ein Gleichgewicht nur dann wieder herstellen, wenn die vorhandene Macht auf eine Vielzahl halb unabhängiger Instanzen verteilt wird – darunter auch der einzelne Bürger, dessen Unabhängigkeit durch ein so wenig wie möglich beschränktes Eigentumsrecht zu schützen ist –, und keine dieser Instanzen, auch nicht die Regierung, sollten über so viel Macht verfügen, daß sie der Gesellschaft ein einziges und umfassendes Tätigkeitsmuster aufzwingen könnte.

Zudem ist sich der Skeptiker bewußt, daß dem Gleichgewicht einer Gesellschaft, in der die Machtausübung auf eine Vielzahl von Nutznießern verteilt ist, stets etwas Prekäres anhaftet. Einrichtungen, die zu Anfang eine Streuung der Macht befördern, schaffen im Laufe der Zeit oft übermächtige, ja totalitäre Verbindungen, Bündnisse oder Institutionen, während sie gleichzeitig noch immer die Anerkennung und Loyalität beanspruchen, die ihrem ursprünglichen Charakter zukamen. Wir müssen klarsichtig genug sein, solche Veränderungen schon im Keim zu erkennen, und energisch genug, ihnen entgegenzusteuern, solange das Ungleichgewicht noch klein ist. Es fördert die Klarsichtigkeit mehr als alles andere, sich nicht von einer starren Doktrin beirren zu lassen, die einer Einrichtung fälschlich einen dauerhaften Charakter zuspricht. Nach dem Urteil des Skeptikers sind die besten Institutionen solche, die von Hause aus sowohl beständig als auch selbstkritisch sind, sich als Sachwalter eines nutzbringenden Machtfragments sehen, doch jede unvermeidliche Aufforderung zum Absolutismus ausschlagen. Freilich muß man immer damit rechnen, daß Institutionen und Menschen des Guten zuviel tun, und die Aufgabe der Regierung besteht darin, sie zu bremsen.

Man könnte meinen, unter solchen Umständen müsse die Regierung mit besonders viel Macht ausgestattet sein, um alle anderen Mächte und Machtballungen in Schach zu halten. Der Skeptiker allerdings wird sich dieser Meinung nicht anschließen. Nach seiner Deutung des menschlichen Verhaltens gibt es keinen Grund, warum Menschen, die mit dem Regierungsgeschäft betraut sind, sich maßvoller benehmen sollten als andere oder warum ein Ungleichgewicht durch die Maßlosigkeit der Regierenden unwahrscheinlicher sein sollte als durch die Maßlosigkeit anderer.

Nach Meinung des Skeptikers ist die zum Regieren nötige Macht ökonomischer bei Abwesenheit großer konkurrierender Machtanhäufungen zu erlangen als durch die Verfügung über eine überwältigende Machtmenge in einer aus riesigen Mächten bestehenden Welt. Denn auf eine überwältigende Macht müßte sich nur eine Regierung stützen, die sich mit einer derart wuchernden Verbindung von Machtpositionen in den Händen der unterschiedlichsten Individuen und Interessengruppen konfrontiert sähe, daß sie ihren eigentlichen Aufgaben nicht nachkommen könnte. Normalerweise muß die Regierung nur sicherstellen, stets mehr Macht zur Verfügung zu haben, als in irgendeinem der anderen Machtzentren versammelt ist.

Ferner sieht der Skeptiker in der sogenannten Rechtsstaatlichkeit ein bemerkenswert ökonomisches Prinzip der Regierungsführung, das sich seiner Billigung daher gewiß sein kann. Bestünde die Regierungstätigkeit in einer ständigen oder gelegentlichen Unterbrechung der gesellschaftlichen Gewohnheiten und Einrichtungen, so wäre hierzu – selbst für willkürliche Korrekturmaßnahmen, ganz zu schweigen von Maßnahmen zur Durchsetzung eines umfassenden Tätigkeitsmusters – eine außerordentlich große Macht erforderlich, da jede Regierungsmaßnahme ein Eingriff ad hoc wäre. Darüber hinaus würde der Gesellschaft, trotz der ungeheuren Machtmittel in den Händen der Regierung, eine zuverlässige und Schutz bietende Struktur fehlen, die den Kräften der Auflösung dauerhaft entgegenwirken könnte. Eine rechtsstaatliche Regierung dagegen – eine Regierung also, die darauf beruht, mittels festgelegter Verfahren anerkannten, für Regierende wie Regierte gleichermaßen verbindlichen Gesetzen Geltung zu verschaffen – büßt nichts von ihrer Stärke ein, während sie zugleich jene Streuung von Macht versinnbildlicht, die zu fördern sie angetreten ist. Diese Methode des Regierens versteht die Macht am ökonomischsten einzusetzen: Sie beinhaltet eine Partnerschaft zwischen Vergangenheit und Gegenwart, zwischen Regierenden und Regierten, in der Willkür keinen Platz hat; sie fördert die Tradition der Mäßigung und des Widerstands gegen das Anwachsen gefährlicher Machtansammlungen, die sehr viel wirkungsvoller ist als ein planloser, wenn auch momentan vernichtender Angriff; sie kontrolliert den großen Strom der Tätigkeit erfolgreich, ohne ihn aufzuhalten; sie liefert eine handhabbare Definition der beschränkten, wenngleich notwendigen Leistungen, die wir von der Regierung erwarten dürfen; und gleichzeitig hält sie diese von übersteigerten Ambitionen und uns von unnützen, gefährlichen Erwartungen ab. Wenn der Skeptiker unserer Tage schließlich zur Theorie der »Gewaltenteilung« im eher formalen Sinne zurückkehrt, wird er dabei nicht allein den Nutzen im Auge haben, der mit der Wahrung einer gewissen Unabhängigkeit der einzelnen »Regierungsgewalten« einhergeht; er wird auch die Angemessenheit einer Art des Regierens bedenken, in der Macht unter einer Vielzahl kommunizierender Interessen, Personen und Ämter aufgeteilt ist, beispielsweise als Arbeitsgemeinschaft zwischen einem Regierungskabinett und den Mitgliedern einer demokratisch gewählten Einrichtung, zwischen Minister und Ministerialbürokratie und vielleicht auch zwischen den Vertretern verschiedener Interessenverbände.

Welches Gewicht einem skeptischen Politikstil dieser Art im gegenwärtigen politischen Handeln zukommt, mögen jene beurteilen, die sich dazu berufen fühlen. Sicherlich wird man nicht sagen können, die Skepsis sei die Welle, auf der unsere derzeitige Politik reitet. Doch unsere politische Geschichte der letzten hundertfünfzig Jahre sähe ganz anders aus, wenn die Anziehungskraft der politischen Skepsis gefehlt hätte oder schwächer gewesen wäre. Insofern diese Geschichte nicht von der Förderung eines raschen Wandels oder von der Durchsetzung eines umfassenden Tätigkeitsmusters handelt, sondern von einer sukzessiven Entwicklung politischer Mittel zur Abfederung stattfindender Veränderungen, zur Sicherung funktionierender Einrichtungen und zur Beseitigung eklatanter Ungleichgewichte; insofern spekulative Ideen und hochgespannte Ambitionen nur eine untergeordnete Rolle gespielt haben; insofern die Veränderungen nicht bis zu ihrer sogenannten logischen Konsequenz getrieben wurden und der Drang nach »Symmetrie« sich in vernünftigen Grenzen hielt; und insofern als abrupte Übergänge sich vermeiden ließen und der zuversichtliche Glaube an geradezu magische Transformationen und visionäre Unternehmungen gedämpft wurde – insofern hat sich die Politik der Skepsis bemerkbar gemacht. Dennoch war sie niemals, jedenfalls in England nicht, lediglich durch ihre Opposition zur Politik der Zuversicht inspiriert. Die Skepsis speiste sich aus einem Regierungsverständnis, das – in großen Teilen einigen Traditionen der englischen Politik entstammend – in jeder Generation von neuem sorgfältig durchdacht und auf die jeweils herrschende Situation zugeschnitten wurde.

4. KAPITEL

Die Nemesis
von Zuversicht und Skepsis

I.

Die spezifische Natur des politischen Handelns und Verständnisses im neuzeitlichen Europa verdankt sich – so die These, die ich vertreten habe – ihrem inneren Bewegungspotential, einer Folge ihrer heterogenen und komplexen Physiognomie. Ferner habe ich behauptet, die geschichtlichen Pole dieser Bewegung seien durch die beiden Extreme abgesteckt, die ich Politik der Zuversicht und Politik der Skepsis genannt habe. Und insofern unser politisches Handeln gelegentlich nahe daran war, in einem der Extreme zu erstarren, oder insofern es entschlossen die eine oder andere Richtung eingeschlagen hat, zeichneten sich zwei entgegengesetzte Stile des Regierens und des Regierungsverständnisses ab, ja wurden mitunter sogar manifest. Da unser politisches Handeln sich immer in die eine oder andere der beiden Richtungen bewegte, keiner aber je langere Zeit gefolgt ist, ohne vom anderen Pol zurückgezogen zu werden, läßt sich dieses Zusammenspiel, je nach Standpunkt, entweder als ein Fluktuieren zwischen zwei geschichtlichen Polen beschreiben oder als *concordia discors* zweier entgegengesetzter Regierungsstile. Und schließlich habe ich erklärt, die notorische Mehrdeutigkeit unserer politischen Sprache sei nicht einem zeitweiligen oder in betrügerischer Absicht herbeigeführten Verfall eines einst unzweideutigen Vokabulars geschuldet, sondern der Tatsache, daß wir – an welchem Punkt im Spektrum des inneren Bewegungspotentials unserer Politik wir uns auch befinden mögen – stets nur über ein und denselben Wortschatz verfügen, um die unterschiedlichen Auffassungen über die Regierungstätigkeit zu formulieren. Kurz, es handelt sich nicht um eine allgemeine, sondern um eine spezifische Mehrdeutigkeit. Und da ihr spezifischer Charakter sich aus dem spezifischen Charakter der Extreme herleitet, zwischen denen wir uns bewegen, müssen wir uns ein deutliches Bild von der Polarität unserer Politik machen, wenn wir sie verstehen wollen. Je eindringlicher wir uns den Charakter dieser Extreme vor Augen führen, desto exakter wird unsere Lagebestimmung der neuzeitlichen Politik ausfallen.

Von jedem dieser entgegengesetzten Politikstile könnte man sagen, er rufe eine spezifische Nemesis hervor. Darunter ist aber keinesfalls eine äußere Verurteilung des jeweiligen Stils zu verstehen und auch kein Schicksal, das ihn ereilt, wenn er stur sein Ziel verfolgt. Ohne Zweifel hat uns eine dunkle Ahnung, was unsere Politik an den Rändern ihrer Möglichkeiten erwarten könnte, davor bewahrt, uns einem der beiden Stile völlig zu überlassen. Aber darum geht es mir hier nicht. Die Nemesis, von der ich spreche, betrifft das Bekenntnis oder die Offenbarung des jedem der beiden Stile eigentümlichen Charakters. Folglich erweitern wir durch ihre Untersuchung nicht bloß unsere Einsicht davon, was geschehen könnte, wenn unser politisches Handeln jemals in einem der beiden Extreme zum Stillstand käme; wir verschaffen uns damit auch ein geschärftes Verständnis der Extreme selbst.

Das konkrete Auftreten beider Stile im politischen Handeln und in den Schriften ihrer Anhänger ist durch den Anlaß ihres Vorkommens bestimmt. Keiner hat unsere politische Welt je alleine, unter Ausschluß des anderen, bestimmt. Beide haben sich stets mit den Federn ihres Widerparts geschmückt und maskiert; beide wurden durch die Reminiszenzen an eine Rolle aufgeweicht, in die sie schlüpften, um sich zu bestimmten Gelegenheiten verteidigen zu können, oder sie haben durch die zufälligen Merkmale ihrer zeitgebundenen Spielarten eine andere Färbung angenommen. Gleichwohl darf man unterstellen, daß jeder dieser beiden Stile eine reine Form besitzt, die in dem Moment in Erscheinung treten würde, wo er allein das Feld beherrschte, die sich aber nie ganz zeigt, solange jeder Stil in Begleitung seines Widerparts auftritt. Diese Reinform meine ich, wenn ich von der Nemesis des Stils spreche, denn in beiden Fällen entpuppt er sich als selbstzerstörerisch.

Wenn unser politisches Vokabular zum Alleinbesitz der Zuversicht oder der Skepsis wird, verlieren die Worte zwar sofort ihre Mehrdeutigkeit, gleichzeitig jedoch geraten sie zu Wegweisern eines politischen Handelns, das, folgte man ihnen, sich selbst zerstören würde. Etwas anderes ist auch nicht zu erwarten, wiederholt und bestätigt sich doch so unsere Lesart der Extreme unserer Politik als Pole einer einzigen Tätigkeit und nicht als bloß alternativer Gegensätze, die beide eine konkrete Art des Regierens und ein kohärentes Regierungsverständnis liefern könnten. Außerdem bestätigt sich so die Interpretation der Mehrdeutigkeit nicht als beklagenswerter Verfall der Sprache, sondern als Merkmal unserer Politik, ohne das sie ganz anders wäre, als wir sie kennen. Um es auf den Punkt zu bringen: Wenn einer der beiden Politikstile für sich Unabhängigkeit und Vollständigkeit beansprucht, dann offenbart er einen selbstzerstörerischen Charakter. Sie sind wie feindliche Brüder; jeder ist auf den anderen angewiesen, um vor der Selbstzerstörung gerettet zu werden, und wenn es dem einen gelänge, den anderen zu vernichten, so würde er feststellen, daß er sich eben dadurch selbst zerstört hätte.

Es ist daher unsere Aufgabe, die reine Form der beiden Politikstile freizulegen, und das ist keine rein logische Übung. Gewiß, jeder von ihnen bildet ein System, und so gesehen ergibt sich die Nemesis aus der inneren Brüchigkeit des Systems. Gleichwohl haben wir nicht bloß logische Widersprüche oder eine Diskrepanz zwischen den Zielen und den vorgeschlagenen Mitteln aufzuspüren; wir müssen vielmehr erkennen, wie jeder Stil, wenn er sich dem mäßigenden Einfluß seines Widerparts entzieht, seine eigenen Zwecke verfehlt. Das herauszustellen erfordert eher Vorstellungskraft als logischen Scharfsinn. Wann immer die Politik des neuzeitlichen Europa sich entschieden einem der beiden Extreme zugeneigt hat, warf die Nemesis ihren Schatten voraus. Unsere Aufgabe besteht nun darin, aus diesen schattenhaften Andeutungen den verborgenen

Charakter oder zumindest die verborgenen Eigenschaften, auf die sie verweisen, zu rekonstruieren.

II.

Hinsichtlich der beiden Politikstile haben wir folgende Situation zu betrachten: Eine Gesellschaft ist ein Komplex von Tätigkeiten, und die Gesellschaften im neuzeitlichen Europa zeichnen sich durch die große Vielfalt der Tätigkeiten aus, aus denen sie sich zusammensetzen. Selbst wenn wir einige Hauptrichtungen von Tätigkeiten ausmachen können, so ist jede ihrerseits hinsichtlich der verfolgten Zwecke in sich stark differenziert, und keine ist dominant genug, um die anderen zu verdrängen. Nie waren Gesellschaften, was ihre Tätigkeiten betrifft, weniger monolithisch als im neuzeitlichen Europa. Die Regierung andererseits setzt sich aus einer Handvoll Leuten zusammen, die für gewöhnlich anerkannte Ämter innehaben, sich auf eine anerkannte Legitimation berufen können und dazu ermächtigt wurden, die Tätigkeiten der Bürger zu kontrollieren. Durch die Art und Weise, in der diese Kontrolle ausgeübt wird, unterscheidet sich ein Regierungsstil von einem anderen.

Für die Politik der Zuversicht ist Regieren die engmaschige und umfassende Kontrolle sämtlicher Tätigkeiten. Die Aufgabe der Regierung wird darin gesehen, eine menschliche Lebensform durchzusetzen und aufrechtzuerhalten, in der alle ausgeübten Tätigkeiten auf ein einziges Muster zugeschnitten oder auf eine Richtung festgelegt werden: Wer sich dem nicht fügen kann, ist konsequenterweise zu beseitigen. Welche Richtung vorzugeben ist, mag sich durch die rationale Betrachtung der vorhandenen Tendenzen ergeben – vielleicht wird sie deshalb ausgewählt, weil sie bereits vorherrschend zu sein scheint, möglicherweise verdankt sie ihren Ursprung jedoch auch einer visionären Einsicht in die Bestimmung des Menschen. Zudem kann sich die gewählte Richtung allmählich durchsetzen oder in revolutionärer Art und Weise aufgezwungen werden. Doch in welcher Form auch immer sie in Erscheinung tritt und sich Geltung verschafft, sie muß in jedem Fall aus dem Kreis der Tätigkeiten stammen, die sich in der Gesellschaft, in der sie eingeführt werden soll, bereits abzeichnen: Eine Regierung dieses Stils setzt niemals eine völlig neue Tätigkeitsrichtung durch. Selbst die von der Herrschaft der »Heiligen« zu verwirklichende »Rechtschaffenheit« war im England des 17. Jahrhunderts schon unter den existierenden Tätigkeitsrichtungen anerkannt. Ferner wird eine Richtung erkoren, weil man in ihr die Bestimmung des Menschen sieht und sie folglich das Beiwort »vollkommen« verdient. Bis die Richtung festgelegt ist, kann die Regierung, die sie durchzusetzen und aufrechtzuerhalten hat, im eigentlichen Sinne nicht ans Werk gehen.

Nach diesem Verständnis ist Regieren somit eine »totale« Tätigkeit. Das macht jede erlaubte Tätigkeit selbst (anerkanntermaßen) zu einer Regierungstätigkeit, und jeder legitim handelnde Bürger agiert eo ipso im Sinne der Regierung. Hier wird nicht von den bestellten Regierungsvertretern eine ständige Kontrolle sämtlicher Tätigkeiten erwartet; diese mag tatsächlich vorliegen, ist aber nicht das

Entscheidende. Es handelt sich vielmehr um eine Situation, in der auf legitime Weise tätig zu sein bereits bedeutet, sich an der entsprechend verstandenen Aufgabe der Regierung zu beteiligen. Denn jede Art der Tätigkeit muß entweder als Beitrag zur Durchsetzung und Aufrechterhaltung der auserkorenen Lebensform verstanden werden können (und das heißt als Teilhabe am erklärten Auftrag der Regierung), oder sie ist illegitim. In einem solchen Gemeinwesen wird daher nur an einem einzigen Projekt gearbeitet, und die unterschiedlichen Weisen, in denen das geschieht (schlafen, das Land bestellen, Gemälde malen, Kinder erziehen usw.), sind keine für sich bestehenden, unabhängigen Tätigkeiten, sie sind ungeschiedene Bestandteile eines einzigen Musters. Es gibt zum Beispiel keinen »Fußball«, sondern allenfalls »Fußball, sofern er die Vollkommenheit befördert«. Die anderswo mögliche Dreiteilung der Tätigkeiten – Regieren, sich dem Gesetz gemäß um seine Angelegenheiten kümmern und gegen das Gesetz verstoßen – ist durch das Zusammenfallen der ersten beiden auf eine Zweiteilung geschrumpft.

Zum selben Schluß gelangen wir, wenn wir die Sache vom anderen Ende aus betrachten. In jener Spielart der Politik der Zuversicht, nach der die zu verfolgende »Vollkommenheit« in der maximalen Ausbeutung aller Ressourcen dieser Erde besteht, wird man ein Gemeinwesen ganz zu Recht als »Fabrik« identifizieren. Ein Bürger wird zum »Angestellten« im Unternehmen der »Vollkommenheit«, und jede rechtmäßige Tätigkeit ist »Fabrikarbeit«. Da die Tätigkeit der Regierung keine Ausnahme bilden kann, ohne ihre Legitimation zu verlieren, ist ein solches Gemeinwesen durch ein einziges, umfassendes Tätigkeitsmuster bestimmt. Mit anderen Worten: Eine Regierung im Dienste der »Vollkommenheit« erscheint nicht als ein Politikstil, sondern als Aufhebung von Politik. Dies ist die Nemesis, auf die wir gefaßt sein sollten. In der Politik der Zuversicht nimmt jedes Wort unseres politischen Vokabulars, das Wort »Regierung« nicht ausgenommen, eine zur angestrebten »Vollkommenheit« passende maximale Bedeutung an, und ebendeshalb steht es für alle Formen legitimer Tätigkeit und somit für keine im besonderen.[1]

Eine Politik, die nach Vollkommenheit strebt, ist daher, wenn sie kein ausgleichendes Gegengewicht findet, unfähig, sich selbst vor der Auflösung zu schützen. Wo die Regierung zu einer unbegrenzten Kontrollmacht wird, hat sie nichts mehr in Händen, was sie kontrollieren könnte. Wer für alles zuständig ist, hat nur noch Widersacher. Diese Selbstzerstörung wohnt der reinen Form der Politik der Zuversicht inne. Allerdings wird sie von einer Reihe zufälliger Defekte illustriert und vielleicht auch verstärkt, von

[1] »Die Regierung ... hat keinen besonderen Charakter.« Léon Duguit, *Law and the Modern State*, übersetzt von Frida und Harold Laski, [London 1921,] S. 49. Diese Nemesis zeigt sich in vielen Eigenschaften der Lebensform, die überall und immer dort sichtbar werden, wo unsere Politik den Horizont der Zuversicht berührte. Was bei solchen Gelegenheiten regelmäßig in Erscheinung trat, war nicht allein die engmaschige Kontrolle aller Tätigkeiten, die wir mit der »Bürokratie« oder dem Beamtenstaat assoziieren, und auch nicht die Unmenge von Informanten, sondern die Zerstörung der Politik, indem jede Tätigkeit in eine »politische« Tätigkeit und jeder Bürger in ein Rädchen im Getriebe der Regierung verwandelt wird. Dieses Motiv spinnt sich endlos fort – es sei denn, man hält den Antrag einer Ehefrau, ihren Mann wegen illegitimer Aktivitäten hinzurichten, für ein

denen wir einige als selbst ausgelöste Niederlagen beschreiben können.

In einem Gemeinwesen, dessen Mitglieder nur wenigen, sehr einfach strukturierten Tätigkeiten nachgehen und daher nicht in viele verschiedene Richtungen gedrängt werden, mag die Politik der Zuversicht eine gewisse Angemessenheit besitzen. Von einer monolithischen Gesellschaft darf man durchaus eine monolithische Politik erwarten. Und wo nur eine Richtung zur Verfügung steht, schlägt man sie ein, nicht weil sie zur »Vollkommenheit« führt, sondern weil es keine Alternative dazu gibt. Die Gemeinwesen im neuzeitlichen Europa zeichnen sich jedoch durch die Vielzahl ihrer Tätigkeiten und Tätigkeitsrichtungen aus.

In dieser geschichtlichen Situation erscheint die Politik der Zuversicht, in der eine einzige Richtung verfolgt wird und alle anderen als verboten gelten, widersinnig. Ihr Regierungsstil steht quer zur Struktur des so regierten Gemeinwesens: Er verlangt von den Untertanen eine Beschrän-

»Ende«. Aber es beginnt mit weit weniger spektakulären Erscheinungen. Anfangs macht sich die Nemesis beispielsweise nur in geistiger Verwirrung bemerkbar, von der alle heimgesucht werden, die sich der Sprache dieses Stils bemächtigen. So können etwa Alexander D. Lindsay (*Essentials of Democracy*, [2. Auflage London 1945,] S. 7) und andere, die von »Demokratisierung der Industrie« sprechen, offenbar keinen Unterschied zwischen einer »Regierung« und der Leitung eines Industriebetriebes erkennen. Und die Auffassung, das Streben nach »Vollkommenheit« sei eine derart umfassende *techne*, daß ein Landwirt, ein Wissenschaftler, ein Komponist oder eine Mutter, wenn sie in dieser einen *techne* bewandert sind, auch ihre übrigen Angelegenheiten bestens ordnen können, ist zwar ein unglückseliger, aber dennoch ein legitimer Sproß der Politik der Zuversicht.

kung ihrer Tätigkeiten auf eine einzige Richtung, obwohl die Berechtigung der erhobenen Forderung nicht ohne weiteres anerkannt wird. Folglich sieht sich dieser Regierungsstil im neuzeitlichen Europa mit einer doppelten Aufgabe konfrontiert: Er muß sich erstens die Gesellschaft unterwerfen und zweitens dafür sorgen, daß sie gehorsam bleibt und nicht von der uniformen Tätigkeitsrichtung abweicht. Um diesen Aufgaben nachzukommen, muß er über eine immense Macht verfügen, und er wird sich ständig bemühen, noch mehr davon anzuhäufen. Je mehr Macht dieser Stil erwirbt, je erfolgreicher er die verschiedenen Tätigkeiten zu einer Tätigkeit zusammenzuzwingen versteht, desto ähnlicher wird er einer fremden Macht, bis er schließlich angesichts seiner Stärke und Feindseligkeit einer »Naturgewalt« vergleichbar ist. Ein Volk, dessen Tätigkeit immer mehr und immer vollständiger auf die Eroberung der Natur und die Ausbeutung ihrer Ressourcen gerichtet wird, muß in einer solchen Gewalt etwas erkennen, wogegen sich zu widersetzen ihm beigebracht wurde, oder das es zumindest zu überlisten gelernt hat. Man kann daher die Vorgehensweise einer der Spielarten der Politik der Zuversicht unter den Bedingungen des neuzeitlichen Europa als selbstzerstörerisch bezeichnen, weil sie den bereits vielfältigen Tätigkeitsrichtungen eine weitere hinzufügt: die Suche nach Ungenauigkeiten in der Struktur, die unproduktive Beschäftigung damit, die durchzusetzende engmaschige Kontrolle zu umgehen. Auch ist eine solche Form der Selbstzerstörung nicht bloße Spekulation; sie findet eine Parallele in den anderen Versionen der Politik der Zuversicht, und wo immer dieser Regierungsstil, ganz gleich in welchem Grad, begonnen hat, die diversen Tätigkeiten eines neuzeitlichen Gemeinwesens in Europa zu durchdringen, warf sie ihre Schatten voraus. Dieses Dilemma bringt die Politik des Terrors hervor, deren Keim in jeder Variante einer Regierung steckt, welche einem bereits hochdifferenzierten Gemeinwesen eine »Vollkommenheit« meint aufzwingen zu müssen.

Die menschliche Daseinsform, die in der Politik der Zuversicht zum ausschließlichen Zielobjekt erwählt wird, ist, wie wir sahen, in gewisser Weise dem Gemeinwesen entnommen, in dem es von der Regierung eingeführt werden soll. Die Struktur der »Vollkommenheit« gehört zu den vorliegenden Tätigkeitsrichtungen: Sie ist historisch vorgegeben. Bacons »Ausbeutung aller Ressourcen der Erde«, die »Rechtschaffenheit« der »Heiligen« des 17. Jahrhunderts und die aus jüngerer Zeit stammende Richtung der »Sicherheit«, sie alle gehören einem bestimmten geschichtlichen Kontext an, und dieser verleiht ihnen ihren besonderen Charakter und ihre Überzeugungskraft. Doch in der Politik der Zuversicht müssen die ausschließlichen Lebensbedingungen der Menschen erstrebt werden, als besäßen sie ewige und nicht bloß historische Gültigkeit. Alles in diesem Regierungsstil muß so angefaßt werden, als sei es für die Ewigkeit bestimmt. Wo der Entwurf der »Vollkommenheit« erst einmal entdeckt wurde, dort ist eine Veränderung weder zu erwarten noch zu befürchten, und das Unerschütterliche wird dem als bloß flüchtig Erachteten vorgezogen. Wo die korrekte Tätigkeitsrichtung ein für allemal festgelegt wurde, hat es nichts mit Klugheit (wohl aber mit Torheit) zu tun, wenn man sich gegen Fehlentscheidungen durch vorsichtige Festlegung und schrittweises Ausloten absichert.[2]

So gesehen ist die Politik der Zuversicht die Politik der Unendlichkeit; der Punkt, an dem es kein Zurück mehr gibt, kann gar nicht schnell genug erreicht werden, und ihm wird nicht mit Besorgnis, sondern mit Begeisterung entgegengesehen. Bei seinen Entscheidungen unterstützt dieser Regierungsstil stets nur den Favoriten und niemals das Hauptfeld. Angespornt durch die Gewißheit – die Selbstgerechtigkeit des »Heiligen« und das Selbstvertrauen des Baconianers sind in dieser Hinsicht Zwillinge –, ist der Politiker der Zuversicht bereit, alles für den sagenhaften Preis der »Vollkommenheit« aufs Spiel zu setzen. In Wirklichkeit kommt seiner Vision der menschlichen Lebensbedingungen kein ewiger Wert zu. Sie ist aus keinem anderen Stoff als den Wahrnehmungen fehlbarer Köpfe gemacht, in Szene gesetzt durch die Leidenschaften weniger Generationen: Allein schon unsere gegenwärtige Politik kennt wenigstens zwei miteinander konkurrierende Versionen der »Vollkommenheit«. Folglich sind die unverwüstlichen Monumente der Politik der Zuversicht nichts als unverwüstliche Ruinen; es sind oft nur wegen der Robustheit ihres Materials, immer aber wegen der Exzentrizität ihres Entwurfs erstaunliche Torheiten. Jene Eifersucht auf die Zeit, welche die Zuversicht nicht nur in ihrem Anspruch auf Endgültigkeit, sondern auch in dem ihr eigentümlichen

---

[2] Der Education Act von 1944 ist zutiefst vom Geist der Politik der Zuversicht durchdrungen, und mit einigen seiner Bestimmungen werden wir durch Schulgebäude, die ausschließlich auf sie zugeschnitten sind, gleichsam eingemauert.

Vorwärtsstürmen bezeugt, verkündet in Wahrheit ihre Selbstvernichtung.

Dem Anspruch auf Endgültigkeit in der Politik ist eine bestimmte Art von Nemesis vorbehalten, der für die Politik der Zuversicht typischen Voreingenommenheit für die Zukunft eine andere. Eine Regierung, die jede Tätigkeit genauestens reguliert – und zwar um einer »Vollkommenheit« genannten oder womöglich allgemein akzeptierten menschlichen Lebensführung willen –, lädt sich eine ungeheure Verantwortung auf. Ihr gegenüber kann die angemessene Haltung des Bürgers nicht in Gleichgültigkeit oder Toleranz, ja nicht einmal in bloßer Zustimmung bestehen; er muß mit Hingabe, Dankbarkeit und Liebe reagieren. Der Eifer für die »Vollkommenheit«, der – wie Halifax und Hume schon sehr früh bemerkten – diesem Regierungsstil eigen ist, hat sein Pendant in der schwärmerischen Verehrung der Regierung durch den Bürger. Deshalb werden die Gegner des Regimes nicht einfach als zu verfolgende Dissidenten betrachtet; sie sind Ungläubige, die man bekehren muß. Bloßer Gehorsam reicht nicht aus; Leidenschaft muß hinzukommen.[3] Ein Bürger, der nicht von Begeisterung für seine Regierung erfüllt ist, hat kein legitimes Objekt für seine Hingabe: Wenn er seine Kräfte der »Vollkommen-

---

[3] Der griechische Maultiertreiber, der auf die Frage, warum er denn auf sein munter laufendes Tier einschlage, meinte: »Es läuft zwar, aber es *will* nicht laufen«, war ein Vertreter der Politik der Zuversicht. Dies entspricht Pascals Definition von Despotie. Vgl. Blaise Pascal, *Über die Religion und über einige andere Gegenstände*, übertragen und mit einem Nachwort hg. von Ewald Wasmuth, Frankfurt am Main 1987, S. 163.

heit« verschreibt, *muß* er sie in den Dienst der Regierung stellen. Wann immer unsere Politik sich entschieden in Richtung Zuversicht wandte, hat die Regierung nicht nur Zustimmung, sondern auch Liebe und Hingabe verlangt. Doch unter solchen Umständen, wo nichts Geringeres als das »Heil« versprochen wird, kann die Regierung nur entweder zuviel oder zuwenig des Guten tun. In beiden Fällen schlägt Dankbarkeit in Haß um, und der selbstzerstörerische Charakter des Stils tritt zutage.

Nehmen wir einmal an, dieser Regierungsstil wäre im Begriff – was noch nie geschehen ist –, menschliche Lebensbedingungen zu schaffen, die als »Vollkommenheit« anerkannt würden. Daraus würden viele Mißhelligkeiten entstehen, nicht zuletzt die folgende: Der Bürger würde alles, was ihm wert und teuer ist, einem einzigen Wohltäter verdanken und sich dessen auch bewußt sein. Da er aber ohne Mittel dastünde, mit denen diese Schuld (die in seinen Augen all seine Schulden umfaßt) zu vergelten wäre, wird seine Freude in Bitterkeit und seine Dankbarkeit in Abneigung umschlagen. Denn wie schon Tacitus bemerkt: »Wohltaten sind nur insoweit willkommen, als man glaubt, sie erwidern zu können: Sobald sie weit darüber hinausgehen, werden sie statt mit Dank mit Haß vergolten.«[4]

Nehmen wir andererseits an – was sehr viel wahr-

---

4 Tacitus, *Annales* (4.18), hg. von Erich Heller, München und Zürich 1982, S. 311. Vgl. auch Michel de Montaigne, *Essais*, erste moderne Gesamtübersetzung von Hans Stilett, Frankfurt am Main 1998, S. 217 ff.; Pascal, *Über die Religion*, S. 46; La Rochefoucauld, *Reflexionen oder Sentenzen und moralische Maximen*, übersetzt von Helga Bergmann und Friedrich Hörlek, Leipzig 1979, S. 31.

scheinlicher ist –, daß es diesem Regierungsstil schwerfällt, die versprochene »Vollkommenheit« umzusetzen, oder daß er ganz offensichtlich weit dahinter zurückbleibt. Er hat Wünsche geweckt, die er nicht befriedigen kann – jedenfalls nicht unmittelbar. Unter diesen Umständen legt die Regierung dem Bürger nahe, den Blick fest in die Zukunft zu richten, und geht selbst mit neuer Kraft an ihre Aufgabe. Doch mit beidem verwirkt sie die Liebe und Hingabe, die sie fordert.

Zunächst wendet sich die Regierung ungefähr mit diesen Worten an die Bürger: »Seid gewiß, daß die Vollkommenheit ein großer Preis ist und nur mühsam zu erringen. Wir sind auf dem besten Wege dazu, aber die Trümmer von Jahrhunderten lassen sich nicht plötzlich in ein Paradies verwandeln;[5] das zu erwarten wäre unvernünftig. Seid aber auch gewiß: Obwohl ihr vielleicht das gelobte Land nicht mehr betreten werdet – eure Kinder und Kindeskinder werden es bewohnen. Was ihr vermißt, das werden sie im Überfluß genießen. Euch aber wird der unsterbliche Ruhm der ersten Pioniere bleiben.« Auf diese tröstenden Worte reagiert der Bürger mit schuldiger Dankbarkeit. Er kann sich vermutlich mit weniger als der »Vollkommenheit« bescheiden, solange er darauf vertraut, daß sie auf den Weg gebracht ist. Eine Zeitlang mag er sich sogar mit dem vagen Trost ferner Utopien begnügen.

Dann aber redet eine Regierung dieses Stils so: »Das Streben nach ›Vollkommenheit‹ ist ein mühseliges Vorha-

---

[5] Man denke an Lenins Ausspruch, daß der Himmel sich auf Erden errichten lasse.

ben. Ihr müßt euch nicht nur mit dem Gedanken vertraut machen, auf Freuden zu verzichten, die nach euch Kommende genießen werden; ihr müßt auch das Leiden und die Not auf euch nehmen, die ein solches Vorhaben unvermeidlich mit sich bringt. Wir sind dafür verantwortlich, euch ins Gelobte Land zu führen, und wir können diese Pflicht nicht ohne uneingeschränkte Befugnisse erfüllen. Wir brauchen nicht nur eine ›ärztliche Vollmacht‹, sondern die ›Vollmacht eines Retters‹. Doch laßt euer in uns gesetztes Vertrauen nicht durch die gegenwärtigen Mühsale und auch nicht durch einige seltsame Forderungen, die wir an euch stellen mögen, schwächen. Seid versichert, daß wir nur die eine Pflicht kennen, die Pflicht, die Menschheit ›vollkommen‹ zu machen, und wir werden nicht zulassen, daß sich irgend etwas dem entgegenstellt.«

Diese Verlautbarung läßt alles an die Oberfläche treten, was in den Tiefen jenes Politikstils verborgen liegt: Ein Charakter, der schwerlich Zuneigung einflößt. Jeder formalrechtliche Schutz bei der Erledigung irgendwelcher Angelegenheiten wird als Hindernis auf dem Wege zur »Vollkommenheit« angesehen; der antinomische Charakter, der jeglichem auf einem einzigen, alles übergreifenden Prinzip beruhenden Treiben anhaftet, tritt offen zutage; Bindungen, Loyalitäten, Vorhaben werden beiseite gewischt, gegenwärtig herrschendes Elend wird bei diesem schnurgeraden Marsch auf die »Vollkommenheit« übersehen oder für nichtig erachtet; für den »industriellen Frieden« erklingen Gebete, so daß wir mit unserer Arbeit weiterkommen, während die Armen, die Unterdrückten, die Eingeschüchterten und Gefolterten vergessen werden; für das Erreichen der

»Vollkommenheit« erscheint kein Preis zu hoch. Es wird sogar eine *Interimsethik* verkündet: eine vorübergehende Umwertung der Werte, in der die »Vollkommenheit« der Menschheit aus der Erniedrigung der lebenden Menschen geboren zu sein scheint. Aus der Gegenwart, die nicht mehr als die Nahtstelle zwischen Nacht und Tag sein soll, wird ein ungewisses Zwielicht.[6] Mitleid wird als Verrat verschrien, Liebe als Ketzerei. Und unter diesen Umständen, wo *il n'y a que des cadavres ou des demi-dieux*, wo es schwer ist, das Gemetzel zu verstecken, und unmöglich, die Korruption zu verhehlen, wo das Schiff unverhohlen über die Mannschaft gestellt wird, da liegt es nahe, daß sich Dankbarkeit und Hingabe nicht einstellen. Ob im Erfolg oder in der Niederlage – und besonders wenn die Dinge noch im Werden sind –, stets handelt es sich um einen selbstzerstörerischen Politikstil, wenn sich in der Regierung alles um das Streben nach »Vollkommenheit« dreht. Eine solche Regierung fordert, was sich nicht befehlen läßt, und benötigt, was sie durch ihren eigenen Charakter verhindert.

Die Nemesis der Zuversicht liegt mithin in der Art und Weise, wie eine Regierung, wenn sie für das »Vollkommenheitsstreben« eingespannt wird, unvermeidlich zusammenbricht: Das Vorhaben, einem Gemeinwesen ein uniformes Tätigkeitsmuster aufzuzwingen, scheitert an sich selbst.

---

6 In diesem Zwielicht träumen Ärzte von den rasanten Fortschritten der Medizin, die möglich waren, wenn man ihnen nur ausreichend »Menschenmaterial« für ihre Experimente zur Verfügung stellen würde. Und Philanthropen wie Robert Owen entdecken die Armen als einen wunderbaren Stoff für soziale Experimente, da sie unfähig sind, sich zu wehren.

Dies wird auch durch das belegt, was wir die Logik der »Sicherheit« in der Politik der Zuversicht nennen können.

Im Bedeutungsspektrum, das dem Wort »Sicherheit« in einem politischen Zusammenhang zukommt, gibt es einen kritischen Punkt. Auf der einen Seite dieses Punktes gehört es zu den anerkannten Tätigkeiten der Regierung, einen gewissen Schutz gegen die Wechselfälle des Glücks zu bieten. Der Leitgedanke entspringt hier der Beobachtung wirklichen Elends, und »Sicherheit« wird als Garantie auf Abhilfe verstanden. Gleichwohl wird die Reichweite der Garantie nicht durch die Größe des Elends bestimmt, sondern durch die Wahrnehmung der Verschiebungen, die mit der Abhilfe einhergehen. Jeder »Schutz« bedeutet die Einmischung der Regierung in einige Tätigkeiten der Bürger; die kritische Grenze liegt dort, wo dem Gemeinwesen dazu ein totalitäres Tätigkeitsmuster aufgezwungen werden muß. Wird ein Mensch gegen Unglück so geschützt, daß ihm die Macht genommen wird, sich selbst dagegen zu wehren, ist die Grenze überschritten.

Auf der anderen Seite dieses Punktes wird unter »Sicherheit« die Garantie eines bestimmten Niveaus von »Wohlergehen« verstanden, und der Regierung wird die Verantwortung zugewiesen, diese Garantie einzulösen. Allgemein gesagt fängt die Politik der Zuversicht genau an dem Punkt an, wo die engste Bedeutung von »Sicherheit« in die weiteste Bedeutung überzugehen beginnt. Doch nur in einer ihrer Spielarten wird »Sicherheit« selbst zum umfassenden Ziel des Handelns, das der Gemeinschaft auferlegt werden muß, und folglich läßt sich dort die Nemesis der »Sicherheit« erkennen. Denn da es nicht allein um »Schutz« vor einigen Launen des Schicksals geht, sondern das ganze Gemeinwesen ausdrücklich als Schutzwehr gegen die Wechselhaftigkeit des Glücks organisiert ist, bedarf es der engmaschigen und unermüdlichen Kontrolle aller Tätigkeiten. Infolgedessen muß die Regierung zunächst und vor allem über immense Macht verfügen, und man kann voraussetzen, daß die Garantie für den Bürger, in den Genuß von »Sicherheit« zu kommen, sich an der Machtfülle der Regierung bemißt. Auf die unbeabsichtigten, wenngleich unvermeidlichen Begleitumstände dieses Regierungsstils ist mehr als einmal hingewiesen worden. Wo »Vollkommenheit« mit »Sicherheit« gleichgesetzt wird, erwartet den Bürger für gewöhnlich ein Sklavendasein, versüßt durch etwaige Privilegien, die er sich durch noch mehr Unterwürfigkeit sichern muß, während das Gemeinwesen als Ganzes immer weniger Wohlstand zu genießen hat, da die Motivation, sich anzustrengen, zunehmend schwindet. Der Preis für diese Folgen ließe sich durchaus aufbringen; für einige mögen die Kosten zwar untragbar sein, doch sind sie immerhin nicht so erheblich, daß sie den skizzierten Regierungsstil von innen heraus vernichten würden. Dennoch ist es ein selbstzerstörerischer Regierungsstil, und der Schatten dieser Selbstzerstörung lag für einige Generationen über Europa. Denn wenn auch zweifellos eine vollständige Abschirmung gegen sämtliche Schicksalsschläge ohne eine ungeheuer mächtige Regierung unmöglich ist, so nimmt zugleich die »Sicherheit« dort, wo die Regierung über eine solche Machtfülle verfügt, ebenso zweifellos ab: Der Zustand absoluter »Sicherheit« ist auch ein Zustand absoluter Gefährdung.

Vielleicht läßt sich der Mechanismus der Selbstzerstörung folgendermaßen erhellen. Nehmen wir an, ein von der Unsicherheit der Verhältnisse beunruhigter Mann im anglonormannischen England tritt in die Dienste eines mächtigen Landesherrn und erlangt dadurch einen gewissen Schutz vor den Unwägbarkeiten des Schicksals. Natürlich geht er damit Verpflichtungen ein, und die nehmen sich im ganzen gesehen als kleiner Machtgewinn des Landesherrn aus. Durch diesen Schritt würde sich die Sicherheit des Bittstellers nur dann erhöhen, wenn die Macht des Landesherren zwar groß, aber nicht schrankenlos ist und jeder Vasall nur wenig, aber dennoch spürbar zu dessen Macht beiträgt. Wenn allerdings in den Dienst zu gehen bedeutet, fortan den zügellosen Ambitionen ausgeliefert zu sein, die jede große Machtfülle begleiten, dann würde der Vasall, obzwar vor kleinen Schicksalsschlägen des Lebens geschützt, nun in heftigere Kämpfe hineingezogen und ein Opfer größeren Unheils werden, als ihm bisher drohte, ja diese Gefahren würden gar nicht oder nur in kleinerem Umfang existieren, hätten er und seinesgleichen nicht die Macht des Landesherren vergrößert.

Der Preis für die »Sicherheit« ist daher im Prinzip die Unterwerfung. Und da man ein gewisses Maß an »Sicherheit« durch eine entsprechende Unterwerfung unter einen Beschützer von begrenzter Macht erzielen kann, hat es den Anschein, als ließe sich durch totale Unterwerfung unter einen ungeheuer mächtigen Schutzherrn umfassende »Sicherheit« erlangen. Ein solcher Schluß ist jedenfalls in dieser Spielart der Politik der Zuversicht enthalten. Denn hier empfehlen sich alle einem Beschützer, nämlich der Regierung, und die so geschaffene immense Macht kann immer dann zum Einsatz kommen, wenn ein Teil dieser umfassenden »Sicherheit« bedroht ist. Doch das Ergebnis entspricht nicht den Erwartungen. Wenn jede Tätigkeit eine Tätigkeit der Regierung ist, wächst das Konfliktpotential zwischen Gemeinwesen, die zum Zwecke dieser Art von »Sicherheit« organisiert wurden, nicht nur der Größe, sondern auch der Intensität nach ungeheuer an. Eine Welt aus lauter Gemeinwesen, die sich der umfassenden »Sicherheit« verschrieben haben, wäre sogar für Streit wie geschaffen – und zwar für heftigen Streit, da stets die ganze Macht des Gemeinwesens aufgeboten wird. Kein Gemeinwesen wird je umfassende Sicherheit besitzen können, ohne auf die Angelegenheiten derart vieler anderer Gemeinwesen so weit Einfluß nehmen zu können, daß ein Konflikt beim geringsten Verdacht einer Auflehnung unvermeidlich ist. Solange das zu sichernde Gut sich nicht auf einem Niveau von »Wohlergehen« einpendelt, das unter dem bereits erreichten liegt, läuft die Verteidigung von »Sicherheit« an *einem* Ort darauf hinaus, sie an einem *anderen* anzugreifen. Kurz, in jener Spielart der Politik der Zuversicht, in der »Vollkommenheit« mit »Sicherheit« identifiziert wird, sind die Rufe nach mehr Macht für die Regierung lauter als anderswo, und Macht kann dort leichter und plausibler angehäuft werden als in irgendeinem anderen Stil. Doch den geringen Schutzmöglichkeiten und Sicherheiten, welche die dazu aufgewandte immense, stets aktive Machtkonzentration bietet, stehen als deren unvermeidliche Nebenprodukte weniger Sicherheit und stärkere Gefährdung gegenüber.

Gewiß, im Mythos jener Version der Politik der Zuversicht existiert eine Passage, die gegen diese Unwägbarkeit schützen sollte. Wenn das »Volk« (die »Massen«, aus deren Unterwerfung die Regierung die für die Verwirklichung der umfassenden »Sicherheit« nötige Macht bezieht), so glaubte man, die Kontrolle über die durch ihre Unterwerfung geschaffene Macht behielte, wäre die Nemesis der »Sicherheit« abzuwenden. Krieg hielt man für den Sport der Könige, und ein Volk, das sich nur seiner eigenen Regierung unterwirft, könne niemals um die Früchte dessen betrogen werden, wofür es selbst die Mittel bereitgestellt hätte.

Doch diese Möglichkeit, der Nemesis der »Sicherheit« zu entgehen, hat sich als Illusion erwiesen. Kein Gemeinwesen kann sich einer umfassenden »Sicherheit« erfreuen, sofern es nicht die ganze Welt beherrscht, und kein Individuum kann in den Genuß umfassender »Sicherheit« kommen, sofern es sich nicht rückhaltlos einer Macht unterworfen hat, die groß genug ist, die Weltherrschaft zu erringen. Mehr noch, die Regierung besteht nicht nur aus Institutionen zur Erledigung öffentlicher Angelegenheiten – hier die Gewährleistung einer umfassenden »Sicherheit« –, sie übt auch, wie John Stuart Mill sagte, »beträchtlichen Einfluß auf das Bewußtsein der Menschen aus«. Wo Regieren die Ausübung immenser Macht bedeutet, zieht die Regierungstätigkeit nicht Leute in ihren Dienst, die sich durch Mäßigung und Selbstbeherrschung auszeichnen und stets darum bemüht sind, die Mängel des Vorhabens zu beheben, das sie auf sich genommen haben. Angezogen werden vielmehr die Neurotischen und Frustrierten, die keine Grenzen kennen, oder die Emporkömmlinge, die sich leicht an der Gelegenheit berauschen, durch große Taten und Gerissenheit glänzen zu können. Wo diese Macht durch die Unterwürfigkeit der nach totaler »Sicherheit« strebenden »Massen« geschaffen wurde, fällt sie in die Hände von Beschützern, die mehr versprechen, als sie halten können, und die die Verantwortung für ihr Handeln auf ihre Anhänger abwälzen, während sie vorgeben, ihre Führerrolle auszufüllen.[7] Überhaupt läßt nur die Erinnerung an die zur engen Bedeutung von »Sicherheit« gehörende Mäßigung die Politik, die sich an der weiten Bedeutung orientiert, nicht völlig absurd erscheinen. Oder anders gesagt, nur ein wirksamer Druck der Skepsis bewahrt diese Spielart der Zuversicht vor der Selbstzerstörung.

Es bleibt noch ein weiterer Aspekt der Nemesis der Politik der Zuversicht zu betrachten, das nämlich, was man ihre moralische Gebrechlichkeit nennen könnte. Denn obgleich diese Gebrechlichkeit nicht schon eine Selbstzerstörung beinhaltet, muß sie als eine Eigenschaft gesehen werden, die es dem Stil unmöglich macht, für sich allein zu existieren.

In jedem moralischen Handeln steckt ein Prinzip der Selbstbeschränkung; nur auf den Druck der Umstände zu reagieren mag mitunter unvermeidlich sein, aber das bedeutet noch nicht, im strikten Sinne moralisch zu handeln.

7 »Es wurde ihnen die Wahl gestellt, Könige oder der Könige Kuriere zu werden. Nach Art der Kinder wollten alle Kuriere sein. Deshalb gibt es lauter Kuriere, sie jagen durch die Welt und rufen, da es keine Könige gibt, einander selbst die sinnlos gewordenen Meldungen zu. Gern würden sie ihrem elenden Leben ein Ende machen, aber sie wagen es nicht wegen des Diensteides.« Franz Kafka, *Aphorismen* [= *Hochzeitsvorbereitungen auf dem Lande und andere Prosa aus dem Nachlaß*, Frankfurt am Main 1953, S. 89 f.]

Die Elemente, deren Beziehung zueinander wir hier ins Auge fassen müssen, sind einerseits die der Regierung zur Verfügung stehende Macht und andererseits das Vorhaben, dem Gemeinwesen ein uniformes Tätigkeitsmuster und damit einen monolithischen Charakter aufzuzwingen. Unsere Frage lautet nun, ob die Politik der Zuversicht eine spekulative Idee ist, die sich selbst mit der zu ihrer Umsetzung nötigen Macht versieht (oder durch die Vorsehung damit versehen wird) und daher über ein Prinzip der Selbstbeschränkung verfügt, oder ob sie als eine bloße Unmäßigkeit der Macht zu verstehen ist, durch die die Regierung dazu hingerissen wird, sich dem Streben nach »Vollkommenheit« zu widmen. Denn lediglich auf den Anreiz der Macht zu reagieren, sich von ihr wo auch immer hinführen zu lassen und jede Machtsteigerung auszunutzen, ist kein moralisches Handeln, sondern eine bloße Äußerung von Tatkraft. Zielte die Frage allein auf die zeitliche Priorität, so läge die Antwort auf der Hand. Um einem Gemeinwesen – vor allem, wenn es soeben eine Phase höchster Differenzierung der Tätigkeiten durchlaufen hat – ein uniformes Tätigkeitsmuster aufzuzwingen, bedarf es einer engmaschigen und unermüdlichen Kontrolle, die nur eine bereits sehr mächtige Regierung überhaupt in Erwägung ziehen kann. Nicht bevor Regierungen auf eine lange Praxis engmaschiger Kontrolle zurückblicken konnten, die Schritt für Schritt und oftmals zum Zwecke der Kriegführung entwickelt wurde,[8] war die Idee einer engmaschigen Kontrolle um der »Vollkommenheit« willen zu denken.

Doch darum geht es hier nicht; die Frage ist vielmehr, ob die Idee der »Vollkommenheit« aus sich heraus fähig ist, ein Prinzip der Selbstbeschränkung zu erzeugen und so die bloße Demonstration von Tatkraft in moralisches Handeln zu überführen. Offenbar aber ist die Idee der »Vollkommenheit« aufgrund ihrer eigenen Schrankenlosigkeit unfähig zu einer Selbstbeschränkung. Ein uniformes Tätigkeitsmuster einzuführen und aufrechtzuerhalten – und das nicht um eines begrenzten Zweckes wie einer siegreichen Kriegführung willen, sondern weil dieses Tätigkeitsmuster als »vollkommene« menschliche Lebensform gilt – ist per se ununterscheidbar davon, das Gemeinwesen die geballte Regierungsmacht spüren zu lassen und unaufhaltsam nach immer größerer Macht zu streben. Hier geht es nicht um ein bestimmtes Quantum von Macht zur Durchsetzung eines spezifischen Zwecks: Der Zweck liegt vielmehr in der Handhabung der Macht, und mit jedem Machtzuwachs wächst auch er immer weiter an.[9]

Es scheint daher, als sei die Politik der Zuversicht das vor den Karren der Macht gespannte Streben nach »Vollkommenheit«, wobei unter »Vollkommenheit« lediglich diejenige menschliche Lebensform zu verstehen ist, die sich aus der engmaschigen und unermüdlichen Kontrolle der Tätigkeiten des Bürgers ergibt. Das wäre auch nicht ver-

---

8 Vgl. *Cambridge Economic History of Europe*, Bd. II., Kap. VII, S. 9. (Der Verweis auf die *Cambridge Economic History of Europe* ist falsch. Tatsächlich bezieht Oakeshott sich auf Lionel Robbins, *The Theory of Economic Policy in English Classical Political Economy*, London 1952; vgl. Nachwort S. 250, Anm. d. Hg.)

9 »Die Pflicht der Regierung ist es, alles zu tun, was das Wohlergehen der Regierten fördert ... Eine Schranke findet diese Pflicht allein in der Macht ...« Nassau der Ältere, zitiert nach Robbins, *Theory of Economic Policy*, S. 45.

wunderlich; viele unserer Tätigkeiten sind so beschaffen. Das Werk wird durch die Werkzeuge beflügelt, die ihrerseits im Fortschreiten des Projekts – und zwar nur, um dieses voranzutreiben – verfeinert werden. Beispielsweise kann sich die Mehrung von Wohlstand an Genußerwägungen ausrichten; sie kann aber auch zu einer Gewohnheit werden, die weit über diese Orientierung hinausgeht. Die dann entstehende Eigendynamik zielt auf ein das Glück eher schmälerndes als steigerndes Maximum. Sowohl die Ausweitung der »Bildung« in den letzten hundertfünfzig Jahren als auch die Zunahme der Aktivitäten der BBC, die sich aus bescheidenen Anfängen entwickelte, sind Beispiele für denselben Prozeß. Bemerkenswert ist jedoch, wie solche Unternehmungen mit einer falschen Moralität umkleidet werden können, und zwar offenbar weil sie soviel Tatkraft und Beharrlichkeit ausstrahlen, und sogar wegen des Anscheins von Zwangsläufigkeit, der sie, einmal in Gang gebracht, umgibt. Insofern ist die Politik der Zuversicht dem Ausschöpfen einer Technik vergleichbar; getrieben von einer inneren Kraft, ist sie durch keinerlei Erwägungen, auch nicht solche der Nützlichkeit, zu bremsen, denn es fehlt ihr jegliches Prinzip der Selbstbeschränkung.

Doch das ist noch nicht alles. Die Politik der Zuversicht tritt nie allgemein, sondern in einer Vielzahl von Spielarten auf, und es ist Sache der jeweiligen Spielart, ein Prinzip der Selbstbeschränkung beizusteuern. »Vollkommenheit« ist nicht bloß das, was herausspringt, wenn alle Tätigkeiten des Bürgers engmaschig und unermüdlich kontrolliert werden: Sie ist eine irdische Existenzform der Menschen, die unterschiedliche Definitionen hat über sich ergehen lassen müssen. Man strebt nach »Rechtschaffenheit«, »die größtmögliche Ausbeutung aller Ressourcen der Erde« oder »Sicherheit«. In diesen Fällen wird die »Vollkommenheit« nicht vor die Macht gespannt, sondern Macht vor eine genauer gefaßte »Vollkommenheit«. Insofern als diese Vorstellungen von »Vollkommenheit« einander ausschließen, scheint es, als müßte jede von ihnen ein Prinzip der Selbstbeschränkung enthalten. Doch das ist eine Täuschung. Würden »Rechtschaffenheit«, »die größtmögliche Ausbeutung aller Ressourcen der Erde« oder »Sicherheit« als begrenzte Ziele verstanden, die zu ihrer Verwirklichung eine jeweils angemessene – und damit begrenzte – Macht verlangen, dann besäßen sie ohne Zweifel ein Prinzip der Selbstbeschränkung. Aber in der Politik der Zuversicht verhalten sich die Dinge anders. Es handelt sich um einander ausschließende, nicht um alternative Vorstellungen von »Vollkommenheit«, denn *ex hypothesi* kann es »Vollkommenheit« nur in einer Form geben. Und als Vorstellungen von »Vollkommenheit« verlangen sie nicht nach einem verschiedenen, den Zwecken angemessenen Quantum an Macht; jede von ihnen fordert die ganze zur Verfügung stehende Macht und deren größtmögliche Erweiterung, und damit ist ihnen allen ein schrankenloser Charakter gemein. Kurz, die Unterscheidungen, die in den diversen Spielarten der Politik der Zuversicht vorzuliegen scheinen, sind Unterscheidungen ohne Unterschiede. Jede ist nicht durch sich selbst, sondern durch die zur Verfügung oder in Aussicht stehende Macht definiert. Jede bekommt als Tätigkeit nur durch den Grundsatz »Ich soll, weil ich kann« einen »moralischen Gehalt«. Auch wenn es einigen paradox erscheinen mag: Eben ihre angestrebte »Vollkommenheit« macht aus ihrem Bemühen um moralisches Handeln eine bloße Reaktion auf den Anreiz der Macht.

III.

Wenn der Politik der Skepsis jeder mäßigende Einfluß fehlt, wird sie von einer weniger spektakulären Nemesis ereilt als die Politik der Zuversicht unter ähnlichen Umständen: Die selbstverschuldete Niederlage der Skepsis ist sowohl weniger verheerend als auch subtiler. Dieser Rangunterschied der beiden Stile, der sich schon an anderen Stellen unserer Untersuchung zeigte, ist von nicht geringer Bedeutung. Er weist auf ein Prinzip hin, das später noch genauer zu betrachten sein wird. Gleichwohl ist Selbstzerstörung der Politik der Skepsis nicht fremd: Auf sich allein gestellt, ist sie zumindest instabil.

Der skeptische Regierungsstil ist nicht anarchisch: Sein Extrem besteht nicht in »Regierungslosigkeit«, nicht einmal in sowenig Regierung wie möglich. Die Zuversicht entpuppt sich als Maximalregierung und als umfassende Regulierung sämtlicher Tätigkeiten des Bürgers. Aus dieser Perspektive könnte man die Skepsis als eine Minimalregierung bezeichnen: Sie will die Tätigkeitsrichtung sowenig einheitlich wie möglich gestalten. Aber der Charakter des skeptischen Stils erschöpft sich nicht in dem Spiegelbild, das ihm die Zuversicht vorhält. Er hat eine positive Aufgabe, nämlich die nötige öffentliche Ordnung des Gemeinwesens zu wahren; außerdem kann er über eine Minimalregierung hinausgehen und souverän in seinem eigenen Bereich gebieten, ohne sich dem Herrschaftsstil der Zuversicht anzunähern. Infolgedessen haben wir die Nemesis weder im Fehlen einer Regierung noch im Hang zu einer schwachen Regierung zu suchen. In der ihr eigentümlichen Handlungssphäre und gerade wegen deren Begrenztheit vermag eine Regierung im skeptischen Stil sogar dort Stärke zu zeigen, wo die Regierung der Zuversicht zu Schwäche neigt. Da die von ihr benötigte Macht nicht groß ist, steht sie ihr – jedenfalls in der Neuzeit – problemlos zur Verfügung, und die Weise, in der sie eingesetzt wird, löst keine massiven Proteste aus, die nach aufwendigen und möglicherweise unzureichenden Gegenmaßnahmen verlangen. Weil er zudem unter normalen Umständen nie bis zum Rande seiner Möglichkeiten getrieben wird, kann dieser Regierungsstil in Notsituationen immer noch auf Reserven zurückgreifen. Kurz, er kann stark sein, weil er dazu keine überwältigende Macht aufbieten muß; er ist souverän, weil seine Tätigkeiten beschränkt sind.

In der Politik der Zuversicht hat die Regierung keinen eigenen Charakter, und deshalb wird sie am Ende zur einzig legitimen Tätigkeit. Im allgemeinen entspringt die Nemesis dieses Stils seiner charakteristischen Schrankenlosigkeit, seinem Streben nach »Vollkommenheit«. Im Unterschied dazu erscheint die Regierung in der Politik der Skepsis nur als eine Tätigkeit unter den vielen, aus denen ein Gemeinwesen besteht. Die Regierungstätigkeit sticht nur insofern hervor, als sie mit einem universalen Aspekt der Tätigkeiten beschäftigt ist, nämlich mit deren Hang, sich gegenseitig Grenzen zu setzen. Generell gesehen folgt die Nemesis der Skepsis aus der strengen Selbstbeschränkung, die ihrem Charakter eigentümlich ist. Ihre Aufgabe ist es, eine nötige öffentliche Ordnung zu wahren, eine Ordnung also, die dem Stil und der Richtung der Tätigkeiten gerecht wird, aus denen sich ein Gemeinwesen zusammensetzt. Doch durch ihre Gewohnheit, dieser Pflicht stets penibel, aber nie übereifrig nachzukommen, kann es deren Ausübung bisweilen an Beherztheit fehlen. Auf sich allein gestellt zeigt die Politik der Skepsis in dieser Hinsicht, daß sie den Bedingungen der Gemeinwesen im neuzeitlichen Europa nicht ganz gerecht wird.

Eine Regierung im Stil der Zuversicht muß in jeder Gemeinschaft, die nicht nur wenigen und einfachen Tätigkeiten nachgeht, wie eine feindselige Macht auftreten und erscheinen. Dadurch wirkt sie in den Gemeinwesen des neuzeitlichen Europa wie ein Eindringling: Ihre oberste Pflicht ist es, Einfachheit zu erzwingen und nur solche Tätigkeiten zuzulassen, die mit der verfügbaren Macht kontrolliert werden können. Für jene Gemeinwesen ist jedoch nicht nur die Vielfalt der Tätigkeiten charakteristisch, denen sie nachgehen, sondern auch ihre Neigung zu raschem und ständigem Wandel. Ein passender Regierungsstil muß daher nicht nur die Vielfalt berücksichtigen, er sollte auch ein Gespür für Veränderungen haben. Genau an diesem Punkt zeigt sich der charakteristische Mangel der Politik der Skepsis: Ihr Regierungsstil ist ausgezeichnet geeignet für einen komplexen, aber verhältnismäßig statischen Gesellschaftszustand. Demgegenüber achtet die Regierung der Zuversicht sehr genau auf Veränderungen, gehört es doch zu ihren wichtigsten Aufgaben, jeden Wandel zu unterdrücken, der vom auserkorenen Pfad der »Vollkommenheit« wegführt, und keine ihrer Eigenschaften hält sie von der Erfüllung dieser Pflicht ab. Anders die skeptische Regierung: Da es nicht in ihrer Macht steht, sie zu verhindern, sind ihr Veränderungen jeglicher Art eher gleichgültig. Daher kann ihr sogar ein Gespür für diejenigen Auswirkungen eines Wandels fehlen, die ihren eigentlichen Bereich berühren, nämlich das Auftreten von Bedingungen, die eine Anpassung des Systems der Rechte und Pflichten erfordern, um die nötige Ordnung aufrechtzuerhalten – ein Versagen, das alles andere als zufällig ist: Es liegt in wesentlichen Mängeln dieses Regierungsstils begründet.

Ein für schnelle und unaufhörliche Veränderungen aufgeschlossenes Gemeinwesen bedarf um so mehr einer Regierungsweise, die selbst nicht leicht für Veränderungen anfällig ist. Die der Skepsis eigene Betonung formalrechtlicher Prozeduren – Sinnbild der Korrektheit in der Aufrechterhaltung der Ordnung – ist dafür sicherlich ein passendes Instrument. Doch das Zögern, die Ordnung durch einen leichtfertigen Verstoß gegen das formelle Recht zu gefährden, findet ein Gegenstück im Widerstand gegen solche Veränderungen des formellen Rechts, ohne die eine Ordnung schnell bedeutungslos und folglich selbstzerstörerisch würde. Hier liegt die Tugend nicht darin, sich einen Wandel vorzustellen und ihn vorwegzunehmen, sondern darin, dafür zu sorgen, daß die in jedem System von Rechten und Pflichten notwendigen Anpassungen an die augenfälligsten und am besten eingeführten Veränderungen (und nur an sie) auf die sparsamste und am wenigsten revolutionäre Art und Weise durchgeführt werden. Unter diesen Bedingungen ist ein Mangel an Wachsamkeit nahezu gleichbedeutend damit, sich um seine eigenen Angelegenheiten zu kümmern. Mehr Besorgnis würde weniger Festigkeit mit sich bringen, und eine größere Bereitschaft der Regierung zur Reform des Systems von Rechten und Pflichten wäre von stärkeren Eingriffen in die Tätigkeiten des Gemeinwesens nicht zu unterscheiden. Kurz, fehlt ein weiter gefaßtes Vorhaben, dürfte die skeptische Aufgabe, das System der Rechte und Pflichten auf die gegebenen Tätigkeiten zuzuschneiden, nur äußerst schwerfällig zu erfüllen sein. Ohne den von der Zuversicht ausgehenden Einfluß, also ohne den »Perfektionismus«, den wir als eine Illusion entlarvt haben – und zwar als eine gefährliche Illusion, die selbst eine Nemesis heraufbeschwört –, ist eine Regierung im skeptischen Stil anfällig für die Nemesis des politischen Quietismus.

Der Hang der Skepsis, die Situation zu unterschätzen, ist eine weitere Facette dieses Versagens. Die Zuversicht lebt in einer dauernden Notstandssituation und verteidigt im Namen des »öffentlichen Interesses« oder des »öffent-

10 Daß eine Regierung unter bestimmten Umständen individuelle Rechte, auch die Rechte der Bürger gegenüber der Regierung selbst, außer Kraft setzt, ist unvermeidbar. Eine Regierung, welchen Stils auch immer, kann keinen absoluten Beschränkungen ihrer Durchsetzungsfähigkeit zustimmen. Diese Lehre findet ihren Niederschlag im Begriff des »Hoheitsrechtes«, und solange die Regierung zur Skepsis geneigt war, brachte das auch keine Probleme mit sich – solange jedenfalls nicht, wie die »Umstände« eng und nicht weit interpretiert wurden und man dieses Recht nur mit äußerster Behutsamkeit einsetzte. Man kann sogar so weit gehen zu behaupten, dieser Begriff gehöre selbst der Skepsis zu, weil er Handlungen in Notsitua-

lichen Nutzens« ihre antinomische Herrschaft, indem sie ihre enorme Macht einsetzt, die – weil sie niemals ausreicht – ständig in Erweiterung begriffen ist. Die Lehre des »Hoheitsrechtes« wird beispielsweise zur Theorie der »Souveränität« erweitert und nicht als Hilfsmittel zur Auslegung des Rechts verstanden, sondern als ein Gesetz, das alle anderen Gesetze außer Kraft setzt, als Ermächtigung zur engmaschigen Kontrolle ad hoc, pointiert gesagt: als kürzester Weg ins Paradies.[10]

Für eine Regierung im skeptischen Stil dagegen bedeutet es bereits eine halbe Niederlage, sich durch einen Notstand bestimmen zu lassen. Genaugenommen kann es für diesen Stil keinen Notstand geben: Wo das Recht zum Spielball der Situation wird, ist es außer Kraft gesetzt; und wo Änderungen im System der Rechte und Pflichten auf außergewöhnliche Umstände reagieren, mögen sie zwar eine zeitweilige und lokale Berechtigung haben, doch dafür ist ein hoher Preis zu zahlen: Sie beschädigen das ganze Gebäude, das zu schützen Aufgabe der Regierung ist.

Die Skepsis neigt daher zu allzu großer Zurückhaltung. Da sie den Ruf des Notstands auf ihrem eigenen Terrain

---

tionen von normalen Tätigkeiten unterscheidet. Wo aber die weiteste Bedeutung die engere zu verdrängen droht, wo »öffentliche Notwendigkeit« zu »Wohlergehen«, »Wohlstand« oder »Heil« wird, oder wo jede Situation zum »Notstand« erklärt wird, der danach verlangt, das »Hoheitsrecht« anzuwenden, oder wo die Regierung bei einigen ihrer Tätigkeiten stets auf Sonderrechte pocht (zum Beispiel darauf, bestimmte Handlungsweisen nicht als Vertragsgegenstand zuzulassen) – dort droht dieses Recht alle anderen Rechte zu verschlingen, und aus kleinen Anfängen hat sich eine zweifelhafte, unkontrollierbare Lehre der »Souveränität« entwickelt.

zurückweist und davor zurückschreckt, ihr Gebiet zu verlassen, läuft sie Gefahr, einen echten Notstand mit der trügerischen Notsituation der Zuversicht zu verwechseln und nicht ernst zu nehmen. Damit aber offenbart sie ein Unvermögen, das sie zur zweiten Form der Selbstzerstörung führt, zu der sie fähig ist. Der für die neuzeitlichen Gemeinwesen Europas charakteristische Tatendrang und Unternehmungsgeist verlangt nach einer an formelles Recht gebundenen Regierung, und diesem Bedürfnis kommt die Skepsis entgegen; aber er ist auch auf eine schnelle Reaktion in Notsituationen angewiesen, und hier stehen die Vorzüge dieses Stils ihm selbst im Wege. Das Paradox der skeptischen Politik liegt darin, daß eine Regierung dieses Stils zwar über die meisten Machtreserven für Notfälle verfügt, zugleich aber am wenigsten bereit ist, diese einzusetzen. Sie reagiert nur schwerfällig auf die prophetische Warnung vor künftigen Gefahren. Dennoch kann der skeptische Stil sich nicht bloß an die Empirie halten; um Kohärenz zu erlangen, benötigt er noch etwas mehr, das jedoch – wenn es mit ungewohnter Leidenschaft und Eindringlichkeit auftritt oder gar als Ideologie erscheint – eine Abwehrhaltung auslöst. Eine ihrer selbst bewußte Unzufriedenheit mit dem Mangel an Projekten, die auf Verbesserungen abzielen, schlägt in die Haltung der »Untätigkeit« um. Eine Abkehr von der vorsätzlichen Selbstbeschränkung scheint unvermeidlich. Angesichts eines von Leidenschaft erfüllten Stils, der seine begrenzten Resultate erzielt, indem er sich als ein uferloses Unterfangen ausgibt, muß diese bewußte Selbstbeschränkung, diese *mésure* seitens der Regierung, fehl am Platze erscheinen, bestenfalls als eine Wunderlichkeit und schlimmstenfalls als ein Fall von Trägheit. Sich von Mäßigung und Selbstkontrolle begeistern zu lassen ist immer schwierig, unter solchen Umständen wird es schier unmöglich. Da er weder Liebe noch Dankbarkeit fordert, wird dieser Regierungsstil auf Gleichgültigkeit oder sogar Verachtung stoßen. Während die Zuversicht von der Nemesis der Unmäßigkeit ereilt wird, büßt die Skepsis durch ihre Mäßigung ihre Autorität ein.

Von den Bürgern nicht sogleich verstanden zu werden heißt für einen Regierungsstil, der Unfähigkeit überführt zu sein, auch wenn der Mangel an Verständnis mehr über die Bürger als über den Stil aussagt. Im Klima geschäftiger Umtriebigkeit, in welches die Regierung der Zuversicht so wunderbar hineinzupassen scheint, muß sich der skeptische Stil wie eine unverständliche, übertriebene Spitzfindigkeit ausnehmen. Wie wir gesehen haben, wird das Regieren in diesem Stil vor allem als eine juridische Tätigkeit verstanden, und wo für die Menschen hauptsächlich individuelle oder gesellschaftliche Errungenschaften zählen, kann das leicht als Hindernis erscheinen: Sie dankt genau an dem Punkt ab, wo der Aktivist eine Bekräftigung der Autorität erwartet; sie zieht sich dann zurück, wenn er ihr Fortschreiten erhofft; sie besteht auf der Einhaltung geregelter Verfahren, bewegt sich in engen Grenzen, ist streng und ohne Begeisterung; es fehlt ihr an Mut oder Überzeugung. Hier haben wir einen Regierungsstil vor uns, der die Vielfalt der Tätigkeitsrichtungen respektiert und dennoch keine mit besonderer Wertschätzung bedenkt, einen Stil, der von der Annahme der »Unvollkommenheit« ausgeht und sich dennoch jedes moralischen Urteils enthält. Er legt großen Wert auf die Beachtung des Präzedenzfalls, ohne jedoch zu glauben, daß wir dadurch zu einem bestimmten Ziel gelangen.[11]

Die Skepsis behauptet, sich allein von der »Zweckdienlichkeit« leiten zu lassen, doch derart raffiniert, daß sie sich nie dazu hergeben wird, nach »Vollkommenheit« zu streben. Mit einer scheinbar willkürlichen Selbstbeschränkung weigert sie sich, einen Menschen auf eine Art und Weise zu verteidigen, durch die ihm die Macht genommen wird, sich selbst verteidigen zu können. Wenn sich der Aktivist der »Wahrheit« annimmt, erscheint eine gesetzliche Regelung der Beweisaufnahme, die einem Gericht untersagt, Dinge zur Kenntnis zu nehmen, deren Berücksichtigung Schuld beweisen würde, als eine hinderliche Verfahrensformalität. Wenn er sich der »guten Wirtschaftsführung« annimmt, haben absurde Eigentumsrechte ihm dabei nicht im Weg zu stehen. Wenn er sich der »Rechtschaffenheit« annimmt, ist Frieden mit den »Ungläubigen« verwerflich. Kurz, die geistigen Unterscheidungen, die den skeptischen Regierungsstil ausmachen, sind der Welt des Aktivisten völlig fremd; in ihr, in der alle anderen Tätigkei-

---

11 »Gerade weil ich glaube, daß die Welt nicht schlechter wäre, wenn sie unter Gesetzen stünde, die von den unseren in mancherlei Weise abwichen, und weil ich davon überzeugt bin, daß unser Gesetzbuch schlicht deshalb Achtung erheischt, weil es existiert, weil wir uns nach ihm zu richten gewohnt sind und nicht weil es ein ewiges Prinzip verkörpern würde, zögere ich, der Außerkraftsetzung eines Präzedenzfalles zuzustimmen, und ich denke, daß es für uns eine wichtige Pflicht ist, das Gerichtsduell nach den gewohnten Regeln auszutragen.« Oliver Wendell Holmes, *Collected Legal Papers*, [New York 1921,] S. 239.

ten mit größtem Ernst daherkommen, wo Eifer eine Tugend und Tatkraft Vortrefflichkeit darstellt, verleihen sie der Regierung den Charakter der Frivolität.

Zweifelsohne leidet dieses Urteil über die Politik der Skepsis sowohl an Unwissenheit als auch an mangelndem Verständnis. Gleichwohl macht es eine gewisse Unfähigkeit des entsprechenden Politikstils sichtbar, und wichtiger noch, es führt uns, wenn wir wollen, zur entscheidenden Nemesis der Skepsis: zu ihrem Hang, Politik auf ein Spiel zu reduzieren.

Unter »Spiel«[12] verstehe ich eine Tätigkeit, die zu bestimmten Gelegenheiten, zu festgelegten Zeiten und an einem besonderen Ort nach genauen Regeln verfolgt wird und deren Sinn nicht in einem angestrebten Endergebnis liegt, sondern in der Haltung, die währenddessen genossen und gefördert wird. Diese Art der Beschäftigung wird im allgemeinen einer »ernsthaften« Tätigkeit oder dem sogenannten »alltäglichen Leben« gegenübergestellt. Ohne »Ernst« kann es kein »Spiel« geben, und ohne »Spiel« gibt es keinen »Ernst«. Folglich ist das »Spiel« nicht bloß oder unmittelbar der »ernsthaften« Tätigkeit entgegengesetzt: Sein Verhältnis zum »alltäglichen Leben« ist das eines ironischen Gefährten. Es führt selbst die Spannungen, die Gewalt und die »Ernsthaftigkeit« des »alltäglichen Lebens« vor, allerdings nur als Spottbilder. Werden diese auf das »alltägliche Leben« zurückgeworfen, spielen sie seinen »Ernst« herunter, indem sie die Bedeutsamkeit der verfolgten Zwecke herabsetzen.

12 Vgl. J. Huizinga, *Homo Ludens* [Amsterdam 1938].

Freilich haben die meisten unserer Tätigkeiten, ob im Geschäftsleben oder in der Religion, einen »spielerischen« Aspekt. Wann immer uns die Art, wie wir etwas tun, wichtiger ist als das Ergebnis unseres Tuns, verhalten wir uns in diesem Sinne »spielerisch«. Doch nirgendwo springt die Komponente deutlicher ins Auge als auf den verschiedenen Ebenen des politischen Handelns, in der Erledigung innerer Angelegenheiten, der Rechtspflege, in der Diplomatie und im Krieg. Wie groß und bedeutend der Raum ist, den das »Spiel« anerkanntermaßen einnimmt, hängt selbstverständlich davon ab, wie wir die Tätigkeiten im Detail interpretieren. Doch wie auch immer die Interpretation ausfallen mag: Die spielerische Komponente ist zumindest in der Jurisdiktion und im Verhalten einer parlamentarischen Regierung nicht zu übersehen. Für diese beiden Tätigkeiten gibt es einen festgelegten Ort und eine festgelegte Zeit, wodurch sie aus der übrigen Welt herausgehoben werden. Die Personen, die die Tätigkeiten ausüben, schlüpfen in eine Rolle, in der sie sich deutlich anders verhalten als an anderen Orten und zu anderen Zeiten. Ihr Auftreten, ihre Gesten folgen einem Ritual, und ihre Art zu reden muß auf bestimmte Sonderrechte achten und sich an festgelegte Regeln halten. Freunde treten als Gegner auf; Debatten werden ohne Haß geführt, Konflikte friedlich ausgetragen; was als Sieg gilt, unterliegt anerkannten Regeln und Konventionen. Ein unter geschickter Ausnutzung von Verfahrensregeln erzielter Punktgewinn gilt allgemein als legitim, doch jede mangelhafte Beachtung des Rituals – selbst wenn keine Absicht dahintersteckt – disqualifiziert den Herausforderer. Das Ganze findet statt im Rahmen einer

Konvention, die ausschließlich einen Sieg durch Worte zuläßt.

In all dem steckt vieles, was für die Politik der Zuversicht befremdlich ist. Dieser Regierungsstil ist in höchstem Grade »ernsthaft«. Politisches Handeln wird dem »alltäglichen Leben« angeglichen und das Endergebnis für wichtiger erachtet als die Art, wie es zustande kommt. Eine Debatte ist ein Streitgespräch, kein Austausch von Meinungen, und sobald entschieden wurde, welche Richtung die Tätigkeit einzuschlagen hat, ist eine »Opposition« unzulässig. In der Tat gehören sämtliche Merkmale der Regierungen im neuzeitlichen Europa, von denen wir sahen, daß sie vom Standpunkt der Zuversicht aus beklagenswert sind, zur »spielerischen« Komponente, und wann immer unsere Politik sich entschieden in Richtung Zuversicht bewegt hat, wurde ebendiese Komponente beschnitten oder unterdrückt.

Demgegenüber ist gerade sie für die Skepsis bezeichnend; man kann sie sogar mit dem skeptischen Stil schlechthin gleichsetzen. Politisches Handeln wird als eine beschränkte Tätigkeit aufgefaßt, die sich vom »alltäglichen Leben« deutlich abhebt. Das Beharren darauf, bei der Durchführung der Geschäfte seien formale Prinzipien zu beachten; die Unterordnung des Endergebnisses unter die Art und Weise, wie es erzielt wurde; die Auffassung, eine Debatte sei ein Austausch von Meinungen und aus der Regierungstätigkeit zu keinem Zeitpunkt wegzudenken; die Anerkennung bestimmter Mittel (etwa Mehrheitsentscheidungen) als bloß brauchbare Konventionen; die Ansicht, Siege hätten nur eine eingeschränkte Bedeutung – dies alles ist zugleich kennzeichnend für die Politik der Skepsis und die Politik als »Spiel«. Dem würde der Skeptiker noch hinzufügen, daß die Beziehung zwischen einer Regierung dieses Stils und den Tätigkeiten ihrer Bürger in vielen Hinsichten derjenigen zwischen »Spiel« und »alltäglichem Leben« gleicht.

Regieren ist dann nicht das »ernsthafte« Vorhaben, die Tätigkeit in eine bestimmte Richtung zu lenken und sie mit Energie und einem Ziel zu versehen. Regieren bedeutet vielmehr, schnell verfügbare und anpassungsfähige Mittel für die Lösung all jener Schwierigkeiten bereitzustellen, die durch die leidenschaftliche und ausschließliche Selbstbezogenheit der ausgeübten Tätigkeiten entstehen, um so die heftigen Zusammenstöße zwischen diesen Tätigkeiten abzufedern. Das kann selbstverständlich nicht ohne eine entsprechende Ausstattung mit Macht geschehen. Doch der Skeptiker wird darauf hinweisen, daß die notwendige Macht klein ist und daß die Art ihrer Ausübung, ihre Formalität und Mäßigung, selbst schon eine ironische Kritik an den Auswüchsen und der Selbstbezogenheit der von ihr kontrollierten Tätigkeiten darstellt.

Wir können daher die beiden Pole unserer Politik auch als »Ernst« und »Spiel« bezeichnen. Beide sind ebenso wie Zuversicht und Skepsis feindliche Brüder. Die Skepsis repräsentiert das Extrem des »Spiels«, und seine Nemesis ist – wenn es für sich bleibt und dem mäßigenden Einfluß des »Ernstes« entzogen ist – dieselbe, die sich aus den Eigenschaften des »Spiels« ergibt.

Innerhalb der dem »Spiel« eigentümlichen Exaktheit vermag mitunter eine gewisse improvisierende Überschwenglichkeit zum Vorschein zu kommen, ein Hang, die Dinge auf die Spitze zu treiben. Es wäre aber falsch, darin die erste Andeutung des Zusammenbruchs zu sehen, denn es zeigt lediglich die Vielfalt der Möglichkeiten, die in einem exakt vorgegebenen Rahmen enthalten sein können. Es ist das Spiel im »Spiel«. Sobald jedoch der Drang zum Sieg die Oberhand gewinnt, ist der Bann gebrochen und das »Spiel« zu Ende. Das ist zwar eine Niederlage, aber keine Selbstzerstörung. Diese wird erst durch die Lethargie in Gang gesetzt, welche sich ausbreitet, wenn es einem der Spieler völlig gleichgültig ist, ob er gewinnt oder verliert. Wir verzichten auf Punkte, weil sich unser Gegner offenbar darüber freut; doch vergeblich. Apathie greift um sich, das »Spielen« wird witzlos, und die Partie zerfällt. Genaugenommen sind Sieg und Niederlage im »Spiel« nicht wichtig, aber ohne die Illusion, daß es aufs Gewinnen ankommt, ist ein »Spiel« undenkbar. Das ist die Nemesis des »Spiels«: die Überzeugung, daß es unter den Bedingungen der Endlichkeit *nichts* Ernstes gibt. Doch ebenso wie die Zuversicht durch die skeptische Ironie vor der Selbstvernichtung gerettet wird, die ihrer Reinform droht, bewahrt die Kraft der Zuversicht – nicht die Flucht in deren Extrem, sondern die Illusion, daß es einen Sieg davonzutragen gilt – einen Politikstil vor der Selbstzerstörung, der dazu neigt, die Tätigkeit des Regierens auf ein bloßes »Spiel« zu reduzieren.[13]

---

13 Vgl. Shaftesbury, *Characteristicks*, [2. Auflage London 1714,] Bd. I, S. 74.

IV.

Zu behaupten, jeder der beiden Regierungsstile sei für sich allein genommen selbstzerstörerisch und könne den jeweils anderen vor der Selbstzerstörung bewahren, indem er etwas beisteuert, woran es diesem fehlt, ist vielleicht nur eine blumige Weise zu behaupten, Zuversicht und Skepsis seien in der europäischen Politik der Neuzeit nicht nur Gegner, sondern auch Partner. Unsere Untersuchung der Nemesis beider Stile hat die These weiter bekräftigt, daß es sich bei ihnen, wenn man genau hinsieht, nicht um alternative Regierungsweisen und Auffassungen über die Aufgabe der Regierung handelt, sondern um die Pole des inneren Kräftespiels unserer Politik.

Sie hat jedoch auch eine Eigenschaft von Zuversicht und Skepsis zutage gefördert, die zwar früher schon erkennbar war, jedoch bislang nicht richtig erkannt wurde, nämlich die Tatsache, daß diese beiden Stile einander nicht völlig entsprechen. Sie sind einander entgegengesetzt, aber nur indirekt; sie sind feindliche Brüder, aber sie nehmen nicht genau denselben Rang ein. Erst in der Betrachtung ihres jeweiligen Unvermögens, isoliert zu existieren, wird die Ungleichheit von Zuversicht und Skepsis unmißverständlich klar.

Selbstzerstörung ist ein notwendiges Merkmal der Politik der Zuversicht. Ich behaupte damit nicht, dieser Regierungsstil müsse ein Gemeinwesen – zumal eines der Art, wie es im neuzeitlichen Europa existiert – langfristig gesehen in den Untergang treiben; das mag passieren, darauf kommt es aber hier nicht an. Ich behaupte vielmehr, daß dieser Regierungsstil in sich widersprüchlich ist. Die Politik der Skepsis leidet demgegenüber nur unter einer starken, aber kontingenten Neigung zur Selbstzerstörung: Auf sich allein gestellt, steht sie auf schwankenden Füßen. Während folglich die Gegenkraft der Skepsis die Zuversicht vor der *sicheren* Selbstzerstörung retten mag, bewahrt die Gegenkraft der Zuversicht die Skepsis nur vor einer *möglichen* Selbstzerstörung.

Liefe die Politik der Skepsis im Grunde auf nichts anderes als auf Anarchie hinaus, dann wäre dieser Regierungsstil in sich widersprüchlich und im selben Maße auf die Zuversicht angewiesen wie diese auf die Skepsis: Wenn Anarchie und Zuversicht auf sich allein gestellt sind, dann bewirken beide, auf je andere Weise, die Abschaffung der »Regierung«. Aber Skepsis ist nicht Anarchie; sie neigt ihr nicht einmal zu. Weil die Skepsis nicht in Anarchie zu verfallen droht, entgeht sie einer inneren Selbstzerstörung als Regierungsweise. Ihre Mängel sind gewiß gravierend, und kämen sie vollständig zum Tragen, würde sie einen recht schwächlichen Regierungsstil abgeben; das muß aber keineswegs geschehen. Der skeptische Stil ist besonders deshalb für die Gemeinwesen im neuzeitlichen Europa ungeeignet – und darin liegt seine größte Schwäche –, weil er einer Situation nicht angemessen ist, die er selbst nicht fördert, nämlich »Notstand« und »Krieg«. Zwar muß »Krieg« für die Gemeinwesen im neuzeitlichen Europa weniger als Ausnahme- denn als Normalzustand gelten. Das liegt jedoch, jedenfalls was größere Konflikte betrifft, nicht in der Natur der Gemeinwesen selbst; schuld daran ist vielmehr die Tatsache, daß ihr politisches Handeln so häufig und über längere Zeiträume von der aggressiven Politik der Zuversicht bestimmt wurde. Die schweren Auseinandersetzungen der Neuzeit waren entweder Religionskriege oder Folge des Strebens nach »Vollkommenheit« im Sinne größtmöglicher Ausbeutung aller Ressourcen der Erde, oder sie wurden durch die Verteidigung der als »Sicherheit« verstandenen »Vollkommenheit« ausgelöst. Einem Regierungsstil, der diese Situation weder rechtzeitig zu erkennen noch ihr mit geeigneten Mitteln entgegenzusteuern imstande ist, mag man für den Fall ihres Eintretens eine Niederlage prophezeien; man mag ihn, sollten die Chancen für das Eintreten dieser Situation groß sein, für untauglich erklären – aber der Stil selbst trägt keineswegs etwas zu deren Zustandekommen bei.

Ferner ist die Unmäßigkeit des auf sich selbst gestellten Stils der Zuversicht – das Fehlen jeder Selbstbeschränkung – nicht nur charakteristisch, sondern auch stets total, und zwar insofern dieser Stil die verfügbare Macht immer vollständig ausschöpft. Da jedoch die politische Skepsis nicht in Anarchie endet, stellt die für sie charakteristische strenge Selbstbeschränkung, dank der sie sowohl eine moralische wie verwundbare Tätigkeit ist, kein Extrem dar: Sie beschränkt sich nicht so weit, daß sie irgendwann gar nicht mehr existierte. Auf sich allein gestellt, kennt der Stil der Zuversicht keine Grade. Es gibt für ihn kein Mehr oder Weniger; stets reizt er alles aus, was er in der Hand hat, und ist unfähig zu der Art von Selbstkritik, die es ihm ermöglichen würde, sich vor seiner eigenen Unmäßigkeit zu bewahren. Er ist, wie wir sahen, die Politik der Unendlichkeit, die alles für die Ewigkeit tut. Anders der skeptische Stil. Auch auf sich allein gestellt, vermag er Selbstkritik zu üben. Für ihn gibt es eine anerkannte Grenze, an der sich seine Leistungen messen lassen, und er verfügt über eine gewisse Reserve und einen Spielraum für innere Bewegung und Selbstkorrektur. Er ist die Politik der Endlichkeit, was nicht heißt, daß er nicht über den gegenwärtigen Augenblick hinausdenkt, aber seine Perspektive ist weder lang- noch kurzfristig. Alles in diesem Regierungsstil atmet den Geist des Vorläufigen, ist darauf angelegt, je nach den Umständen erweitert oder verringert zu werden. Doch gibt es Grade der Vergänglichkeit, und das Vorübergehende ist nicht deshalb schon nur für den Augenblick geschaffen. Die Regierung im Stil der Zuversicht ist eine gottähnliche Tätigkeit, im skeptischen Stil ist sie eine menschliche Tätigkeit, nicht die Tätigkeit einer Eintagsfliege. Kurz, wenn wir diese beiden Pole unseres politischen Handelns als positiv und negativ bezeichnen, so dürfen wir dabei keinesfalls übersehen, daß der Stil der Zuversicht zwar für »alles« steht, für die vollständige Kontrolle aller in einem Gemeinwesen vorhandenen Tätigkeiten, der Stil der Skepsis jedoch nicht für »nichts«, sondern für »wenig«.

Diese Ungleichheit im Charakter von Zuversicht und Skepsis läßt sich in einem allgemeinen praktischen Grundsatz formulieren: Unmäßigkeit und Mangel sind von der Mitte nicht gleich weit entfernt. Wie Isokrates und vor ihm Konfuzius bemerkte, ist »die goldene Mitte ... eher in einem Zuwenig als in einem Zuviel zu finden«[14], denn die

---

14 Isokrates, *Ad Nicoclem*, in: *Sämtliche Werke*, übersetzt von Christine Ley-Hutton, Stuttgart 1993, S. 26; vgl. Konfuzius, *Gespräche*, übersetzt und hg. von Ralf Moritz, Leipzig 1982, S. 73.

Unzulänglichkeit kennt ein Mittleres, weil sie nie absolut ist. Der Verschwender mag seinen ganzen Besitz und mehr als das verschleudern, doch selbst ein Geizkragen muß irgend etwas ausgeben. Ein Schütze, dessen erste Kugel ihr Ziel verfehlt, kann nachsehen, wohin sie getroffen hat, um sich beim nächsten Versuch danach zu richten, doch wessen erste Kugel so weit am Ziel vorbeifliegt, daß man sie aus den Augen verliert, ist einem Schuß ins Schwarze so wenig nahe, als hätte er nie geschossen. Welchen Beschränkungen dieser Grundsatz auch unterworfen ist, seinen praktischen Nutzen werden wir meiner Meinung nach erkennen, sobald wir uns der Frage zuwenden, welche Schlüsse wir aus diesem Verständnis unserer Politik ziehen können.

Schluß

I.

Womit es auch befaßt ist, menschliches Handeln hat nur einen eingeschränkten Spielraum. Die Schranken, die diesen Spielraum definieren, sind geschichtlicher Art, das heißt, sie sind selbst Ergebnis menschlichen Handelns. Generell gibt es keine »natürlichen« im Unterschied zu geschichtlichen Schranken: Diejenigen, die wir etwa der »menschlichen Natur« beilegen, sind nicht weniger geschichtlich als diejenigen, deren Abhängigkeit von den Bedingungen menschlichen Handelns wir unmittelbar erkennen. Sogar das, was ein Mensch mit seiner Körperkraft bewerkstelligen kann, ist geschichtlich durch die Geräte, Techniken und Erfindungen bedingt, ohne die keine menschliche Gemeinschaft je ausgekommen ist. Als geschichtliche gelten sie nicht absolut, aber deswegen bleiben sie doch Grenzen. Sie mögen weiter oder enger gesteckt sein, nie aber fehlen sie. Der Flug der Vorstellungskraft, die Macht des Dichters über Worte und Bilder, die Hypothesen des Wissenschaftlers, die Affirmationen und Negationen des Philosophen, die Pläne und Unternehmungen des Praktikers – all dies geschieht unter Auslotung dessen, was in der Welt, die er bewohnt, vorgegeben oder angelegt ist. Von einem bestimmten Blickwinkel aus unterscheidet sich die Zivilisation von der Barbarei dadurch, daß sie den Tätigkeiten einen größeren und zugleich strenger abgegrenzten Spielraum gewährt.

Dasselbe gilt nun für unser politisches Handeln, für Verständnis und Pflege der öffentlichen Angelegenheiten. Der Politiker hat immer einen gewissen Horizont und ein gewisses Möglichkeitsspektrum. Was er überhaupt zu bedenken, zu wollen oder in Angriff zu nehmen vermag, unterliegt den geschichtlichen Beschränkungen seiner Situation. Um sein Handeln zu verstehen, muß man zunächst und vor allem den Rahmen, in dem er sich bewegt, die Optionen, die er hat, und die Dinge, die er überhaupt ausführen kann, analysieren. Solange wir das nicht verstanden haben, droht jedes Urteil, das wir über sein Handeln fällen – zum Beispiel, ob wir es gutheißen oder nicht –, kraftlos und irrelevant zu werden. Ebenso wie in anderen Fällen stehen die Grenzen des Spielraums nicht ein für allemal fest; sie sind historisch bedingt und ändern sich daher fortlaufend, verengen oder erweitern sich. Gleichwohl sind sie in jedem Einzelfall relativ strikt festgelegt, und die Verengung oder Erweiterung selbst kommt niemals zufällig oder schrankenlos zustande, sondern geht immer von sich abzeichnenden Veränderungen aus. Der freieste Politiker ist derjenige, dessen profunde Kenntnis der Chancen wie der Schranken seiner geschichtlichen Situation ihn nicht nur ein paar Zeichen der Zeit, sondern deren ganzes Möglichkeitsspektrum erfassen läßt, ohne ihn zu Unternehmungen zu verleiten, denen unter den herrschenden Umständen noch die Grundlage fehlt.

Politisches Handeln unter den Bedingungen des neuzeitlichen Europa bedeutet, sich innerhalb eines gewissen Feldes geschichtlicher Möglichkeiten zu bewegen. Während dieses halben Jahrtausends haben sich die Möglichkeiten nach manchen Richtungen hin erweitert und nach anderen hin verengt: In einigen Bereichen läßt sich heute ein kleinerer, in anderen ein größerer Handlungsspielraum beobachten als vor fünfhundert Jahren. Allerdings sind diese Verengungen und Erweiterungen relativ unbedeutend; der Grad der inneren Bewegung hat sich im wesentlichen kaum verändert. Die Neuzeit, könnte man sagen, wurde eingeläutet von einer besonders großen und rapiden Ausweitung politischer Möglichkeiten, und sie hat den damals eröffneten Spielraum immer gründlicher genutzt.

Die Politik des neuzeitlichen Europa zu verstehen heißt folglich zuallererst, den für sie charakteristischen Bewegungsspielraum auszumachen. Anders gesagt: Im neuzeitlichen Europa besteht politisches Handeln im Ausschöpfen der Möglichkeiten, die in seiner politischen »Physiognomie« angelegt sind – eine Physiognomie, die durch einen bestimmten Grad der inneren Bewegung gekennzeichnet ist.

Die beiden Tendenzen, zu denen sich die Impulse der politischen Physiognomie des neuzeitlichen Europa verdichten, habe ich »Zuversicht« und »Skepsis« genannt. In gewisser Hinsicht handelt es sich um zwei »ideale« Regierungsstile und Auffassungen über die Regierung, die einander, wenn auch nicht direkt, entgegengesetzt sind. Und die Politik hat sich im neuzeitlichen Europa zu häufig in die eine oder andere dieser Richtungen bewegt, als daß sie in einem der Extrempunkte zur Ruhe hätte kommen können. Dennoch sind Zuversicht und Skepsis in dieser Hinsicht einander ausschließende Regierungsstile, und die Regierungspolitik der Neuzeit ist stets eine *concordia discors* der beiden Stile gewesen.

Sie sind indes nicht bloß entgegengesetzte Politikstile, auch nicht nur die Extreme, deren unser politisches Handeln fähig ist, starre Schranken, an die es von Zeit zu Zeit stößt und an denen es nicht vorbeikommt. Sie sind auch die »Ladungen« der Pole unseres politischen Handelns, von denen jeder eine Anziehung ausübt, die sich über das gesamte Bewegungsspektrum bemerkbar macht. Unser politisches Handeln ist stets – selbst wenn es sich weit in die eine oder die andere der beiden Richtungen bewegte – durch beide Anziehungskräfte geformt worden und nicht nur durch eine von ihnen allein. Daher sind Zuversicht und Skepsis genaugenommen auch keine alternativen Regierungsstile; sie treiben unsere politische Bewegung voran und beschränken sie zugleich. Der charakteristische Handlungsspielraum ist durch diese Extreme auf eine Weise bedingt, wie er es nicht wäre, wenn sie lediglich seine Grenzen festlegten. Die Polarität hat darüber hinaus unserem politischen Handeln die ihm eigentümliche Ambivalenz und unserem politischen Vokabular seine charakteristische Mehrdeutigkeit verliehen. Ohne innere Bewegung gäbe es keine Mehrdeutigkeit, und wenn die innere Bewegung zwischen anderen Extremen erfolgte, würde die Mehrdeutigkeit anders ausfallen.

So also ist die politische Bewegung im Europa der Neuzeit beschaffen, und das sind die Grenzen, die sie zugleich beschränken und beflügeln; so sieht unsere Lage aus. Jetzt bleibt noch zu fragen, welche Schlußfolgerungen aus einer solchen Sicht auf unsere politische Situation zu ziehen sind. Und insbesondere, ob es in dieser Situation nicht eine angemessene Handlungsweise gibt.

II.

Im ersten Moment würden wir zweifellos schließen, daß uns – so nützlich Ambivalenz und Mehrdeutigkeit in praktischer Hinsicht sein mögen – mit einer weniger komplexen und überschaubareren Politik besser gedient wäre. Was immer wir an Reichhaltigkeit und Vielfalt einbüßen würden, gewännen wir an Orientierung: Es ist ebenso töricht, Komplexität ohne Mehrdeutigkeit haben zu wollen, wie vom Feuer zu erwarten, daß es wärmt, ohne zu brennen. Außerdem hätte die Vereinfachung unserer politischen Physiognomie auch den Vorzug, der Politik ihre übertriebene Wichtigkeit zu nehmen, an die sie sich gewöhnt hat: Für ungeheuer wichtig hält man sie vor allem, weil sie schwierig ist, und schwierig ist sie vor allem, weil sie kompliziert ist.

Diese Idee war für die kühneren (und vielleicht ungeduldigeren) Geister lange Zeit sehr anziehend. Sie erblickten darin schon früh das einzig sichere Mittel, um die Verworrenheit der europäischen Politik der Neuzeit in den Griff zu bekommen. »Meine Güte, was für eine Unordnung!« ruft einer derjenigen aus, die diese Ansicht im 17. Jahrhundert vertraten;[1] und während sich vor ihm das Panorama des Chaos entrollt, ersteht vor seinem geistigen Auge die Symmetrie, die es ersetzen könnte. Neuere Bewunderer eines vereinfachenden Politikstils könnten darüber hinaus auf den Erfolg verweisen, den ähnliche Vorhaben in anderen Feldern gehabt haben. Die für unser Rechtssystem charakteristische Komplexität – Folge seiner heterogenen Herkunft und eines Mangels an Mut, der dafür nötig ist, es von Zeit zu Zeit zu entrümpeln – ist während der letzten hundertfünfzig Jahre erheblich reduziert worden. Ihre Haupterfolge allerdings feierten die Vereinfacher unseres Rechtssystems auf dem Gebiet des Verfahrensrechts. Zwar dürfte es nicht an Stellen und Gelegenheiten fehlen, die Komplexität unserer politischen Verfahrensweisen zu reduzieren, aber die charakteristische Komplexität unserer Politik wird davon kaum berührt. Was sich die Reformer des Rechtssystems vornehmen, bewegt sich in etwa auf der Ebene einer Rechtschreibreform, während das Projekt einer einfachen Politik, dem Umfang des Vorhabens nach, einer Vereinfachung der Sprache selbst gleichkäme: der Restriktion von Wortschatz und Syntax, wie sie etwa zum »basic English« gehört, oder (auf anderer Ebene) der Neuschöpfung unserer »englischen« Sprache, der alle Latinismen ausgetrieben wären. Diese Art von einfacher Politik schwebte in der Tat jenem Physiokraten vor, der die Vermutung äußerte, daß »es reichen würde, so viel an Fähigkeiten und Geduld wie ein im Rechnen wohlgeübtes Kind

---

[1] Amos Comenius in *Das Labyrinth der Welt* (1623).

zu haben, um ein guter Politiker und ein wahrhaft guter Bürger zu werden«².

Das Projekt also, unserer Politik die Mehrdeutigkeit auszutreiben, indem man ihr die Komplexität nimmt, läßt sich nicht in Angriff nehmen, ohne zuerst das einfache Muster auszuwählen, nach dem sie strukturiert werden soll. Eine Verfahrensvereinfachung ließe sich schlicht dadurch erreichen, daß man manches von dem abstreift, was sich über die Zeiten hin angesetzt hat, inzwischen aber bedeutungslos oder hinderlich geworden ist, oder indem man offensichtliche Anomalien ausscheidet. Doch ein einfacher Politikstil verlangt nach einer radikaleren Reform: Solange unser Neuerer nicht gleich mit einem gänzlich neuen Politikstil aufwartet – einem Konstrukt, vergleichbar dem einer neuen Sprache mit eigenem Wortschatz und eigener Syntax –, haben wir unsere Wahl zwischen den Stilen zu treffen, die uns gegenwärtig irritieren, und es gibt keinen Zweifel, daß die Entscheidung für den einen und die Verwerfung des anderen die Mehrdeutigkeit unseres politischen Vokabulars« tilgen würde. Das ist in der Tat das Merkmal aller konkreten Vorschläge zur Beseitigung von Komplexität aus der europäischen Politik. Der Marxismus beispielsweise ist ein einfältiges Projekt dieser Art: Er verlangt von uns, jedem politischen Handeln mit Ausnahme desjenigen zu entsagen, das zu einer bestimmten Spielart der Politik der Zuversicht (nämlich der Baconschen) paßt. Zum Vorhaben des Kommunismus gehört nicht nur die

---

2 Georges Weulersse, *Le Mouvement physiocratique en France de 1756 à 1770*, [Paris 1910,] Bd. II, S. 123.

Vereinfachung der politischen, sondern die Vereinfachung jeglicher Tätigkeit; alle Probleme werden auf ein einziges reduziert. Vielleicht ist das auch der einzige Plan für die Vereinfachung der europäischen Politik, aus dem in aller Klarheit hervorgeht, wie unangemessen ein einfacher Politikstil für eine komplexe Gesellschaft ist. Er ist das Paradebeispiel sämtlicher einfacher Lösungen, und seine Herkunft läßt sich bis zu den frühen Projekten des 17. und 18. Jahrhunderts zurückverfolgen, die ersonnen wurden, um der Komplexität zu entkommen.

Unsere Darstellung der europäischen Politik der Neuzeit liefert indes plausible Argumente für die Annahme, daß ein einfacher Politikstil nicht allein der Struktur der neuzeitlichen europäischen Staatswesen unangemessen, sondern auch in sich widersprüchlich ist; er stellt eine Flucht vor den Folgen der Komplexität dar, die nirgendwo hinführt. Wenn wir uns nur zwischen den zwei herrschenden Stilen entscheiden können, aus denen sich die Komplexität unseres politischen Handelns zusammensetzt – und eine andere Wahl haben wir nicht –, dann können wir auch darauf verzichten: Für welchen wir uns auch entscheiden, wir verlangen von ihm etwas, was er nicht leisten kann. Bei Zuversicht und Skepsis handelt es sich ja, wie wir gesehen haben, nicht um alternative Politikstile, sondern um die »Ladung« der beiden Pole, zwischen denen die Politik der europäischen Neuzeit sich heute bewegt und seit bald fünfhundert Jahren bewegt hat. Jeder von ihnen mag, abstrakt gesehen, den Vorzug der Einfachheit haben, doch wie wir wissen, vermag keiner von beiden auf sich gestellt einen konkreten politischen Handlungsstil abzugeben. Und wir haben beobachtet, welchen Charakter jeder von ihnen annehmen würde, löste man seine Verbindung mit dem anderen auf. Die Zuversicht würde die Politik vereinfachen, indem sie sie abschafft; und eine durch die Zuversicht nicht relativierte Skepsis dürfte von ihren eigenen Unarten in Kürze erdrückt werden. Folglich können wir unserer Lage nicht dadurch entkommen, daß wir unserer Politik Einfachheit verordnen: Unsere Situation läßt nur ein komplex geartetes politisches Handeln zu. Wir müssen zusehen, wie wir uns in der ererbten und unvermeidlichen Komplexität einrichten, ohne uns in der falschen Hoffnung zu wiegen, wir könnten sie gegen Einfachheit eintauschen.

III.

So wie unsere Politik nun einmal beschaffen ist – unabänderlich komplex –, müssen wir aus ihr Gewinn zu ziehen lernen. Wir können in den vollen Genuß ihrer Vorteile kommen und die Nachteile sicher vermeiden, wenn wir uns vor den Extremen, deren sie fähig ist, hüten und die Mitte kultivieren. Das wichtigste Merkmal eines komplexen Politikstils ist in der Tat, daß er ein gangbares Prinzip der Mitte zu bieten hat, wo wir den selbstzerstörerischen Extremen entgehen können. In diesem Stil zu Hause zu sein bedeutet daher, die goldene Mitte einzuhalten.[3] Ihr

---

[3] Ich schließe mich hier dem konfuzianischen Philosophen Tzu Szu an, der mir darin sehr entgegenkommt, daß er die goldene Mitte nicht nur den Übertreibungen der Praxis entgegenstellt, sondern auch dem Absolutismus des »Wissens«.

Prinzip lautet: *Il faut jamais outrer*. Damit ist keineswegs nur ein äußerliches Prinzip gemeint, das von der willkürlichen Überzeugung herrührt, die Tugend liege immer in der Mitte zwischen Extremen. Diese Überzeugung mag richtig sein; nur ist in unserem Fall die Mitte ein Prinzip, welches der komplexe Politikstil selber offenbart. Wäre unsere Politik nicht komplex, deutete sie unfehlbar nur in die eine Richtung, dann wäre das Prinzip absurd. Sofern wir überdies die europäische Politik der Neuzeit nehmen, wie sie ist, und nicht die eine Seite an ihr verleugnen, können wir ihre Tendenz erkennen, genau diese Mitte zu besetzen. Wir entfernen uns nur dann von ihr, wenn einem der beiden Pole die Anziehungskraft fehlt. Das Prinzip der Mitte wohnt folglich einem komplexen Politikstil inne, und wenn wir eine deutliche Vorstellung von den betreffenden Extremen haben, wird es auch nicht trivial. Außerdem ist zu beachten, daß die Mitte hier kein fester Punkt ist. Das Prinzip der goldenen Mitte nimmt unserer Politik nicht das dynamische Moment; es macht sie auch nicht einförmig. Ein komplexer Politikstil kann überhaupt nur erstarren, wenn er an einer seiner Grenzen zum Stillstand kommt und dadurch aufhört, komplex zu sein. Die Mitte ist ein dynamischer Kernbereich, kein zentraler Ruhepunkt.

In den Wechselfällen unserer Politik hat es eine Phase gegeben, in der das Prinzip der goldenen Mitte sich erstmals voll entfaltete. Sie setzte gerade rechtzeitig ein, als die Politik im Begriff war, von einem Extrem ins andere zu fallen, im ausgehenden 17. und frühen 18. Jahrhundert. Diese Phase hat nichts vom Sturm der Politik auf die Extreme oder von leidenschaftlichem Parteienstreit, doch sie enthüllt den konkreten Charakter des komplexen Politikstils unmißverständlicher als irgendeine spektakulärere Gelegenheit. Zu ihr kam es nicht deshalb, weil es den beiden Seiten an Leidenschaft gefehlt hätte, und sie war auch kein Beispiel für Politikverdrossenheit; der Enthusiasmus wurde nicht verteufelt, vielmehr wurde ihm der gebührende Platz angewiesen.

Die Zuversicht hatte einen beeindruckenden Punktestand erreicht, aber nun landeten die meisten ihrer Aufschläge bezeichnenderweise im Aus. Obwohl der Satz längst beendet war, ließ der Schiedsrichter weiterspielen; besonders in Frankreich glaubte man, die Zuversicht habe »eine glänzende Zukunft hinter sich«. Vorerst jedenfalls sah es ganz danach aus, als werde die Skepsis kräftig Revanche nehmen. Aber weit gefehlt; man unterbrach die Partie und setzte sich zum Tee. In der anschließenden Unterhaltung gab das politische Prinzip der goldenen Mitte sein Debüt. Viele Stimmen ließen sich vernehmen, doch zu den wichtigeren Teilnehmern gehörten Locke, Berkeley, Shaftesbury, Halifax, Boyle, St. Évremond, Fontenelle und Hume, und am Rande tummelten sich witzige Köpfe wie Mandeville, die für komische Zwischenspiele sorgten. Diese Leute bildeten keine politische Partei, sie gehörten nicht alle derselben Nation an, ebensowenig waren sie die ersten, die das Wesen der neuzeitlichen Politik erkannt hätten; sie machten weitgehend von den Gedanken anderer vor ihnen Gebrauch, und ihr Blick war natürlich durch ihre unmittelbare Situation eingeengt. Die Unterhaltung beschränkte sich nicht auf Politik, sondern erstreckte sich über das ganze Feld menschlichen Verhaltens – bedauerlicherweise, denn dadurch ging das präzise politische Prinzip der goldenen Mitte in einer generellen Mißbilligung jeder Art von Übertreibung und »Schwärmerei« unter und wurde durch ein allgemeines Plädoyer für »Mäßigung« und »Ausgeglichenheit« in allen Lebenslagen verwischt. Politisches Handeln, die Sorge für das, was in einer Gesellschaft öffentlich zu regeln ist, wurde kaum als besondere Art der Tätigkeit wahrgenommen, und das Prinzip der Mäßigung, das man in der Physiognomie der neuzeitlichen Politik hätte entdecken sollen, schien nur deshalb ein politisches Prinzip zu sein, weil es in erster Linie ein allgemein menschliches Verhaltensprinzip war.

Ungeachtet dieser Konfusion ging der politische Begriff der Mitte nicht ganz verloren. Eine Andeutung davon findet sich im »English Act of Indemnity and Oblivion« (Indemnitäts- und Amnestiebeschluß) von 1660, in dem der Wunsch zum Ausdruck kommt, das Land möge nach der Restauration wieder zu »seiner alten aufgeräumten Stimmung« zurückfinden; aber das führte nicht eben weit. Ausführlich und mit bemerkenswerter Klugheit ließ sich darüber jedoch Halifax in *The Character of a Trimmer* (1688) aus, und er stand keineswegs allein. Es war einer von vielen Versuchen, das Prinzip der »Mäßigung« aus den Gegebenheiten der neuzeitlichen Politik abzuleiten, und natürlich existierte der »Trimmer« in Person, bevor er zu einem Typus wurde.

Halifax war ein politischer Skeptiker, und seine Mitstreiter in diesem Unternehmen waren es ebenfalls, wenn auch in unterschiedlicher Ausprägung. Aber es ist nicht weiter verwunderlich, daß gerade Skeptiker das Prinzip der

Mitte für die neuzeitliche Politik entdecken sollten. Denn obwohl der skeptische Stil selbst ein Extrem darstellt, besteht sein Extremismus nicht darin, daß er einer Gesellschaft ein uniformes Tätigkeitsmuster auferlegen würde; dementsprechend übt er sich, wie wir sahen, in seiner eigenen charakteristischen Art der Zurückhaltung, und darin kann man einen Hinweis auf eine weiterreichende Theorie der Mäßigung erkennen. Gleichwohl bietet uns Halifax in *The Character of a Trimmer* keine Theorie der Skepsis, sondern eine Theorie der Mäßigung. Er wurde dabei lediglich durch sein unzureichendes Verständnis für die entscheidende Polarität der neuzeitlichen Politik behindert, das sich aus seiner Beschäftigung mit den Besonderheiten der augenblicklichen Situation erklärt: Die Extreme, zwischen denen seine Mitte liegt, sind »Autorität« (oder »Monarchie«) und »Freiheit« (oder »Commonwealth«), und das sind nicht die wahren Extreme der neuzeitlichen Politik; sie stehen nur jeweils auf der Seite von Zuversicht und Skepsis.

Dem Prinzip der goldenen Mitte entspricht demnach die Tugend, den mittleren Bereich unserer politischen Möglichkeiten auszuschöpfen, und die Fähigkeit, die Wörter unseres politischen Vokabulars nicht bis zum äußersten auszureizen. Ein »Trimmer« ist jemand, der sein Gewicht so einsetzt, daß das Schiff keine Schlagseite bekommt. Wenn wir sein Verhalten genauer beobachten, enthüllt sich die Wirksamkeit gewisser allgemeiner Ansichten. Er befaßt sich lediglich mit der inneren Bewegung der Politik; seine Vorstellung, wie Halifax sagt, ist die, daß »man sich darum nicht kümmern müßte, wenn das Boot von selbst gleichmäßig führe« – nicht unbedingt weil er den Zweifel des Skeptikers an der Existenz irgendeiner anderen als der inneren Bewegung teilen würde, sondern weil er glaubt, daß eine solche andere Bewegung, falls es sie wirklich geben sollte, sich selbst überlassen bleiben müßte: Wer eine »fortschrittliche« Bewegung für eine unmittelbare Sache der Regierung hält, hängt bereits der Politik der Zuversicht an. Wer hingegen, wie der Trimmer, alles daransetzt, die Politik vom Extremismus abzuhalten, der ist der Überzeugung, daß es eine Zeit für alles gibt und daß alles seine Zeit hat – nicht providentiell, sondern ganz empirisch.

Er wendet sich stets in diejenige Richtung, die die jeweilige Situation nahelegt, damit das Boot weiter gleichmäßig dahingleitet. Dabei erfolgen seine Richtungsänderungen weder häufig noch heftig oder plötzlich, denn die Schwankungen, die seine eigene Bewegung ausgleichen soll, kommen meist ebenfalls nicht häufig oder plötzlich vor. Ferner akzeptiert er, daß andere sich in eine andere Richtung wenden müssen als er: Die goldene Mitte ist niemals durch ein allgemeines Strömen nach dieser oder jener Seite hin erreichbar; solches Strömen ist sie ja gerade zu verhindern berufen. Eine kleine Bewegung zur rechten Zeit erregt weniger Anstoß als eine massive zu einem späteren Zeitpunkt. Und er berücksichtigt einige grobe Verallgemeinerungen, die der Gang neuzeitlicher Politik zuläßt. Zum Beispiel ist er darauf gefaßt, daß die Jugend für den einen Aspekt unserer Politik empfänglicher ist und sich natürlicherweise eher der Zuversicht zuwendet und daß die Älteren anderen Tendenzen gegenüber aufgeschlossener sind und mehr mit der klugen Vorsicht der Skepsis sympathisieren. Auf diese Weise lernt er die diversen Gruppen und Gliederungen seiner staatlichen Gemeinschaft in ihren natürlichen und historischen Eigenarten verstehen und wird von keiner meinen, sie sei unfähig, ihren Beitrag zum Gemeinwohl zu leisten.[4] Nicht entweder Dionysos oder Apollo, sondern beide an ihrer Stelle und zu ihrer Zeit. Er hält es außerdem für wahrscheinlich, daß ein relativ einfaches Gemeinwesen sich leichter von den Aussichten mitreißen läßt, welche die Zuversicht zu bieten scheint, als eines, das eine selbstsichere und etablierte Pluralität von Tätigkeitsrichtungen kennt, und er stellt seine Erwartungen und seine Gewichtsverlagerung entsprechend darauf ein. Erfolg gegenüber ist er mißtrauisch, und seine Unterstützung gibt er bereitwilliger der schwachen als der mächtigen Seite. Er ist abweichender Ansicht, ohne darüber zum Dissidenten zu werden, und stimmt zu, ohne unwiderrufliche Bekenntnisse abzulegen. Wenn er etwas ablehnt, spricht er ihm nicht allen Wert, sondern nur die momentane Brauchbarkeit ab; und seine Unterstützung ist allein auf das Urteil gegründet, das, was er unterstützt, sei eben jetzt angebracht.

4 Pascal wandte dieses Prinzip auf die Pole an, die zu seiner Zeit durch die Jesuiten und die Jansenisten repräsentiert wurden. Ihm erschien es als eine Pflicht, »beide Gegensätze [zu] bekennen«. Und obwohl er einsah, daß er nach Lage der Dinge seine Unterstützung eher der einen als der anderen Seite zu geben hatte, bereitete ihm das zuletzt den Verdruß, der jeden ehrlichen Menschen befällt, wenn er sich zu einer Einseitigkeit gedrängt sieht, die nicht seiner Überzeugung entspricht. Blaise Pascal, *Über die Religion und über einige andere Gegenstände*, übertragen und mit einem Nachwort hg. von Ewald Wasmuth, Frankfurt am Main 1987, S. 408. Vgl. auch Michel de Montaigne, *Essais*, erste moderne Gesamtübersetzung von Hans Stilett, Frankfurt am Main 1998, S. 516ff.

Der Trimmer also, dieser politische Typus, der zum komplexen politischen Stil gehört, ist jemand, der sich neuen Konstellationen anzupassen weiß. Er steht der Skepsis näher als der Zuversicht, und dem Skeptiker gegenüber hat er den Vorteil, Veränderung und Notfälle wahrnehmen zu können. Was er braucht, sind Wissen und Urteilskraft: ein Wissen um das Spannungsfeld der Politik, in dem er sich bewegt, und Urteilskraft, um die passende Gelegenheit und Richtung für ein Manöver zu erkennen. Wenn es darüber hinaus noch etwas zu seinem Charakter zu sagen gibt, dann daß er politisch nicht notwendigerweise in einer der Parteien der Mitte zu Hause ist. Solche Parteien brüsten sich zwar häufig mit ihrer Mäßigung, aber die kann genausogut auch vorgetäuscht sein und mit der goldenen Mitte nichts zu tun haben. Da sie ihre Macht dazu benutzen, ein Gleichgewicht zwischen den Rändern des jeweiligen Parteienspektrums zu halten, die normalerweise nicht mit den essentiellen Horizonten unserer Politik zusammenfallen, besitzen diese Parteien der Mitte in der Regel sogar weniger Selbstkontrolle als die Ränder.

Kurzum, die Politik der goldenen Mitte besteht darin, den Umständen Rechnung zu tragen. Es wird kleinere, nebensächliche Polaritäten geben, die gelegentlich unsere Aufmerksamkeit erheischen und unser Verhalten steuern;[5] letztlich jedoch ist das unter den gegebenen Umständen Passende danach zu beurteilen, was zur Hauptpolarität

---

[5] Halifax, Burke und de Tocqueville sind bemerkenswerte Beispiele für die Befolgung dieses Grundsatzes in bezug auf das Lokale und auf Nebenschauplätze.

unserer Politik geworden ist. Was die Politik im Europa der Neuzeit betrifft, sind die relevanten Gesichtspunkte Zuversicht und Skepsis.

IV.

Wenn diese Hypothese irgendeinen Wert hat, dann den einer Richtschnur für die politische Vernunft: Sie ermöglicht uns, über unsere Politik nachzudenken. Ihre Schranken sind offenkundig: Sie liefert uns keine sicheren Antworten auf alle Fragen, die sich stellen, wenn wir über Politik nachdenken; und manche Fragen wollen anders oder enger gestellt sein, um beantwortbar zu werden. Aber sie liefert einen Rahmen, innerhalb dessen wir gedanklich operieren können. Sie gestattet uns, mit manchen der wichtigeren Fragen zurechtzukommen, und sie gibt uns einen Begriff davon, wie eine Antwort aussehen muß, die relevant sein will. Nicht zu verachten ist zudem die Hilfe, welche uns diese Betrachtungsweise in der Beschäftigung mit der Tagespolitik gewährt. Denn ich behaupte in der Tat, wenn ein Politiker mehr braucht als ein wohlwollendes Temperament, eine gehörige Portion gesunden Menschenverstand und hinreichend Phantasie, um die Züge seiner Gegner vorherzusehen, so ist das weder eine Doktrin, die ihm für seine Probleme unfehlbare Lösungen liefert, noch eine bloß allgemeine Vorstellung davon, womit politisches Handeln zu tun hat, sondern etwas dazwischen: einen Begriff von seiner Situation, ihren Schranken und Chancen, wie wir ihn untersucht haben. Ohne einen solchen Begriff sind wir politisch orientierungslos, und der Austausch politischer Ansichten wird so unergiebig bleiben, wie er es für gewöhnlich ist.

Wenn wir unsere politische Lage so auffassen, wie sollen wir dann unsere gegenwärtige Situation deuten? Und welche Schlußfolgerungen aus dieser Betrachtungsweise der momentanen Entwicklungen liegen nahe? Ich denke, die offenkundigste liegt darin, daß die Politik der Zuversicht Konjunktur hat. Die Verlockungen der Macht haben sich als unwiderstehlich erwiesen; die Begierde, zu regieren, hat uns überwältigt. Ginge es nur darum, daß die Regierungen und machthabenden Parteien ihre Blicke auf dieses Extrem geheftet hätten, so wäre es eine beträchtliche Übertreibung zu behaupten, die Politik der Zuversicht habe sich als favorisierter Stil durchgesetzt. Der Grund für meine Beobachtung ist vielmehr der, daß kein herrschendes System heute erwarten darf, an der Macht zu bleiben, und keine Partei, Gehör zu finden, wenn sie nicht zumindest den Anschein erwecken, in diese Richtung zu schauen. Jedes Parteiprogramm ist abgefaßt in der Sprache der Zuversicht; jedes Regierungsvorhaben wird im Geiste der Zuversicht verkündet. Das bemerkenswerteste politische Geschenk Europas an die Welt heißt nicht Repräsentativsystem oder »Volks«-Herrschaft; es ist überhaupt keine Staatsform, sondern der Ehrgeiz und die Lust, im Sinne der Zuversicht zu regieren beziehungsweise regiert zu werden. Zudem ist das keine plötzliche oder sehr neue Wendung der Dinge: Das 17. Jahrhundert hat dahingehend so manches erlebt, und seit mindestens hundertfünfzig Jahren laufen die Dinge in diese Richtung.

Einige Beobachter nehmen das als Zeichen dafür, daß der besagte Politikstil von der Vorsehung selbst gutgeheißen wird; wenn sie die Konjunktur der Zuversicht nicht gerade auf die Segnung Gottes oder die Gnade der Geschichte zurückführen, sehen sie darin doch den Beweis für die inneren Vorzüge der Politik der Zuversicht oder ihre besondere Eignung für die gegenwärtige Lage. Daß sie in einigen Bereichen auf unsere Situation paßt, kann nicht verwundern – bei dem Umfang, in dem unsere Situation durch die Konjunktur dieses Regierungsstils geprägt wurde, könnte es kaum anders sein. Dennoch gehört der Glaube an die ungetrübte Wohltat der Zuversicht ganz klar zu einer anderen politischen Denkrichtung als der von mir befürworteten. Es genügt, wenn wir uns der Abkunft, des Charakters und der »Form« dieses Regierungsstils erinnern, um zu bemerken, daß die Experten, von denen er zum besten Pferd im Stall erklärt wurde, sich gründlich getäuscht haben. Der Stammbaum, die Kreuzung von *Macht* und *Kühner Hoffnung*, ist kein Argument. Pure Ausdauer, gepaart mit bloßer Schnelligkeit hat erstaunlicherweise noch nie ein zufriedenstellendes Rennpferd ergeben. Zweifellos wird es auf dieser oder jener Bahn ein oder zwei Läufe gewinnen; zweifellos gibt es Umstände, die ihm günstig sind: Es erwischt meist einen guten Start, auf den ersten paar hundert Metern legt es ordentlich Tempo vor, und abwarts geht es wirklich gut. Auf längere Sicht wird ein solches Kutschpferd beim Derby aber unweigerlich enttäuschen.

Das politische Handeln im Europa der Neuzeit – wie ich es dargestellt habe – ist eine Bewegung zwischen zwei

Polen, und die Politik der Zuversicht lediglich die »Ladung« eines dieser Pole. Sie ist ein extremer Regierungsstil, der sich in seiner Reinform selbst zerstört. Je entschiedener unser politisches Handeln diesem Extrem zuneigt, desto mehr partizipiert es an dessen Selbstzerstörungskraft. Selbst wenn uns der Nachweis der Unfähigkeit, wie ihn bereits die reine Analyse seines Charakters erbringt, nicht überzeugt, muß uns doch unbehaglich werden angesichts dessen, was die gegenwärtige Konjunktur der Zuversicht aus unserer Politik gemacht hat. Wenn wir uns diesen Drang zur »Vollkommenheit« vor Augen führen, der zur Hauptrichtschnur für das politische Handeln in Europa geworden ist, dieses stolze Zutrauen, von einer ignoranten Vergangenheit fortgeführt zu werden, die jetzt glücklich in Trümmern liegt, den Glauben, einzig die Geschichte der Wirkung dieses Drangs sei historisch bedeutsam und alles, was ihm in die Quere kommt, von Übel und werde gerade ein für allemal aus dem Weg geräumt; wenn wir sehen, wie die überzeugten Anhänger dieses Drangs, berauscht vom hervorragenden Blatt, das sie ausgeteilt bekommen haben, gleich den höchsten Einsatz wagten und meinten, es komme gar nicht darauf an, wie sie ihre Karten ausspielten; wenn wir uns anschauen, wie hoffnungstrunken eine Nation nach der anderen sich in diese Richtung aufgemacht hat, nur auf die Ernte erpicht, die sie unterwegs einfahren würde, unbekümmert um die Nemesis am Ende; und wenn wir uns vergegenwärtigen, daß all das auf keinem moralisch solideren Grund als der Macht errichtet ist, die es ermöglicht hat – wenn wir all dies bedenken, dann stellt sich die Frage, ob es sich nicht um ein Beispiel von Schlafwandeln handelt, eher um eine Odyssee als eine Pilgerreise.

Doch auf eine solche Sicht laufen die hier angestellten politischen Überlegungen nicht hinaus. Diese Phase in der Geschichte unserer Politik ist weder eine reine Verirrung, noch ist sie, wofür sie sich selber hält, die endgültige Orientierung unseres politischen Handelns. Sie ist ein Pendelausschlag hin zu einem der Extreme, deren unsere komplexe Politik fähig ist. Alle Fehler des Extrems haben sich darin unübersehbar enthüllt. Schon früher in dieser Richtung unternommene Abenteuer waren, da sie eine weniger ausgedehnte Macht hinter sich hatten und von einer vitaleren Skepsis in Schach gehalten wurden, nur Andeutungen dessen, was jetzt zutage liegt. Daher wäre ein bloß denunziatorischer Gestus ganz fehl am Platze. Wir müssen es nehmen, wie es ist, nicht in seiner Selbstdeutung als endgültige Vereinfachung unserer Politik, sondern als einseitiges Streben nach einer ihrer Möglichkeiten. Dieser *nicht* nachzugehen heißt weder, daß man »reaktionär« ist noch daß man sich selbst des Verrats überführt hat.

In einem komplexen Politikstil ist es für das politische Handeln vor allem wichtig, sich seinen Bewegungsspielraum dadurch zu erhalten, daß es sich ständig von jeder Einseitigkeit zurückruft, welcher es zu verfallen droht. Denjenigen, für den dies oberste Priorität hat, nannte ich einen Trimmer. Seine Aufgabe in der jetzigen Situation ist klar. Sie besteht erstens darin, wieder ein Verständnis für die Komplexität der neuzeitlichen Politik zu wecken. Unter den gegenwärtigen Bedingungen ist das vielleicht die schwerste Aufgabe: Die Konjunktur der Zuversicht hat dieses Verständnis verdunkelt, ja beinahe ausgelöscht, indem sie unserer Politik eine trügerische Einfachheit auferlegt hat. Zweitens hat er der politischen Skepsis wieder auf die Beine zu helfen, so daß dieser Pol unserer Politik wieder seine Gegenwirkung ausüben kann. Drittens muß er sein Gewicht im Bereich der Politik gegen die herrschende Strömung einsetzen – nicht um sie in das andere Extrem zu lenken, sondern um unser politisches Handeln in den mittleren Bereich zurückzuholen, wo es die von beiden Polen ausgehende Anziehung spürt und nicht unbeweglich in einem der Extreme verharrt. Und er kann das mit größtem Selbstvertrauen tun, weil der Trend, gegen den er arbeitet, weder den Segen Gottes noch den der Geschichte genießt; diese Richtung ist weder schicksalhaft notwendig, noch bringt sie unmittelbaren Gewinn. Hier muß allerdings abermals betont werden, daß die dritte Aufgabe von jeder der Parteien und Gruppierungen der modernen europäischen Politik wahrgenommen werden kann, die heute allesamt – freilich in unterschiedlichem Maße – tief von der Konjunktur der Politik der Zuversicht geprägt sind. Welche Manöver im einzelnen der Trimmer auszuführen hat, hängt von der genauen Lage ab, in der er sich befindet. Vorläufig jedoch profiliert er sich, wo er auch ist, als Parteigänger der Skepsis. Die Parteigänger der Macht, ganz gleich wo sie auftauchen, betrachtet er als seine natürlichen Gegner.

Wenn diese Aufgaben sich nur erfüllen ließen, indem man bislang unbekannte Verhaltensweisen und unserer Politik bislang fremde Ideen ins Leben riefe, wäre es im Ansatz sinnlos und verfehlt, sie angehen zu wollen; es wäre letztlich nur eine andere Weise zu sagen, daß nur eine Regierung im Stil der Zuversicht politisch in Frage kommt. Aber das stimmt nicht. Wie sehr die Komplexität unserer Politik dem Blick auch entschwunden sein mag, ganz in Vergessenheit geraten ist sie nie. In dieser Beziehung hat der Trimmer unser politisches Leben vor groben Irrtümern zu bewahren. Es existieren immer noch reichlich Hilfsquellen, die von der Konjunktur der Zuversicht nicht verdorben sind und auf die der Trimmer in der gegenwärtigen Situation zurückgreifen kann. Leider ist die Spielart der englischen parlamentarischen Staatsform, die sich über den Globus verbreitet hat, ein illegitimer Sproß der Zuversicht (»Volksherrschaft« im Dienste der Vollkommenheit); aber selbst darin gibt es noch Reserven einer unverminderten Skepsis. Mögen die Autoren der großen skeptischen Traditionslinie, Augustin, Pascal, Hobbes, Locke, Halifax, Hume, Burke, Paine, Bentham, Coleridge, Burckhardt, de Tocqueville, Acton – nicht alle freilich hartgesottene Skeptiker –, in der Gunst der öffentlichen Meinung auch zeitweilig durch die Auguren der Zuversicht verdrängt worden sein, so warten sie doch nur darauf, wieder hervorgeholt und neu interpretiert zu werden. Vielleicht ist keiner von ihnen imstande, unmittelbar zur gegenwärtigen Generation zu sprechen. Trotzdem stehen sie in dieser Beziehung immer noch besser da als die Apostel der Zuversicht, die sich seit zwei Jahrhunderten nur mehr wiederholen. Meiner Meinung nach gibt es keinen besseren Ausgangspunkt für einen frischen Versuch, die Prinzipien der skeptischen Tradition unserer Politik kennenzulernen und zu aktualisieren, als die Beschäftigung mit Pascal und Hume.

V.

Jetzt müssen wir noch sehen, was diese Einstellung, diese Art, über Politik nachzudenken, zu unserem Verständnis und unserem Umgang mit der Mehrdeutigkeit unseres politischen Vokabulars beiträgt.

In jeder Lesart der Politik des neuzeitlichen Europa ist die Mehrdeutigkeit der politischen Sprache auffällig genug, um eine Untersuchung zu verdienen, und in unserer Lesart erscheint sie geradezu als Sinnbild für das Charakteristischste dieser Phase unserer Politik: In ihr spiegelt sich die Ambivalenz unserer politischen Bestrebungen wider. Daher ist sie weder als Erfindung des Teufels zu verstehen, mit der er uns verwirren und uns dazu bringen will, unsere Bindungen zu verkennen, oder als Zeichen von Schwäche und Versagen, noch auch als bloß nachlässige oder böswillige Entstellung der eigentlichen Wortbedeutungen. Ganz im Gegenteil, sie ist unserer Politik inhärent und liefert eines der überzeugendsten Indizien dafür, daß die Politik des neuzeitlichen Europa komplex und nicht einfach ist. Wenn sie in nur eine einzige Richtung zielte, wenn sie tatsächlich bereits erstarrt wäre oder dabei, in einem ihrer beiden Extreme zu erstarren, und keinen mittleren Bereich mehr kennen würde, dann (und zwar genau deswegen) wäre unser Vokabular unzweideutig. Indem diese Lesart unserer Politik die historischen Extreme aufzeigt, welche die traditionellen Bewegungen der europäischen Politik einschränken und lenken, enthüllt sie zugleich, was die prinzipielle Mehrdeutigkeit unserer Sprache auszeichnet. Nur weil wir zwischen diesen besonderen Handlungsrichtungen hin- und hergerissen sind, haben die Wörter unseres politischen

Vokabulars ihre typische Bedeutungsspannweite angenommen und sind in besonderer Weise mehrdeutig geworden.

Zunächst sollte man meinen, wir könnten die Mehrdeutigkeit nur um den Preis loswerden, daß wir unserer Politik eine Einfachheit aufzwingen, die sie zur Zeit nicht besitzt. Da nun die im Angebot befindlichen einfachen Lösungen so sind, wie sie sind, ist es nicht nur unmöglich, ihr Einfachheit zu verordnen, sondern es käme einer Selbstzerstörung gleich. Es gibt Bedingungen, unter denen ein einfacher Politikstil existieren kann und auch angebracht sein mag; aber unter unseren Bedingungen würde es bedeuten, daß unsere Politik in einem ihrer beiden Extreme erstarrt, von denen keines für sich fähig ist, einen konkreten politischen Handlungsstil zu gewährleisten. Kurz, die Mehrdeutigkeit des politischen Vokabulars des neuzeitlichen Europa einfach abschaffen zu wollen, wäre ein schimärisches Unterfangen.

Doch unsere Lesart der neuzeitlichen Politik läßt uns mit mehr zurück als dieser negativen Schlußfolgerung. Sie lenkt unsere Aufmerksamkeit auf die praktischen Vorzüge der Mehrdeutigkeit: ihre Macht, die Wucht der Extreme in unserer Politik zu dämpfen und zwischen ihnen zu vermitteln. Natürlich liegen in der Nutzbarmachung dieses Vorteils Gefahren, aber sie bietet eine Chance, die nur jene ausschlagen werden, die von der Richtigkeit des Strebens nach »Vollkommenheit« überzeugt sind, die auch zu wissen glauben, in welcher Richtung sie liegt, und sich daher nicht darum kümmern, was auf dem Weg dorthin geschieht: Nur für die Zuversicht hat Mehrdeutigkeit keinen Wert. Wer hingegen in einem komplexen Politikstil zu Hause ist und mit ihm umzugehen weiß, wird auch fähig sein, aus den praktischen Vorzügen der Mehrdeutigkeit Gewinn zu ziehen, ohne ihr zu erlauben, geistig Verwirrung anzurichten. Schwierig wäre dies nur, wenn politisches Handeln mit Argumenten zu tun hätte, die dazu bestimmt sind, die Wahrheit von Aussagen schlagend zu »beweisen«; im Europa der Neuzeit ist das aber nicht der Fall. Die Politik ist ein Gespräch zwischen unterschiedlichen Interessen, in dem Handlungsweisen, die einander umständehalber behindern, vor gewaltsamen Zusammenstößen bewahrt werden; und hier mögen Ausdrücke mit einem kleinen Bedeutungsspielraum – Ausdrücke womöglich, die ein kontinuierliches Bedeutungsspektrum aufweisen, welches die extremen Bedeutungen miteinander vermittelt – uns manchmal gelegener kommen als eine wissenschaftliche Terminologie, die dazu bestimmt ist, jegliche Doppeldeutigkeit auszuschließen.

Gleichwohl sieht ein solches Verständnis neuzeitlicher Politik die Mehrdeutigkeit unserer politischen Sprache nicht völlig positiv, und es läßt sie nicht einfach auf sich beruhen. Den Grund und die Spannweite der Mehrdeutigkeit verstanden zu haben heißt, sie um einen Teil ihrer Kraft zur Verwirrung gebracht zu haben. Außerdem versetzt es uns in die Lage, die entscheidenden Differenzen und Divergenzen einerseits, die entscheidenden Affinitäten andererseits zu erkennen.

Man sehe sich nur das Wort »Demokratie« an. Es ist ein vielschichtiges Wort, das sich auf zwei verschiedene Vorstellungskreise bezieht. Es steht für eine bestimmte Ansicht von der Legitimität und Verfassung einer Regierung und antwortet auf das Problem der Vergabe politischer Ämter, es bezeichnet eine Art und Weise, die erforderliche Regierungsmacht zu beschaffen, und eine Form der Kontrolle der Regierungstätigkeit. In dieser Beziehung ist es mit diversen »Institutionen« verbunden, die oft mit dem Zusatz »Volks-« versehen werden, zum Beispiel gewählten Parlamenten und verantwortlichen Ministern. In der Alltagssprache bedeutet das Wort aber noch etwas anderes: Es steht für eine Regierung, die mit ihren Handlungen eine bestimmte Richtung verfolgt. Und mit dieser Richtung wiederum kann entweder die Zuversicht oder die Skepsis gemeint sein: Beide heute geläufigen Regierungsstile haben das Wort für sich besetzt. Sie können das, weil die »Volks«-Institutionen, die in Verbindung mit einer sogenannten demokratisch legitimierten Regierung stehen, sich nach beiden Richtungen hin interpretieren lassen. Trotzdem ist klar, daß es in erster Linie auf den Regierungsstil ankommt, denn danach bemißt sich, welches Verständnis von der Machtgrundlage einer Regierung vorherrscht. Wenn es der Stil der Zuversicht ist, dann werden »Institutionen« nur im Hinblick auf die Macht betrachtet, die sie der Regierung verleihen, und der Vorzug der »Volks«-Institutionen wird hauptsächlich in ihrer Fähigkeit gesehen, die Regierung mit mehr Macht auszustatten, als andere Institutionen es könnten. Die »Demokratie« steht über der »Monarchie«, weil sie mehr Macht erzeugt: Als Quelle von Macht kann es das Gottesgnadentum mit einem Plebiszit nicht aufnehmen, und jede Ausweitung des Wahlrechts erscheint als ein Zuwachs von Macht in den Händen der Regierung. Wenn es umgekehrt der Stil der Skepsis ist, dann werden die betreffenden Institutionen vor allem hinsichtlich ihrer Fähigkeit verstanden, die Regierung zu kontrollieren, und der Vorzug der »Volks«-Institutionen wird darin gesehen, daß sie das wirksamer und ökonomischer leisten können als andere. Die »Demokratie« steht über der Monarchie, weil sie die Gesellschaft vor der Durchsetzung von Lieblingsprojekten der Regierung wirksamer schützt: Als ein Mittel zur ständigen Kontrolle der Regierung kann es eine Volksabstimmung mit einem Parlament wie dem Unterhaus nicht aufnehmen, und jede Ausweitung des Wahlrechts erscheint als eine Erweiterung der Basis für diese Kontrolle und als eine Stärkung ihrer Autorität.

Wie wir indes gesehen haben, ist der Regierungsstil der Neuzeit kaum je, wenn überhaupt, eine Sache des Entweder-Oder. Es gibt einen kontinuierlichen Bereich, je nachdem wie aufgeschlossen sich das jeweils herrschende System für die beiden Pole zeigt, zwischen denen alle neuzeitlichen Regierungsformen sich nun einmal bewegen.[6] Die »Demokratie« schlechthin zu verteidigen oder anzugreifen ist folglich völlig sinnlos, ein Überbleibsel aus jener längst

---

6 Rußland ist ein glänzendes Beispiel für die Baconsche Spielart der Zuversicht, die hier denkbar unbehindert realisiert ist, frei von jeder modifizierenden Rücksicht und in einer (wie nicht anders zu erwarten) vergleichsweise einfachen Gesellschaft. Von den früheren Abenteuern in diesem Stil unterscheidet sie die unermeßlich viel größere Macht, die der Regierung zur Verfügung steht; und von den meisten anderen europäischen Regierungsformen, die sich entschieden in Richtung Zuversicht bewegt haben, unterscheidet sie der Grad, in dem sie sich hier von jeder Spur skeptischer Gegenwirkung befreit hat. Das Gegenteil des heutigen »Kommunismus« ist nämlich nicht »Kapitalismus«, der überhaupt kein Regierungsstil ist, sondern »Skepsis«.

vergangenen Epoche, in der die Regierungen nur nach ihrer Legitimität eingeteilt wurden; denn weil die nötige Macht fehlte, gab es praktisch keine Möglichkeit, Unterschiede im Regierungsstil zu entwickeln. Auch die Frage, die sich seit der Mitte des vorigen Jahrhunderts vernehmen läßt, ob »demokratische« Institutionen »funktionsfähig« gestaltet werden können, ist falsch gestellt. In Wirklichkeit versucht man heute zu klären, ob »Volks«-Institutionen unter den gegenwärtigen Umständen davor bewahrt werden können, sich rückhaltlos der Politik der Zuversicht zu verschreiben. Niemand bezweifelt, daß sie durchaus in der Lage sind, die Regierung daran zu hindern, der Gesellschaft ein einziges Tätigkeitsmuster vorzuschreiben. Wenn die Frage so neu gestellt ist, merken wir, daß wir nicht länger das untersuchen, was wir zu untersuchen glaubten, nämlich die inneren Qualitäten von »Volks«-Institutionen: Sie haben keine inneren Qualitäten; jeder der beiden Regierungsstile kann sich ihrer bedienen. In Wahrheit befassen wir uns mit der Frage, welche Chancen es dafür gibt, daß der skeptische Politikstil seine Lebenskraft zurückgewinnt und unseren Institutionen und unserem Regierungsstil ihre verdeckte Komplexität und verlorene Mobilität zurückgibt.

Als Konfuzius gefragt wurde, was er, zum Herrscher ernannt, als erstes tun würde, erwiderte er: »Unbedingt die Namen richtigstellen.«⁷ Er meinte damit, daß »Unordnung und Mißerfolg« entstehen, solange die Wörter aqui-

---

7 Konfuzius, *Gespräche*, übersetzt und hg. von Ralf Moritz, Leipzig 1982, S. 100.

vok bleiben.[8] Diese Haltung paßte selbstverständlich unmittelbar auf die Politik seiner Zeit, in der das Regieren nicht zwischen zwei entgegengesetzten Handlungsrichtungen hin- und hergerissen war. Für uns, für die sich in der Mehrdeutigkeit der Sprache die Ambivalenz des Handelns widerspiegelt, paßt sie weniger. Wir müssen damit leben, einen komplexen Regierungsstil nur auf Kosten eines äquivoken politischen Vokabulars haben zu können. Dennoch ist es nicht so, daß die Bemerkung uns nichts anginge. Und der Vorzug der politischen Betrachtungsweise, die ich hier dargelegt habe – so sie denn irgendeinen Vorzug hat –, besteht darin, daß sie das Unabänderliche hinnimmt und das Beste daraus macht. Indem sie unsere Aufmerksamkeit auf den Grund und die genauen Eigenschaften jener sprachlichen Mehrdeutigkeit lenkt, macht sie uns diese dienstbar, anstatt daß wir ihr untertan bleiben. Und nebenbei gibt sie uns ein Mittel an die Hand, um manche der kleineren Konfusionen innerhalb der Art und Weise, wie wir über Politik reden, aus dem Weg zu räumen: Nebensächliche Konflikte werden als nebensächlich, Scheinkontroversen als Schein durchschaut.

8 Ebd.

Nachwort des Herausgebers

Von der politischen Philosophie ist nicht zu erwarten, daß sie unsere Fähigkeit zu erfolgreichem politischen Handeln vergrößert. Sie hilft uns nicht, gute und schlechte politische Projekte zu unterscheiden; sie kann uns nicht beim Verfolgen der angedeuteten Möglichkeiten unserer Tradition führen oder lenken. Soweit sie mit sorgfältiger Analyse der allgemeinen Vorstellungen – Natur, Menschenwerk, Vernunft, Wille, Recht, Autorität, Pflicht – dazu beiträgt, schiefes Denken zu beseitigen und jene Begriffe sparsamer zu verwenden, ist sie durchaus brauchbar. Sie hat aber nur eine erläuternde Funktion und darf nicht als praktisches Handeln mißverstanden werden. Sie kann uns nur helfen, weniger oft von unklaren Feststellungen und irrelevanten Argumenten getäuscht zu werden.
– aus »Politische Erziehung« (1951)

Zuversicht und Skepsis vermittelt dem Leser einen erstaunlich frischen und unerwarteten Einblick in Michael Oakeshotts Gedanken zur neuzeitlichen Politik und Regierung. Seine 1951 an der London School of Economics gehaltene Antrittsvorlesung »Politische Erziehung« ist eine Art Zusammenfassung dieses Buches. Seine ausdrückliche Absicht liegt in der Untersuchung dessen, was es in der neuzeitlichen europäischen Politik bedeutete, zu regieren und regiert zu werden. Die Frage »Wer soll aufgrund welcher Legitimation regieren?« schiebt er beiseite, um statt dessen die Antworten zu verstehen, die auf die Frage »Was soll die Aufgabe einer Regierung sein?« gegeben wurden.[1]

Im Mai 1991 fuhren Shirley Letwin und ich in sein Cottage an der Küste von Dorset, um die Papiere zu sichten, die er ihr in seinem Testament mit der Bestimmung hinterlassen hatte, sie solle damit nach ihrem Gutdünken verfahren. Wir fanden sehr viel mehr vor, als wir erwartet hatten, darunter auch ein Manuskript des vorliegenden Werkes. Die Hälfte unseres Fundes brachten wir in die Londoner Wohnung von Shirley Letwin. Ein paar Wochen später suchte ich in Begleitung von Dr. Robert Orr von der London School of Economics erneut das Cottage auf, um die restlichen Unterlagen zu holen. Nach Shirley Letwins Tod gingen die Papiere in den Besitz von Professor William Letwin über.

Die vorliegende Arbeit war auf einfachem Schreibmaschinenpapier getippt. Ein Titelblatt gab es nicht, aber angesichts des Gegenstands und der Anordnung der Arbeit war die Wahl des Titels unproblematisch. Das Typoskript umfaßt 232, nicht durchgängig paginierte Seiten: Die Ein-

---

[1] »Die neuzeitliche Geschichte europäischer Politik hat sich überwiegend auf die erste der beiden Fragen konzentriert ... Diese Geschichte ist uns so oft und mit solcher Beredsamkeit erzählt worden, daß wir fast überzeugt sind, es sei die ganze Geschichte ... Doch schon ein wenig Beobachtung und Überlegung zeigt, daß dies ein Irrtum ist: Es läßt sich keine einfache und unmittelbare Beziehung zwischen Verfassung und Regierungszielen ausmachen.« (S. 18f.)

leitung und die ersten beiden Kapitel sind fortlaufend mit den Seitenzahlen 1 bis 118 versehen; die nächsten beiden Kapitel und der Schluß sind separat gezählt: 1 bis 38, 1 bis 47 und 1 bis 30. So, wie es vor uns liegt, ist es jedoch ein zusammenhängendes Ganzes. Es wurde auf derselben Papiersorte und offenbar auch auf derselben Maschine geschrieben. Von einigen Arbeiten Oakeshotts besitzen wir handschriftliche Aufzeichnungen, die später auf der Maschine geschrieben wurden. In diesem Falle fand sich jedoch nichts Derartiges vor. Unser Fund ist undatiert, doch über sein zentrales Thema äußerte Oakeshott sich bereits in den dreißiger Jahren. In *The Social and Political Doctrines of Contemporary Europe* schreibt er: »Was nun die in diesen Lehren enthaltenen moralischen Ideale betrifft, so scheint mir die fundamentale Kluft zwischen ihnen weder darin zu liegen, daß die einen ein geistiges und die anderen ein materielles Ideal anbieten, noch im tatsächlichen Gehalt der moralischen Ideale selbst. Entscheidend ist, daß die einen die Planung des gesamten Lebens der Willkür selbsternannter Führer der Gesellschaft überantworten, während die anderen sich nicht nur weigern, das Schicksal der Gesellschaft in die Hände irgendwelcher Amtsträger zu legen, sondern die ganze Vorstellung, das Schicksal einer Gesellschaft planen zu wollen, für ebenso töricht wie unmoralisch halten. Auf der einen Seite stehen die drei autoritären Doktrinen der Neuzeit – Kommunismus, Faschismus und Nationalsozialismus –, auf der anderen Seite Katholizismus und Liberalismus. Für einen Liberalen und einen Katholiken zeugt die Vorstellung, Menschen könnten autoritativ eine Lebensform planen und diese einer Gesellschaft aufoktroyieren, von überheblicher Unwissenheit, und nur wer keine Achtung vor Menschen hat und bereit ist, andere zum Mittel für die Verwirklichung der eigenen Ambitionen zu machen, kann auf diese Idee verfallen.«[2]

Zuversicht und Skepsis wurde nach dem Zweiten Weltkrieg ausgeführt und wahrscheinlich 1952 vollendet. Die hier entwickelten Themen entsprechen häufig denen, die Oakeshott in seinen zwischen den Jahren 1947 und 1951 geschriebenen und 1962 unter dem Titel *Rationalism in Politics* zusammengefaßten Essays behandelt. Er bezieht sich auf den Education Act von 1944 und auf Huizingas *Homo Ludens*, das er in den vierziger Jahren auf Deutsch hätte lesen können, aber mit großer Wahrscheinlichkeit in der 1949 erschienenen englischen Übersetzung gelesen hat. Seine Fußnoten sind bezeichnenderweise nur Skelette; die meisten sind ohne Korrekturen aus der Originalvorlage übernommen worden. Ein irrtümlicher Verweis (Fußnoten 8 und 9 auf S. 195) auf die *Cambridge Economic History of Europe* (erstmals 1941 erschienen) bezieht sich eigentlich auf eine Stelle aus Lionell Robbins' *The Theory of Economic Policy in English Classical Economy* von 1952. Ich schulde Professor Stuart Warner Dank, daß er mir half, die richtige Quelle von Oakeshotts Hinweis auf Robbins' Buch ausfindig zu machen.

Unter denjenigen meiner Bekannten, die Oakeshott sehr viel früher kennengelernt haben als ich, Shirley Letwin eingeschlossen, wußte niemand von diesem Manuskript. Es

---

2 Michael Oakeshott, *The Social and Political Doctrines of Contemporary Europe*, Cambridge 1939, S. xxii f.

scheint nicht als Vorlesungsreihe Verwendung gefunden zu haben. Denn in Oakeshotts Nachlaß fanden sich auch einige Vorlesungen, die von ihm als solche ausgewiesen waren. Zwei Studenten, ausgezeichnete Kenner seiner Arbeit, die dieses Manuskript für die *Yale University Press* durchgingen, waren von seiner Existenz überrascht.

Warum Oakeshott beschlossen hat, die vorliegende Schrift (wie viele andere) nicht zu veröffentlichen – eine von allen, die sich für seine Arbeit interessieren, häufig erörterte Frage –, ist ein Rätsel. Wir haben hier eine vollendete Darlegung seines Denkens aus einer bestimmten Phase vor uns. Es mag ihm aus irgendeinem Grund nicht gefallen haben. Oft war Oakeshott mit seinen Schriften unzufrieden oder zweifelte an ihnen. Die von ihm veröffentlichten Essays sind mehrmals, häufig im Laufe vieler Jahre, revidiert worden, bevor er sie der Öffentlichkeit übergab. Er knüpfte aber an den Shirley Letwin vererbten schriftlichen Nachlaß keinerlei Bedingungen. *The Voice of Liberal Learning* wurde unter seiner Aufsicht und mit seiner uneingeschränkten Billigung 1989 veröffentlicht, und obgleich er kurz vor Erscheinen der neuen, erweiterten Auflage von *Rationalism in Politics* im Jahr 1991 starb, hatte er ihre Entstehung verfolgt und die Zusätze und Umstellungen gutgeheißen. Er freute sich über diese Projekte, aber er selbst hätte sie nie in Angriff genommen.

Oakeshott hatte den Ehrgeiz, der politischen Philosophie einige Essays von bleibender Bedeutung zu vermachen, und er glaubte, daß ihm dies gelungen sei. Auf seinem Porträt im Gonville-und-Caius-College in Cambridge sitzt er an einem Tisch, auf dem in der Mitte und sofort ins Auge fallend *On Human Conduct* zu erkennen ist. Doch die für Akademiker typische Form des Ehrgeizes legte er nicht an den Tag. Er kümmerte sich wenig um Kongresse und war nicht – wie jetzt mehr als deutlich geworden ist – vom Drang beseelt, alles, was er schrieb, zu veröffentlichen.

Dieses Buch, das weder eine historische Monographie noch im strikten Sinne ein philosophischer Essay ist, enthält Elemente von beidem und mehr. Es kommt einem Ratgeber für die Praxis der neuzeitlichen Politik so nahe wie nur je ein Buch, das aus Oakeshotts Feder geflossen ist. Wie für ihn typisch, führt es eine Art und Weise, über Politik nachzudenken, vor, ohne besondere politische Maßnahmen nahezulegen. Doch in seiner Vermutung, daß es eine geeignete Form des politischen Verhaltens gibt, welche die Mitte zwischen zwei Extremen hält, die er »Politik der Zuversicht« und »Politik der Skepsis« nennt, wird sein Aristotelismus überaus deutlich. Wie Aristoteles meint Oakeshott nicht einfach die Überbrückung von Differenzen durch Kompromisse; er meint die Bestimmung des richtigen Gleichgewichts zwischen konkurrierenden Tendenzen. Im Kontext der Neuzeit hieß das für ihn, wieder ein Gegengewicht zur dominanten Politik der Zuversicht zu setzen, indem die Tugenden der Politik der Skepsis wiederbelebt oder erneut in den Blick gerückt werden.

Oakeshotts Ansatz ist dialektisch. Seiner Ansicht nach haben sich aus den vielen Anstrengungen der Europäer, über ihr politisches Handeln Rechenschaft abzulegen, zwei konkurrierende Tendenzen herausgebildet, über den Zweck der Regierung nachzudenken, und das unter Verwendung eines Vokabulars, welches, weil es von beiden

Seiten benutzt wurde, mehrdeutig ist.³ Die praktische Bedeutung politischer Ausdrücke geriet damit in die – bis heute fortdauernde – Abhängigkeit davon, wie wir die beiden entgegengesetzten Weisen vermitteln, in denen in Europa seit der frühen Neuzeit über Zweck und Umfang der Regierung nachgedacht wird. Die Politik der Zuversicht, so Oakeshott weiter, hat das politische Handeln und Denken in den letzten hundertfünfzig Jahren beherrscht und die Politik der Skepsis in die Defensive gedrängt. Das konnte nach seiner Überzeugung für jene, die Politik im Sinne der Zuversicht betreiben, nur im bösen Erwachen der Selbstzerstörung enden.

Die fragliche »Zuversicht« ist praktisch das Gegenteil vom traditionellen religiösen Glauben. Sie ist die gläubige Zuversicht, daß der Mensch fähig ist, sich durch eigene Anstrengung zu vervollkommen, möglich geworden durch die Entdeckung, daß die Macht der Regierung kontinuierlich gesteigert werden kann, denn sie ist das entscheidende Instrument, um Individuen und Gruppen zu kontrollieren, zu formen und zu vervollkommen. Die »entscheidende Bedingung für die Entstehung der Politik der Zuversicht«, schreibt Oakeshott, war »ein erstaunlicher und berauschender Zuwachs menschlicher Macht«, der sich zu Beginn der Neuzeit einstellte und die Hoffnung auf eine Erlösung durch die Politik stimulierte, und Bacons Verheißung von Reichtum, Überfluß und Wohlfahrt. Diese »Zuver-

---

3 Beispielsweise bezeichnet »Demokratie« sowohl das Mittel, die politische Macht einzuschränken, als auch die Legitimation eines konzentrierten und umfassenden Einsatzes von Macht per Plebiszit.

sicht« sollte das augustinische Verständnis des Glaubens ablösen, das sich gegen den Pelagianismus und die Diesseitigkeit richtete. Kurz, die Politik der Zuversicht entspricht jener neuzeitlichen Neigung, die Oakeshott an anderen Stellen als »Rationalismus in der Politik« oder als »ideologischen Stil der Politik« bezeichnet hat.[4]

Die »Skepsis«, um die es hier geht, sieht in der menschlichen Erfahrung etwas so Vielfältiges und Komplexes, daß jeder Plan, die menschlichen Angelegenheiten zu ordnen und neu zu organisieren, scheitern muß. Derartige Pläne führen bestenfalls zu einer zeitweiligen Erleichterung und zu vorübergehenden Errungenschaften, schlimmstenfalls unterdrücken sie die Menschen und lähmen den menschlichen Geist. Die Spannweite menschlicher Erfahrung und der unendliche Wandel der Beziehungen zwischen Individuen und Gruppen werden stets allen Versuchen, sie einem zentralen Plan zu unterwerfen, spotten. Die Macht der Regierung zu steigern heißt, die irregeleitete Bemühung zu unterstützen, eine solche Kontrolle zu erweitern – um kollektiv und ohne Umwege der Vollkommenheit nachzustreben.[5] Hierdurch wird das spezifisch neuzeitliche Verlangen des einzelnen bedroht, in eigener Regie zu einem Selbstverständnis zu gelangen und die immensen Möglichkeiten auszuloten, welche sich für Individuen er-

---

4 So in »Politische Erziehung« und dem Titelessay von Michael Oakeshott, *Rationalismus in der Politik*, Neuwied 1966. (*Rationalism in Politics*, New York 1962, neue und erweiterte Ausgabe Indianapolis 1991.)
5 Vgl. »Der Turm zu Babel« (1948), in: Oakeshott, *Rationalismus in der Politik*.

geben, die darauf beharren, ihrem Verständnis gemäß auf die Welt zuzugehen, und die sich selbst als frei betrachten, weil sie wissen, daß sie »in sich sind, was sie für sich selbst sind«.[6] Unter den letztgenannten Bedingungen sympathisiert Oakeshott mit Individuen, die schnurstracks ihrer eigenen Vollkommenheit nachjagen. Eine Welt aus Individuen mag viele Melodien komponieren, aber diese lassen sich nicht von einem Komponisten oder einer Gruppe von Komponisten, seien sie auch noch so genial, arrangieren und in Noten setzen.

Alle diese Einsichten ergeben sich im Laufe einer weit gespannten, durch historische und philosophische Studien angereicherten Reflexion über die Besonderheiten der Praxis, der Rede und der theoretischen Schriften, die in Europa, vor allem in England, seit dem 15. Jahrhundert das politische Handeln und die Überlegungen dazu geformt haben. Obgleich Oakeshott sich der Tatsache bewußt ist, daß die Eigenschaften der neuzeitlichen Politik Europas sich im 20. Jahrhundert über die ganze Welt verbreitet haben und daß so die räumlich begrenzte Ambivalenz des Verhaltens und die Mehrdeutigkeit der politischen Rede zu universalen Erscheinungen wurden, meint er sie am deutlichsten in ihren europäischen Ursprüngen begreifen zu können.

Wir haben daher eine Exposition des zentralen Themas von Oakeshotts Denken nach dem Zweiten Weltkrieg vor

---

6 »A Place of Learning« (1974), in: Michael Oakeshott, *The Voice of Liberal Learning: Michael Oakeshott on Education*, hg. v. Timothy Fuller, New Haven/London 1989, S. 19, sowie »The Claims of Politics« (1939), in: Michael Oakeshott, *Religion, Politics and the Moral Life*, hg. v. Timothy Fuller, New Haven/London 1993.

uns: die Anstrengung, die treibenden, wenngleich gespaltenen Zwecke der neuzeitlichen Politik Europas und des neuzeitlichen europäischen Staates theoretisch zu erfassen. Mit anderen Akzenten entwickelte er dieses Thema in den 1958 gehaltenen Harvard Lectures, die 1993 unter dem Titel *Morality and Politics in Modern Europe* veröffentlicht wurden, und legte seine, wie er meinte, endgültigen Thesen dazu 1975 in seinem Buch *On Human Conduct* vor.[7]

Mit den beiden späteren Werken ist *Zuversicht und Skepsis* insofern verwandt, als es sich an einer umfassenden Charakterisierung des Terrains neuzeitlicher Politik versucht. Es gleicht *On Human Conduct* darin, daß zwei entgegengesetzte Weisen, den Umfang der Regierungstätigkeit zu verstehen, skizziert werden. *On Human Conduct* beinhaltet die Analyse einer grundlegenden Dichotomie, in der sich die Unterschiede zweier polarer Möglichkeiten spiegeln, über den Zweck der Regierung nachzudenken. Der neuzeitliche Staat könne, so Oakeshott, am besten verstanden werden, indem man die beiden konkurrierenden Idealtypen der »bürgerlichen Vereinigung« und der »unternehmerischen Vereinigung« entfaltet. Beide bieten ein je unterschiedliches Modell dessen, was der Zweck der Re-

---

7 Michael Oakeshott, *Morality and Politics in Modern Europe*, hg. v. Shirley Robin Letwin, New Haven/London 1993. *On Human Conduct*, Oxford 1975. Vgl. auch »The Vocabulary of a Modern European State«, in: *Political Studies*, 1975. In den fünfziger Jahren verfolgte er noch ein zweites Thema: die Einschränkung des universalistischen Anspruchs des modernen Rationalismus durch den dichterischen Sinn für Freude und Kontemplation. Die Früchte dieses Themas gingen ein in »Die Stimme der Kunst im Gespräch der Menschheit« (1959), in: *Rationalismus in der Politik*.

gierung sein soll und welche Leistungen man von ihr erwarten könne. Die Beschreibung der »bürgerlichen Vereinigung« in *On Human Conduct* zeigt, daß sie mit der skeptischen Einstellung in der Politik vereinbar ist, und sie liefert ein stimmiges Modell dafür, wie der neuzeitlichen politischen Situation zu begegnen ist. Menschen mit divergierenden Zwecken, die gleichwohl genötigt sind, in einem Gemeinwesen zusammenzuleben, profitieren eher von einer Vereinigung, die auf höflicher Rücksicht und formellen Verfahren, als von einer, die auf einem verbindenden Zweck gründet, dem immer nur einige aus freien Stücken zustimmen werden. Höfliche Rücksicht und formelle Verfahren entschärfen das Dilemma, den richtigen Abstand untereinander zu finden.[8] Oakeshott hielt eine »unterneh-

---

[8] Oakeshott formulierte prägnant: »Es gab einmal, so erzählt Schopenhauer uns, eine Rotte Stachelschweine, die es liebte, sich an einem kalten Wintertag aneinander zu drängen, um so, eingehüllt in die gemeinschaftliche Wärme, nicht frieren zu müssen. Doch weil sie einander stachen, rückten sie wieder voneinander ab. Jedesmal brachte das Verlangen nach Wärme sie wieder zusammen, und jedesmal stellte sich dasselbe Übel ein. So verharrten sie, hin- und hergerissen zwischen Mißständen, unfähig einander zu tolerieren, unfähig ohne einander auszukommen, bis sie entdeckten, daß sie, wenn sie den richtigen Abstand wahrten, beides haben konnten: die Freude an der eigenen Individualität und das Vergnügen an der Gemeinschaft. Sie schrieben diesem Abstand nicht irgendeine metaphysische Bedeutung zu, noch sahen sie darin eine unabhängige Quelle des Glücks, wie das Finden eines Freundes. Sie erkannten darin eine Beziehung, die nicht auf substantiellen Freuden, sondern auf zufälligen Rücksichten beruhte, über die sie selbst befinden mußten. Ohne daß sie es wußten, hatten sie die bürgerliche Vereinigung erfunden.« »Talking Politics« (1975), in: *Rationalism in Politics*, Ausgabe 1991, S. 460f.

merische Vereinigung« für ein unangemessenes Vorbild für den neuzeitlichen Staat, da sie einen einzigen, vereinheitlichenden Zweck voraussetzt. Unternehmerische Vereinigungen sind für freiwillige Verbände von Individuen geeignet, die sich einem gemeinsamen Vorhaben anschließen, es aber auch jederzeit aufkündigen können.

Morality and Politics in Modern Europe versucht, eines der Hauptargumente für eine Vergrößerung der Regierungsmacht durch den Nachweis zu widerlegen, daß Menschen, die sich als Individuen zu begreifen gelernt haben, sich nicht vervollkommnen können, indem sie ein individualistisches Fundament mit einem kommunitaristischen Aufbau versehen. Das ist deshalb nicht möglich, weil das für die Individualität unerläßliche Selbstverständnis sich nicht mit den Implikationen des Wunsches nach Gemeinschaftlichkeit versöhnen läßt. Jeder Versuch einer solchen Synthese bringt nur eine illegitime Pseudoordnung hervor. Es gibt keine Möglichkeit, das zurückzugewinnen, was einige Zeitgenossen für eine gangbare klassische oder mittelalterliche Alternative halten. Oakeshott macht deutlich, warum ein Amalgam dieser Alternativen niemals zufriedenstellen kann.

In *Zuversicht und Skepsis* bewertet er die historische Basis für diese Art von Abstoßung. Oakeshotts Ansicht über den Streit zwischen individualistischen und kollek-

---

9 Dieser Essay von 1819 findet sich in: Benjamin Constant, *Werke*, hg. v. Axel Blaeschke und Lothar Gall, Bd. 4, Berlin 1970–72, S. 363–396. Im Gegensatz dazu hielt Oakeshott den zuvor von Rousseau unternommenen Versuch, die Konfliktparteien zu versöhnen, für mißlungen.

tivistischen Gefühlen gleicht Benjamin Constants Unterscheidung in »Über die Freiheit der Alten im Vergleich zu der der Heutigen«, einem von Oakeshott bewunderten Essay.⁹

Zugleich stellt *Zuversicht und Skepsis* den bedeutenden Versuch dar, die unterschiedlichen Argumentationen aus Oakeshotts bekannten Aufsätzen der vierziger und fünfziger Jahre zusammenzuführen.¹⁰ Da er von den Vorzügen des essayistischen Stils überzeugt war, vor allem wie Montaigne ihn pflegte, entschied Oakeshott sich in der damaligen Phase, zu gegebenem Anlaß Aufsätze zu veröffentlichen, um sich so vor dem zu hüten, was ihm, wenn auch nicht anderen, als Gefahr einer allzu systematischen Darstellung seines Denkens erschien. In dieser Zeit seiner leidenschaftlichen Kritik des »Rationalismus« – vom Ende des Zweiten Weltkrieges bis zur Veröffentlichung von *Rationalism in Politics* im Jahr 1962 – wandte er sich bewußt vom herrschenden akademischen Stil ab. Er wollte unbedingt eine rationalistische Kritik am Rationalismus vermeiden.¹¹ Gleichwohl hat er, wie mittlerweile deutlich ist, auch in jener Zeit weiter an einer eher systematischen Darlegung gearbeitet – *Zuversicht und Skepsis* ist ein Bei-

---

10 Leser von *Rationalismus in der Politik* werden aus den Essays unschwer die Themen und Ausdrücke herausgreifen können, die sich in diesem Buch wiederfinden.
11 Über Hayeks *Der Weg zur Knechtschaft* bemerkte er, daß hier aus dem Widerstand gegen den Rationalismus »eine Ideologie gemacht worden« sei: »Die Umwandlung der traditionsverbundenen ... Kräfte in eine bewußte Ideologie wird nur dort als eine Stärkung dieser Kräfte angesehen, wo die Gesellschaftsordnung bereits schwer vom Rationalismus angesteckt ist.« *Rationalismus in der Politik*, S. 30.

spiel dafür. Es ergänzt die bereits veröffentlichten Werke, erhellt Oakeshotts Gedanken über die neuzeitliche Politik und Regierung und greift seine Ansicht über die erklärende Aufgabe des philosophisch orientierten politischen Denkers auf, wie er sie in den beiden aus den vierziger Jahren stammenden Essays »The Concept of a Philosophy of Politics« und »Political Philosophy« dargelegt hatte.[12]

Die von Oakeshott herausgestellte Polarität der Stile im politischen Denken und Verhalten ist weder einer Lösung zugeführt noch ist sie überwunden worden. Möglich wäre dies für Oakeshott auch nur, wenn es einem der beiden Ansätze, sich zur Politik und zur Regierung zu stellen, gelingen könnte, durch die Überwindung des Gegners einen Schlußstrich unter die Debatte zu ziehen und sich so die Freiheit zu verschaffen, seine eigenen Aspirationen uneingeschränkt zu verwirklichen. In der Praxis wurde der Gegensatz jedoch stets durch die zähneknirschende Anerkennung der Gegenwart des jeweils anderen und durch die Furcht vor den Extremen, wenn sie tatsächlich aufzutreten drohten, vermittelt. Aus diesem Zusammenspiel entstand das Feld, auf dem die politischen Kämpfe ausgetragen werden. Selbst in der philosophischen und historischen Analyse des Charakters dieser Alternativen beabsichtigt Oakeshott vor allem, die Basis für die Aufrechterhaltung eines

---

12 In: Michael Oakeshott, *Religion, Politics and the Moral Life*.
13 »Politisches Handeln gleicht somit einer Fahrt auf einem endlosen und abgrundtiefen Meer ohne schützende Zuflucht und sicheren Ankergrund, ohne Ausgangs- und festen Bestimmungshafen. Aufgabe ist es, gleichmäßige Fahrt beizubehalten – das Meer ist Freund und Feind zugleich. Die Seemannskunst liegt im Gebrauch der Kräfte

Gleichgewichts aufzuzeigen, oder wie er in einer berühmten Formulierung sagte, mit dem Schiff »gleichmäßige Fahrt beizubehalten«, damit es seine Segel für die Reise über ein endloses und abgrundtiefes Meer setzen kann.[13] Ja, es handelt sich hier um eine weitergeführte Erklärung der Argumente seiner Antrittsrede von 1951. Um gleichmäßige Fahrt beizubehalten, muß der Wert der Politik der Skepsis wieder in den Blick gerückt werden, denn nur so lassen sich die Gefahren bannen, die von einer Dominanz der Politik der Zuversicht ausgehen. Sich für die Politik der Skepsis zu entscheiden bedeutet daher nicht, sich für eine reaktionäre Politik einzusetzen, sondern für den ausgleichenden »trimming act« der Staatskunst. Aktive Politiker brauchen keine Doktrin, sondern eine Einsicht in die Grenzen und Möglichkeiten ihrer Situation.

Oakeshott glaubte nicht daran, daß eine philosophische Betrachtung der Politik eine einfache, einheitliche Lehre hervorbringen würde. Die philosophische Beschäftigung mit der Politik, wie er sie verstand, ist keine höhere, abstraktere Art und Weise, bestimmte politische Maßnahmen zu empfehlen. Der Versuch, die Politik philosophisch zu verstehen, unterscheidet sich grundlegend von dem Versuch, spezifische politische Maßnahmen durch eine Erörterung auf theoretischer Ebene zu rechtfertigen. Politik von der philosophischen Seite anzugehen heißt, eine Per-

> einer Tradition des Handelns, um jede gefährliche Situation in eine freundliche zu verwandeln.« *Rationalismus in der Politik*, S. 138. Oakeshott fährt mit der Bemerkung fort, dies sei für alle, die einen Plan oder eine klare Vision für die Zukunft haben, eine »unnötig skeptische Auffassung«.

spektive einzunehmen, die politisch Handelnden nicht leicht zugänglich ist. Denn der philosophisch Fragende, ob er sich nun zur einen oder anderen Seite hingezogen fühlt, kann seine Neigung nur vermitteln, indem er die für ihn überzeugenden Gründe darlegt und damit zu weiteren philosophischen Debatten einlädt. Mehr zu wollen bedeutet, die philosophische Reflexion preiszugeben und der Überzeugung und dem Handeln einen höheren Rang einzuräumen als der Aufforderung, ein unbeendetes Gespräch fortzusetzen. Philosophisches Verstehen läßt sich nicht einfach mit praktischem Handeln vereinigen. Jeder derartige Versuch muß notwendig das philosophische Anliegen, verstehen zu wollen, opfern: Der Philosoph kann als Philosoph das Verstehen nur um seiner selbst willen verfolgen.[14]

Oakeshotts distanzierte Haltung entspringt seiner Erklärung dafür, wie die beiden Denkweisen aus jeweils unhinterfragten Voraussetzungen eine innere Kohärenz gewinnen. Die wesentlichen Grundannahmen beider Denkweisen schließen zwangsläufig andere mögliche Annahmen aus, deren Berücksichtigung das praktische Verständnis inkonsistent machen, die Handlungsbereitschaft einschrän-

---

14 Man betrachte Oakeshotts Analyse von Platons Höhlengleichnis auf den ersten Seiten von *On Human Conduct*. Oakeshott räumt die Möglichkeit eines »Aufstiegs« aus der Höhle (wenn auch nicht den Anspruch auf eine überlegene Mission) ein, aber er glaubt nicht, daß nach einem erneuten »Abstieg« das Wissen zur Verfügung steht, wie die Höhle neu zu organisieren ist. Für Oakeshott lehrte die Philosophie die Dürftigkeit menschlichen Wissens. In diesem Sinne war er Sokratiker.

ken und die Angemessenheit des eigenen Wissens darum, was zu tun ist, in Frage stellen würde.

Diese distanzierte Haltung wird jedoch in Oakeshotts Lob für Halifax' *The Character of a Trimmer* aufgebrochen, das uns denjenigen vorstellt, der über die Fähigkeit verfügt, das Staatsschiff in gleichmäßiger Fahrt zu halten. Hier fand Oakeshott keinen uneingeschränkten skeptischen Zweifel, sondern die Mäßigung der Erwartungen, die für die praktische im Gegensatz zur philosophischen Skepsis bezeichnend ist. In der Auseinandersetzung mit der Politik der Zuversicht sucht die Skepsis des »Trimmer« den Konflikt zu mäßigen, denn das Bedürfnis nach einem Wandel kann man auch einräumen, ohne von trügerischen Erwartungen angestachelt zu werden. »Ein ›Trimmer‹ ist jemand, der sein Gewicht so einsetzt, daß das Schiff keine Schlagseite bekommt«, und der »alles daransetzt, die Politik vom Extremismus abzuhalten«. Dabei wendet er sich »stets in diejenige Richtung, die die jeweilige Situation nahelegt, damit das Boot weiter gleichmäßig dahingleitet«. (S. 229f.)[15]

Indem er die Begriffe »Politik der Zuversicht« und »Politik der Skepsis« wählt, setzt Oakeshott sich über die oft

---

[15] Halifax' *The Character of a Trimmer* »war einer von vielen Versuchen, das Prinzip der ›Mäßigung‹ aus den Gegebenheiten der neuzeitlichen Politik abzuleiten ... Denn obwohl der skeptische Stil selbst ein Extrem darstellt, besteht sein Extremismus nicht darin, daß er einer Gesellschaft ein uniformes Tätigkeitsmuster auferlegen würde; dementsprechend übt er sich, wie wir sahen, in seiner eigenen charakteristischen Zurückhaltung, und darin kann man einen Hinweis auf eine weiterreichende Theorie der Mäßigung erkennen.« (S. 228f.)

angeführte Dichotomie von »Antike« und »Neuzeit« hinweg;[16] für ihn sind die beiden entgegengesetzten Pole gleichermaßen neuzeitlich. Sie entstanden zur selben Zeit, entfalteten sich während der letzten fünf Jahrhunderte und bildeten so die geistige Struktur des neuzeitlichen politischen Lebens, das in praktischer Hinsicht ein ununterbrochenes Streitgespräch darüber war, ob die beispiellose Kontrollmacht der Regierung, die zunehmend verfügbarer und attraktiver wurde, nun zu zerstreuen oder mit dem Ziel einer »engmaschige[n] und umfassende[n] Kontrolle sämtlicher Tätigkeiten« (S. 175) im Gegenteil zu konzentrieren sei.

Oakeshott selbst bezeichnet sich freilich als einen Skeptiker, der »gern anders vorgehen [würde], wenn er nur wüßte, wie das anzustellen sei«.[17] Im vorliegenden Buch formuliert er ausführlicher und poetischer: »Diese besorgte Meinung über die Schwäche und Verderbtheit des Menschengeschlechts und die Vergänglichkeit seiner Leistungen wurde zuweilen (wie bei Donne und Herbert) zutiefst empfunden, zuweilen (wie bei Hobbes, Spinoza und Pascal) philosophisch fundiert herausgearbeitet und zuweilen (wie bei Montaigne und Burton) mit Milde und Ironie be-

---

16 »Ich werde mich nur mit neuzeitlicher Politik beschäftigen. Zweifellos haben einige Merkmale der neuzeitlichen Politik woanders ein Pendant, etwa in der Antike. Dies ist freilich nur ein schemenhaftes Gegenstück ... Neuzeitliche Politik umfaßt meiner Ansicht nach jene Gewohnheiten und Stile politischen Verhaltens und Denkens, die sich im 15. Jahrhundert herauszubilden begannen und in direkter Linie mit unseren gegenwärtigen Gewohnheiten und Stilen verbunden sind.« (S. 16).

17 »Politische Erziehung«, in: *Rationalismus in der Politik*, S. 123.

handelt; wo man die Tätigkeit des Regierens aus einer solchen Sicht betrachtete, erwuchs daraus eine politische Skepsis, die nichts von jenem Mißtrauen hatte, das durch die Siege und Aussichten der Zuversicht geweckt wurde.« (S. 146)

In der Praxis ist die Politik der Skepsis nicht mit der philosophischen Skepsis zu verwechseln, die sowohl gegenüber der Politik der Skepsis als auch gegenüber der Politik der Zuversicht eine skeptische Haltung einnimmt. Die geistigen Triebkräfte der beiden Politikstile werden von ihrer »Nemesis« ereilt, wann immer der Drang überhandnimmt, ihrer reinen oder idealen Form ungehindert Ausdruck zu verleihen. Die Politik der Zuversicht ist stets empfänglich für die neuesten Pläne verbesserter Türme zu Babel; die Politik der Skepsis entwickelt sich zu leicht zu einem Spiel, das sich strikt an die Regeln hält und das Außergewöhnliche einer Situation verkennt.

Über dieses zwiespältige Erbe von »Zuversicht« und »Skepsis« hinauszugehen würde nach Oakeshotts Meinung ein Maß an Klugheit und Einsicht erfordern, das wir nicht erreichen können. Wenn wir das eine oder andere Ideal bis zu seinem Extrem treiben, ist damit nur wenig zu gewinnen, aber eine große Gefahr verbunden: das Unglück, die Gegenwart nur »als die Nahtstelle zwischen Nacht und Tag« zu begreifen und sie daher lediglich als »ein ungewisses Zwielicht« (S. 187) zu sehen. Die Extreme implizieren, daß die abstrakte Form beider Ideale einer latenten Ordnung entspricht, die im geschichtlichen Handeln verborgen liegt oder durch dieses Handeln verzerrt wird, die darin zum Vorschein kommen oder sich in ihm erfüllen soll.[18] Aber die Geschichte kennt kein ideales Muster und keinen Endzustand, weder einen unvermeidlichen noch einen willentlich herbeiführbaren. Jene, die dergleichen umzusetzen suchen, werden daran immer scheitern und währenddessen sehr viel Leid erzeugen.

Wenn die Politik der Zuversicht die Möglichkeiten des menschlichen Handelns überschätzt, so unterschätzt oder verkennt die Politik der Skepsis sie. Weder die Politik der Zuversicht noch die Politik der Skepsis vermag das Ganze der Politik zu umfassen. Das Auftrumpfen des einen provoziert die Gegenreaktion des anderen, so daß sie das Terrain beständig neu abstecken, auf dem wir handeln müssen.[19] Es ist uns verwehrt, irgendwelche einfachen Prinzipien oder Behauptungen aufzustellen, um damit das komplexe Feld des Handelns, in dem wir uns bewegen müssen, zu beherrschen. Daher besteht Politik nach Oakeshotts berühmt gewordener Formulierung im »Verfolgen der angedeuteten Möglichkeiten«.[20] Wir bedürfen daher des »Trimmer«, desjenigen, der ein umfassendes Verständnis der politischen Situation hat, der nicht an ihren Schranken rüttelt, aber bereit ist, neue Möglichkeiten zu erwägen.

18 Oakeshotts praktisches Anliegen geht dahin, immer die passende Mitte zu finden, und erschöpft sich nicht in seiner unermüdlichen, subversiven philosophischen Beschäftigung, die Alternativen zu sezieren, unbekümmert davon, was ihre Parteigänger tun oder lassen mögen.
19 Selbst in Zeiten, die viele als Oakeshotts politisch dezidierteste begreifen – weil er, wie man sagt, von dem Aufstieg der britischen Labour-Party irritiert war –, behielten seine Theorien immer das Ganze der neuzeitlichen Politik im Auge, nicht bloß ihre lokalen, gegenwärtigen Manifestationen in England.

Es gibt keine fehlerfreie Methode, darüber zu entscheiden, was zu tun ist. Nur weil wir bei der einen Gelegenheit richtig mit der Situation umgegangen sind, können wir nicht wissen, ob uns das auch bei der nächsten ebenso oder weniger gut gelingen wird. Das gilt für alle politisch Tätigen, ob sie sich nun von der Politik der Zuversicht oder von der Politik der Skepsis leiten lassen. Der Skeptiker hat den bescheidenen Vorteil, vielleicht weniger Fehler zu machen, da er nicht vergißt, daß Politik niemals über das Verfolgen der angedeuteten Möglichkeiten hinausgelangen kann.[21] Die skeptische Haltung trägt den Zufälligkeiten der in der Geschichte zum Ausdruck kommenden menschlichen Lage stärker Rechnung, ihre erinnernden Mahnungen rufen zur Nüchternheit auf, wenn andere überschwenglich sind.

»In der Politik der Zuversicht«, so Oakeshott, »lassen sich politische Entscheidungen und Unternehmungen als Reaktion auf eine enthusiastische Vorstellung *des* allgemeinen Wohls oder als Schlußfolgerung aus rationalen Argumenten verstehen, keinesfalls aber als zeitweiliger Notbehelf oder schlicht als Maßnahme, um die Dinge am Laufen zu halten.« (S. 61) Demgegenüber hat die Politik der

---

20 »Politische Erziehung«, in: *Rationalismus in der Politik*, S. 144–147.
21 Oakeshott meint damit, daß die Politik niemals *nicht* das Verfolgen angedeuteter Möglichkeiten sein kann. Die *Politik der Zuversicht* ist kein Ausweg aus der Unvermeidbarkeit, den angedeuteten Möglichkeiten nachzugehen, sondern falsches Verständnis und oft Selbsttäuschung. Was der Mäßigung im Wege steht, ist die immense Macht, die in der Neuzeit verfügbar ist, sowie das Versagen, Kriege und internationale Konflikte zu verhüten, was die Regierungen ständig in Notstandssituationen brachte.

Skepsis« – als abstrakter Politikstil betrachtet – andere Wurzeln. Sie liegen entweder in der radikalen Ansicht, daß menschliche Vollkommenheit nichts als eine Illusion sei, oder in der weniger radikalen Überzeugung, daß unser Wissen über die Bedingungen menschlicher Vollkommenheit allzu beschränkt sei, als daß es klug wäre, unsere Anstrengungen auf eine Richtung zu konzentrieren«, und der Entschluß, »die Vollkommenheit nur in einer Richtung zu suchen – besonders wenn man schnurstracks darauf zusteuert« –, wird »Enttäuschung und ... Elend mit sich bringen«. (S. 69)[22]

Kurz, im Stil der politischen Skepsis zu regieren stellt genug wichtige Angelegenheiten in die Obhut der Regierung, liefert uns aber keinen umfassenden Zweck. Auch wird eine solche Regierung nicht den Anspruch erheben, für eine bestimmte Lebensform zuständig zu sein, die sie auf Kosten anderer Alternativen unterstützt. Das Ziel ist nicht, den Leuten zu sagen, wie sie leben sollen, sondern Einrichtungen aufrechtzuerhalten, in denen sie unbesorgt die bemerkenswerte Vielfalt vorstellbarer Möglichkeiten

---

22 Skepsis »abstrakt betrachtet« ist das, was Skeptiker äußern mögen, wenn man sie zu einer reflektierten Verteidigung ihrer Position aufruft, statt sie für selbstverständlich zu halten. Die Politik der Zuversicht mag von Individuen betrieben werden, deren »enthusiastische Vorstellung« vom allgemeinen Gut nicht philosophisch reflektiert ist. Oakeshotts Eingriff ist nur begrenzt; er zielt nicht direkt darauf ab, Verhaltensweisen zu ändern. Spezifische Handlungen folgen nicht aus philosophischer Reflexion, und das Verhalten ist allemal spezifisch. Würden politisch Tätige auf beiden Seiten seine Analyse aufgreifen und sie mit ihren besonderen Auffassungen verbinden, so täten sie das im Lichte ihrer eigenen Meinungen.

verfolgen können, die Menschen, ihren eigenen Plänen überlassen, hervorbringen werden. Daher ist »im Verständnis des Skeptikers ... Ordnung eine große und schwer zu bewerkstelligende Leistung, die ständig von Verfall und Auflösung bedroht ist.« (S. 71) Dies ist eine Ordnung im Sinne eines Rahmens von Rechten, Pflichten und Mitteln zur Behebung von Mißständen, die zusammen das bilden, was Oakeshott die »äußere Ordnung« nennt.

Unter »äußerer Ordnung« versteht Oakeshott ein formales Arrangement, das über einem tieferen, umfassenderen System menschlicher Beziehungen liegt. Dieses Beziehungsgeflecht besitzt unabhängig von allen Zwecken der Regierung ein Eigenleben, es bewegt sich nach eigenen Gesetzen, und keine Regierung wird es sich je einverleiben oder unterwerfen können. Die oberste Aufgabe der äußeren Ordnung besteht darin, die tiefere Ordnung aufrechtzuerhalten und sie in dem Sinn zu »verbessern«, daß sie die vorhandenen Einrichtungen, wo immer es nötig ist, den veränderten Bedingungen anpaßt. Der Skeptiker, so Oakeshott, denkt über die Regierung, sie dürfe, »wie Knoblauch beim Kochen, nur so behutsam zum Einsatz kommen, daß allein ihr Fehlen bemerkt würde«. (S. 78)

Das Regierungsgeschäft ist eine endlose Aufgabe, denn das System der äußeren Ordnung wurde nie »als Ganzes geplant und entworfen; seine prekäre Kohärenz verdankt es einzig und allein der ständigen Anpassung seiner Teile aneinander. Selbst wenn kein Wandel der Tätigkeiten eine Anpassung erzwingen würde, ließe sich das System ... jederzeit kohärenter gestalten. Über dieses System nachzudenken, auf Signale zu reagieren, um größere Kohärenz zu erwirken, ist eine Form der Verbesserung, die nach Meinung des Skeptikers zum ureigensten Geschäft der Regierung gehört, obwohl er allzu großer Liebe zur Symmetrie und einem tyrannischen Eifer, sämtliche Anomalien zu beseitigen, gehörig mißtraut ... Für den Skeptiker ist die Barbarei der Ordnung ebenso zu vermeiden wie die Barbarei der Unordnung. Barbarisch wird die Ordnung dort, wo sie um ihrer selbst willen verfolgt wird und wo ihre Aufrechterhaltung all das zerstört, was sie von der Ordnung des Ameisenhaufens oder des Friedhofs unterscheidet ... Wer die Regierung in diesem Stil führt, hält sich nicht für besser befähigt als seinen Nachbarn, einen allgemeinen Gang menschlicher Tätigkeit zu bestimmen.« (S. 75 f.)

Dies ist mithin ein Buch, das gegen politische Maßlosigkeit und die Barbarei einer pervertierten Ordnung geschrieben wurde. Es formuliert ein Urteil über die Politik und die Doktrinen des 20. Jahrhunderts, die unzählige Friedhöfe der Ordnung hinterlassen haben. Und es ist eine Ermahnung – eine Aufforderung, sich zu erinnern –, die sich an alle Regierungsformen richtet, für die die skeptische Haltung eine Quelle des Nachdenkens bleibt. Sie fordert uns auf, eine Zeitlang die Höhle der tagespolitischen Anliegen zu verlassen und wieder einmal das Gebiet einer besser durchdachten Politik zu betreten. Die Politik der Zuversicht scheint in unseren Tagen mehr ein Klagen über den Verlust jeder Vision, über die unabwendbare Gespaltenheit der Ziele zu sein als ein Jubel über erfüllte Verheißungen. Wenn wir verstehen wollen, warum das so ist, könnten wir hier ohne weiteres beginnen.

Die englische Originalausgabe erschien 1996
unter dem Titel ›The Politics of Faith and the Politics of Scepticism‹
im Verlag Yale University Press, London
© 1996 by the Estate of Michael Oakeshott
Editor's epilogue © 1996 by Timothy Fuller

Deutsche Ausgabe:
© 2000 Alexander Fest Verlag, Berlin

Alle Rechte vorbehalten,
auch das der photomechanischen Wiedergabe
Redaktion: Bernhard Klöckener
Umschlaggestaltung: Ott + Stein, Berlin
Umschlagreproduktion: metaservices, Berlin
Buchgestaltung: ⑤ sans serif, Berlin
Gesetzt aus der Sabon
Druck und Bindung: Clausen & Bosse, Leck
Printed in Germany 2000
ISBN 3-8286-0105-7

Zuversicht und Skepsis:
Zwei P